SURVIVAL ENGLISH

내 인생을 바꾸는

미국에서 홀로서기

SURVIVAL ENGLISH

내 인생을 바꾸는

미국에서 홀로서기

지은이 | 신승희, 민정원

국민출판

저자의 말

중고등학교 때부터 미국에서 학창시절을 보내면서 느꼈던 문화와 언어, 관습의 차이는 생각보다 컸다. 자유로운 개성을 중시하지만 근본적인 가치에 대해서는 보수적인 나라, 각 소수민족 커뮤니티만의 특별한 문화, 각 지역의 특수성, 창의적인 생각과 토론 문화, 가족 중심 등으로 대변되는 미국에서의 생활은 그 자체만으로도 문화적 충격이었다. 하지만 미국에서 오랜 시간 학창생활을 보내고 미국 각지에서 회사생활을 하면서 미국을 좀 더 깊게 알면 알수록 이런 미국만이 가지고 있는 독특한 문화는 이 나라의 독특한 역사와 환경에 기인한 것임을 알게 되었다.

이민자의 나라 미국만이 갖고 있는 독특한 다양성, 여러 인종의 사람들이 같은 미국인으로서 살아가는 모습을 보면서 미국이라는 나라를 하나로 정의하기 힘들다는 사실 또한 깨닫게 된다. 그래서 미국의 이야기를 풀어놓는다는 것이 우리가 알고 있는 미국의 한 가지 단면만을 보여주는 것이 아닌가 하는 노파심이 생기기도 하지만 우리가 경험한 미국의 이야기가 미국에서 홀로서기를 준비하는 모든 이들에게 작으나마 도움이 될 것이라 믿는 마음으로 이 책을 썼다.

기본적으로 생활하는 데 필요한 정보와 상황별 영어회화들이 이 책의 근간을 이루고 있지만, 긴 시간 미국에서 생활하면서 터득한 우리나라와 다른 미국의 문화와 법, 관습 등을 포함하려고 노력했다. 이 책이 단순히 미국 생활에 대한 조언서나 생활 지침서에 그치는 것이 아니라 여러분 각자가 경험하게 될 미국, 그 각기 다른 모습들의 퍼즐 조각을 맞추어 나가는 데 일조할 수 있기를 희망하며 이 책을 읽는 모든 이들이 미국에서의 성공적인 첫걸음을 내디딤으로써 자신의 발전과 내적인 성장을 이루기를 소망한다.

신승희, 민정원

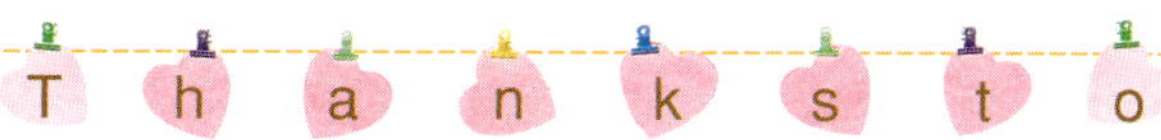

격려를 아끼지 않고 힘이 되어준 남편 이신영과 엄마가 작업할 수 있도록 건강하게 무럭무럭 자라주는 아기 제이 그리고 부모님 신상철, 박경숙 님께 이 책을 바칩니다. 무엇보다도 의지하고 함께할 수 있어서 든든했던 공동작가인 민정원과 책을 쓸 기회를 마련해주신 김종연 편집부장님에게 감사의 마음을 전합니다. _신승희

무엇보다도 나의 힘이 되신 하나님께 감사드리며 서로의 원고를 읽으며 부족한 점을 보완해준 최고의 파트너였던 친구 신승희와 이 책이 나오기까지 애써주신 국민출판 사의 김종연 편집부장님, 이대원 과장님 및 편집부 여러분께 감사드립니다. 늘 격려를 아끼지 않은 나의 부모님 민병조, 최상희 님과 할머니 송마리아, 나의 남편 전정준, 동생들 민세원, 민소윤, 조카 Kaden 그리고 아이디어를 함께 나누어준 이름을 일일이 다 열거할 수 없는 나의 모든 친구들에게 고마운 마음을 전합니다. _민정원

목차
CONTENTS

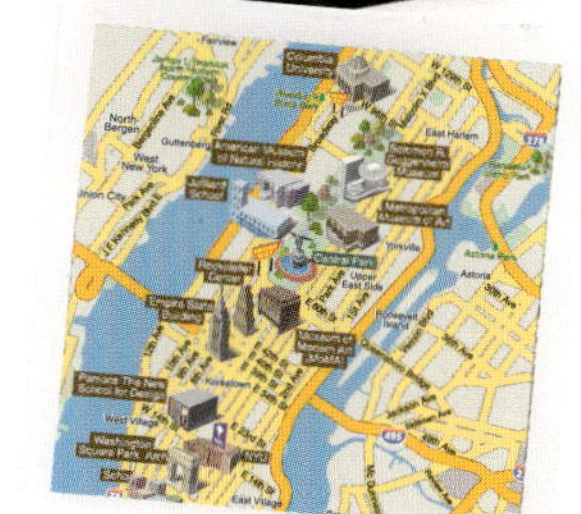

Part I

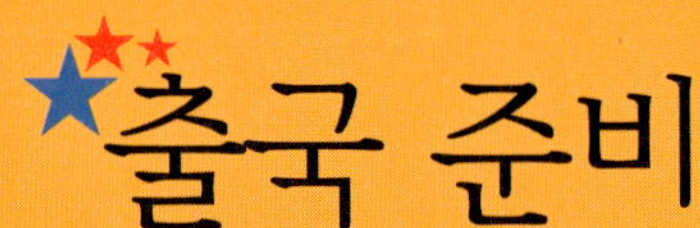

출국 준비

1. 다양한 미국 방문 목적
2. 여권 · 비자 신청하기
3. 지역 선택하기

1. 다양한 미국 방문 목적

어학연수

어학연수를 통해 미국식 영어를 배우며 미국 문화를 경험하고, 실전 경험을 쌓아 국제적 감각을 익힐 수 있다. 어학연수는 보통 한두 달에서 1년 정도의 기간 동안 사설 어학원이나 대학 부설 어학원에 개설되어 있는 외국인 학생들을 위한 영어 프로그램을 통해 공부하게 된다. 한국의 어학원과 달리 다양한 외국 친구들을 만날 수 있다는 장점과 학원 밖에서도 영어 사용 환경이 보장된다는 장점이 있지만, 본인이 적극적으로 공부하겠다는 의지가 없으면 시간과 돈을 낭비하기 쉬운 것이 바로 어학연수다. 어학연수생은 합법적으로 아르바이트나 취업을 할 수 없게 되어 있다.

정식 유학

미국의 대학에서 학사나 석사, 박사 학위를 취득하려고 하는 학생들은 무엇보다 뚜렷한 목적을 가지고 준비하는 것이 좋다. 막연히 유학을 다녀오면 지금보다 더 좋은 조건이 될 것이라고 생각해서 유학을 결정하지 말고 미국에서 학위를 마치는 것이 자신의 장래 계획에 어떻게 도움이 되는지를 생각해보고 결정하는 것이 좋다. 부푼 마음으로 유학을 결정해서 미국에 왔다 하더라도 막상 실제로 생활하다 보면 여러 가지로 어려운 점에 부딪히게 되는데, 유학을 위한 확실한 목적의식이 있다면 힘든 유학생활에 심적으로 많은 도움이 될 것이다. 미국의 토론식 학문 풍토, 잦은 발표와 조별 프로젝트 등의 과제 방

성조기

식에 빨리 적응하는 것이 좋으며 적극적으로 자신의 의견을 나타내는 것
도 중요하다. 영어에 익숙하지 않다고 주저하지 말고 의견을 활발히 개
진하는 것이 다른 학생들이나 교수들에게도 좋은 인상을 준다. 또 미국
에서 공부하다 보면 한국에서 공부할 때와 비교해서 과목마다 과제와 필
수적으로 읽어야 하는 논문의 양이 방대하다는 것을 느끼게 된다. 학부
생의 경우 내용을 숙지하는 것만으로도 좋은 성적을 받을 수 있을지 몰
라도 대학원생들은 내용뿐만 아니라 내용에 대한 적용, 발표, 비평을 준
비하여 과제를 해결해야 한다.

교환학생

자신이 다니는 학교와 자매결연한 미국의 학교로 가서 일정 기간 학업을
이수하거나 연수를 받고 돌아오는 교환학생 프로그램은 미국의 대학
생활을 경험해볼 수 있는 좋은 기회다. 단순히 어학연수보다는 미국
에서 정식 대학 교육을 경험하고 싶은 학생들에게 좋은 프로그램이
며, 보통 자매결연한 학교들끼리 학점 교류가 가능해서 이수한 학점
을 본교에서도 인정받을 수 있다. 다만 교환학생의 경우 어학연수생
들과는 달리 그 수가 적으므로 학교 차원의 체계적인 지원을 받기는
어렵다. 또 처음부터 전공 수업을 영어로 들어야 하기 때문에 힘들
어하는 학생들도 많다. 인기 있는 미국 대학의 경우에는 교환학생
이 되기 위한 경쟁률이 높기 때문에 일찍부터 학점 관리 등 준비에
신경을 쓰는 것이 좋다.

타임 스퀘어

배낭여행

배낭여행을 통해 미국의 구석구석을 돌아보는 것도 미국의 여러
모습을 알 수 있는 좋은 방법이다. 최근에는 무비자 제도 시행

러슈모어 산

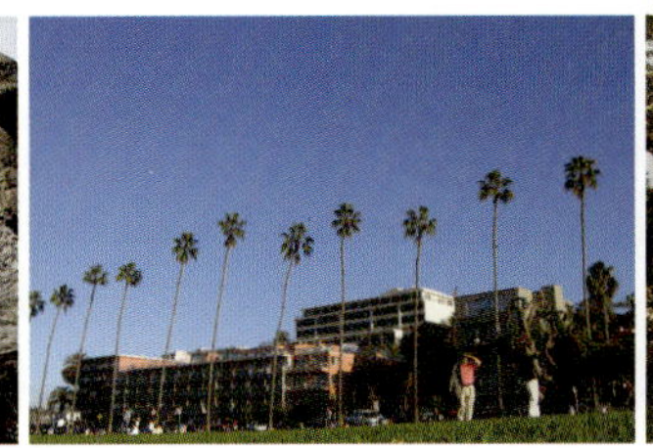

으로 인해 비교적 간단한 수속만으로 미국 관광을 할 수 있게 되었다. 미국은 면적이 넓은 만큼 각 지역마다 특색이 있으며, 어느 한 도시만 봐서는 미국을 다 안다고 말하기 어렵다.

뉴욕의 문화와 시카고의 유명한 건축, 샌프란시스코의 멋진 지형과 야경, 엔터테인먼트의 중심지인 할리우드, 라스베이거스의 화려함, 캘리포니아와 플로리다의 아름다운 해안, 애리조나의 사막, 서부의 광활한 자연과 중부의 여유로움, 각 지역의 축제 등 미국이 가지고 있는 여러 모습은 하나로 정의하기 어렵다. 유럽처럼 여러 나라를 돌아볼 수는 없겠지만 한 나라를 여행하면서도 여러 나라를 여행하는 듯한 다양한 모습을 볼 수 있다는 것이 미국 배낭여행의 장점이다.

▌인턴십

학교에 재학 중인 학생이나 아직 경력이 부족한 사람들은 인턴십을 통해 관련 기관에서 직업연수를 받을 수 있다. 요즈음은 미국에서의 어학연수뿐만 아니라 인턴십을 통해 자신의 가치를 높이는 사례가 많아지고 있는 추세다. 인턴십유급/무급은 한국의 유학원이나 대행사에서 모집하기도 하고 본인이 직접 미국의 회사나 단체에 지원할 수도 있다. 한국의 대행사에서 모집하는 인턴십을 통하면 인터뷰나 비자 수속 등 여러 과정에서 도움을 받을 수 있지만 막상 도착해서 전공과 무관한 직업연수를 하는 등의 불이익이 있을 수 있으므로 대행사를 통할 때는 인턴십을 대행한 경험이 많은지, 다녀온 사람들의 소감은 어떤지 세세히 따져보고 결정하도록 하자.

인턴십을 정할 때는 일차적으로 자신의 전공이나 앞으로 하고자 하는 일과 연관성이 있는지에 대해 알아봐야 한다. 미국의 인턴십은 호주의 워킹홀리데이 등 다른 나라의 프로그램들에 비해 전문적인 분야에서 직업연수를 받을 기회가 더 많다. 전문 분야라도 인턴들에게 전문적인 업무를 맡길 확률은 낮지만 단순 업무를 하는 도중에라도 옆에서 배울 수 있는 기회가 있는지, 네트워킹의 기회가 많은지에 대해 미리 알아보는 것이 좋다. 해외 인턴십 경력이 있으면 국내 취업에 도움이 될 것이라는 막연한 생각으로 미국에서의 인턴십을 결정한다면 시간과 돈만 낭비할 확률이 높다. 따라서 확실한 목적을 가지고 인턴십 프로그램을 결정하도록 하자.

★ 쿼터제

인턴십을 위한 J비자와는 달리 전문직 취업을 위한 H비자는 쿼터가 미리 정해져 있다. 미국 정부는 취업 비자로 미국에 들어오는 외국인들의 숫자를 매년 제한하고 있는데 이것을 쿼터제 quarter라고 한다. 만약 당해 연도에 정해진 쿼터가 다 소진되었다면 다음 쿼터가 적용되는 매년 4월 1일부터 새로 비자를 신청할 수 있다.

▌취업

미국에서 정식으로 취업비자를 받아 일을 하는 것도 미국인 고용주만 찾는다면 생각보다 어려운 일은 아니다. 원하는 직업에 연관되는 학위와 경력이 따른다면 일단 자격 요건은 충분하므로 가능하고, 취업비자를 스폰서 해줄 고용주를 찾아서 비자 수속을 하면 된다. 관건은 고용주를 찾는 것인데 요즘같이 경기가 좋지 않을 때에는 미국 회사들이 외국인을 고용하려고 하지 않아서 과거보다는 외국인이 미국에서 취업하는 것이 어려워졌다. 비자를 스폰서 해주는 곳이 있다 하더라도 외국인보다는 내국인미국 영주권자, 시민권자 에게 더 많은 취업 기회가 돌아가는 것이 사실이다. 하지만 꾸준하게 영어 공부를 하고 관련 자격증을 따고 대회에서 상을 받는 등 준비를 한다면 기회는 의외로 빨리 찾아올 수 있다.

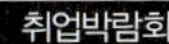

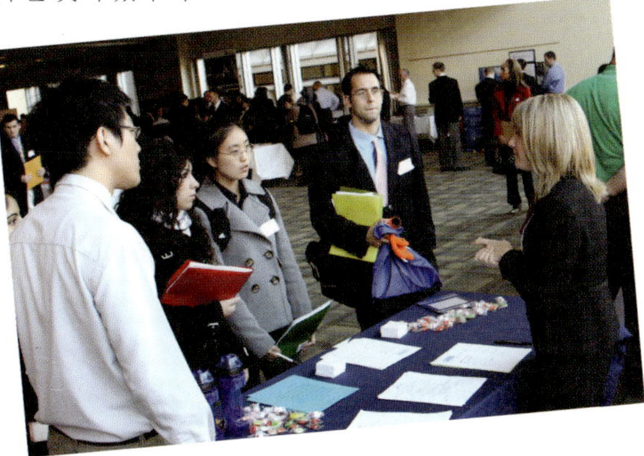

2. 여권 · 비자 신청하기

여권 발급받기

외국에 나가기 위해 가장 먼저 준비해야 하는 것은 바로 여권을 만드는 일이다. 여권에는 유효기한 내에 횟수의 제한 없이 출국할 수 있는 복수여권과 1회 출국 시에만 사용할 수 있는 단수여권이 있다. 복수여권의 경우 유효기간이 각각 5년과 10년이다. 특별한 이유가 없다면 수수료에서도 큰 차이가 없는 10년 기한의 복수여권을 신청하는 것이 좋다. 이미 여권을 갖고 있다면 미국 비자를 발급받기 전에 잔여기한에 여유가 있는지 확인하는 것이 중요하다. 미국에서는 여권이 유효기한을 넘기면 체류허가를 내주지 않는다. 여권은 본인 발급 시행제에 따라 2008년 8월부터는 여행사 등을 통해 대리 신청할 수 없으며, 본인이 직접 구청에 가서 신청하거나 지방자치단체 등 지정된 기관에서 접수해야 한다.

만약 국내가 아닌 재외공관에서 신청하는 경우 입국 비자 등 주재국의 체류허가서가 필요하다. 18세 이상 35세 이하 군 미필자의 경우 추가로 국외여행허가서25세 이상 35세 이하나 기타 병역 관계 서류가 필요하다. 18세 미만인 미성년자의 여권을 보호자가 대리 신청하는 경우 여권 발급동의서와 동의자의 인감증명서가 필요하며, 행정망으로 확인이 불가능한 경우에는 가족관계증명서가 추가로 필요하다. 여권을 처음으로 발급받는 경우, 본인의 이름을 영문으로 표기할 때 신중을 기하는 것이 좋다. 아주 특별한 경우가 아니라면 처음 표기한 영문 철자를 변경하는 일은 매우 어렵다. 어떻게 표기해야 하는지 확실치 않다면 여권 담당자에게 국제 규정에

TiP

⭐ 지정된 기관에 대한 검색이나 자세한 여권 관련 사항은 외교통상부 웹사이트 http://www.0404.go.kr/passport/Passport.jsp 에서 확인할 수 있다.

TiP

⭐ 여권 신청을 위해 필요한 준비물
- 여권발급신청서
- 여권용 사진 1매(전자여권일 경우)
- 신분증
- 신청 수수료(8세 이상 10년 기한 여권: 5만 5천 원, 8세 이상 5년 기한 여권: 4만 7천 원, 8세 미만일 경우 3만 5천 원, 단수여권일 경우 2만 원)

따른 표기법을 문의해서 작성하는 것이 좋다.

여권 신청을 할 때는 등록 기준지본적지를 기입해야 하는데, 자세한 주소를 모른다면 미리 알아가는 것이 두 번 발걸음을 하지 않는 길이다. 미리 외교통상부 웹사이트에 들어가 신청서를 출력해서 기입해 가면 시간을 절약할 수 있다.

▌비자 면제 프로그램

2008년 11월부터 미국 비자 면제 프로그램이 실시됨으로써 관광 목적으로 미국에 입국하는 많은 사람들이 간편하게 수속할 수 있게 되었다. 전자여행허가인 ESTA는 전자여행허가서 웹사이트https://esta.cbp.dhs.gov에서 신청할 수 있는데, 신청 사이트에 접속해서 한국어로 지정한 다음 4단계까지 기입한 후에 '미국 여행 신청하기' 항목에서 '신청'을 누르면 확인 번호가 나온다. 신청 번호를 따로 적어놓으면 나중에 온라인으로 서류 진행 상황을 확인할 수 있다. 전자여행허가서 초기 화면에서 신청 번호와 생년월일을 기입하면 된다. 승인이 되면 승인된 페이지를 출력해서 미국 여행 시 지참해야 한다. 무비자 프로그램은 한 번 신청으로 2년간 유효하다.

비자 면제 프로그램을 이용하기 위한 조건

- 단기 출장, 관광 목적으로 방문
- 유효한 전자여권 소지
- 등록된 항공, 선박을 이용하고 왕복항공권 또는 미국 경유 시 최종 목적지 항공권 소지
- 미국 입국일로부터 90일 이내에 출국
- 전자여행허가 ESTA 승인

▌비자 발급

비자 면제 프로그램을 이용할 수 있는 조건이 되지 않는다면 비이민비자나 이민비자를 발급받아야 한다. 보통 영주권과 관련이 있는 비자가 이민비자이며 가족 초청 이민과 취업·투자 이민으로 나뉜다. 이를 제외한 모든 비자는 비이민비자로 분류되는데 보통 관광, 상용, 유학, 경유, 문화 교류, 취업, 투자E2 영주권을 취득할 수 없는 경우비자가 이에 해당된다. 비자 면제 프로그램이 아닌 정식 비자 발급을 위해서는 인터뷰를 해야 하며 인터뷰 날짜를 온라인http://www.us-visaservices.com 또는 비자정보센터003-08-131-420에서 예약해야 한다.

비이민비자의 경우 인터뷰 예약을 하기 전에 사진을 업로드한 후 온라인 신청서DS-160를 작성한 다음 확인 용지confirmation page를 출력해야 한다.

비자visa란 외국인에 대한 입국 허가 증명서다. 미국 비자는 방문 목적에 따라 여러 종류가 있다.

2010년 4월 1일부터 주한미국대사관은 새로운 웹 기반의 비이민비자 신청서인 DS-160을 도입하여 작성부터 신청까지 온라인으로 가능하도록 했다. 인터뷰 날짜가 정해진 후에는 비자 수수료를 납부한 후 서류를 준비해서 인터뷰 당일에 빠짐없이 가져와야 한다. 서류를 완벽하게 준비했다면 비이민비자 수속에 걸리는 시간은 보통 5~8일이다.

비자 종류

- **관광/상용 방문(B)비자**: 여행이나 관광, 방문 목적의 단기체류를 위한 비자다.
- **유학/문화 교류(F, M, J)비자**: 미국에서 어학연수, 학위 프로그램, 직업학교 등에서 유학을 하기 위해 필요한 비자다.
- **F비자**: 어학연수, 학위 유학 등에 필요한 비자이며, 가장 보편적이다.
- **M비자**: 직업학생비자인데, 학구적인 공부가 아닌 직업교육을 목적으로 하는 사람들을 위한 비자다. 인터뷰 시 관련 분야에 대한 지식이 필요할 수 있으며 비자 기한이 1년으로 F비자의 5년에 비해 매우 짧다.
- **J비자**: 문화 교류를 위해 미국을 방문하는 사람들을 위한 비자이며 보통 교환학생, 교환교수, 인턴십, 특정 한 정부 프로젝트와 연계되어 방문하는 기술자나 연구자 등을 위한 비자다.
- **F1, M1, J1비자**: 유학이나 교류 당사자를 위한 비자다.
- **F2, M2, J2비자**: 동행하는 배우자나 자녀를 위한 비자다.
- **취업비자**: 미국에서 취업을 하기 위해 필요한 비자다. 일하는 분야와 고용인에 따라 여러 종류가 있다. 승무원(C1/D)/주재원(E1)/투자자(E2)/단기 취업: 전문직업인(H1B)/단기 취업: 농업/비농업 임시근로자(H2A, H2B)/연수생(H3: 미국에 있는 회사나 단체 연수 목적)/언론인(I), 지사 근무자(L)/특수 재능 소유자(O)/직업적인 연예인, 예술가, 체육인(P)/국제 문화 교류 행사 참가자(Q)/종교인(R)

이 중 가장 보편적인 취업비자는 H1B비자다. 취업비자는 미국의 고용인으로부터 미리 취업 청원서petition가 승인된 상태에서만 신청할 수 있다. 최근 비이민비자 중 유일한 투자비자인 E2비자를 소지하고 미국에 입국하는 사람들이 늘고 있는데, 기존의 투자이민비자에 비해 비교적 적은 투자 금액으로 미국에 체류할 수 있다는 장점이 있기 때문이다.

당연한 말이겠지만 비자를 받을 때는 미국 입국 목적에 맞는 비자를 발급받아야 한다. 입국에 맞지 않는 비자를 발급받으려고 하거나 그런 비자를 가지고 입국을 시도하려다가 비자가 거절되거나 입국이 거절되는 경우를 주위에서 종종 보았다. 지인 중 하나는 취업비자로 일하다가 미국 시민권자와 한국에서 결혼을 하고 재입국할 때 이민비자가 아닌 기존의 취업비자를 가지고 입국을 시도했다는 사실만으로 비자가 취소되고 입국이 거절되었다. 또 다른 지인은 방문비자를 가지고 미국에 입국하려다가 미국에서 취업을 할 계획임을 알게 되자 비자가 취소됨은 물론 5년 동안 미국 입국이 금지되었다. 이 두 사례는 모두 미국 공항에서 심사관이 수상함을 감지하고 짐 검사 등 추가 조사를 실시한 후에 내려진 결정이다.

신용사회인 미국에서는 한 번이라도 비자가 거절되거나 입국이 금지되면 그 기록이 추후 미국 입국에 부정적으로 작용한다. 따라서 나중에 미국에서 취업을 하고 싶은 마음이 있더라도 일단 유학비자를 신청했을 경우에는 인터뷰 시 취업의 목적을 드러내지 않는 것이 좋다.

1. 여권
2. 온라인 비자신청서(DS-160)를 작성한 후 프린트한 확인 용지(confirmation page)

3. 비자 신청용 사진 한 장(최근 6개월 이내에 찍은 흰색 배경의 가로 세로 5cm×5cm 사진: 온라인상의 업로드 여부와 상관없이 한 장 필요)

비자 종류에 따라 추가로 필요한 서류

관광/상용비자(B1/B2)

- 비자 신청 수수료 납부 영수증: 영수증은 확인 용지 우측 상단에 부착해야 함. 비자 신청 수수료는 신한은행 전국 지점에서 납부 가능(2010년 4월 현재, 비이민비자 수수료는 131달러)
- 예전에 미국 비자를 받은 경우, 예전 미국 비자가 있는 여권 필요
- 대사관에서 인정하는 한국 내 택배서비스 신청서: 택배 신청서는 일양(1588-0002; http://www.ilyanglogis.com)이나 한진택배(1588-0011; http://www.hanjin.co.kr) 홈페이지에서 다운로드 받을 수 있다.

유학비자(F1/M1)

- 비자 신청 수수료 납부 영수증: 영수증은 확인 용지 우측 상단에 부착해야 함. 비자 신청 수수료는 신한은행 전국 지점에서 납부 가능(2010년 4월 현재, 비이민비자 수수료는 131달러)
- 예전에 유학비자를 받은 경우, 예전 유학비자가 있는 여권
- 미국 학교에서 받은 입학허가서, 미국 학교 담당자의 서명과 비자 신청자의 서명이 들어간 SEVIS I-20 원본(이 원본은 인터뷰 후 신청자에게 돌려주며, 미국 입국 시 반드시 여권과 함께 소지하고 있어야 함.)
- 재정 증명서류(예를 들면 은행통장, 소득금액 증명서, 장학금 증명서 등)
- SEVIS(학생비자 발급을 위한 미국 이민국의 신원조회) 수수료 납부 영수증: 온라인(https://www.fmjfee.com/i901fee)으로 납부 가능.
- 대사관에서 인정하는 한국 내 택배서비스 신청서: 여권 뒤에 부착(일양이나 한진택배)

비이민 취업비자(H, L, O, P, Q, R비자)

- 비자 신청 수수료 납부 영수증: 영수증은 확인 용지 우측 상단에 부착해야 함. 비자 신청 수수료는 신한은행 전국 지점에서 납부 가능(2010년 4월 현재, 비이민비자 수수료는 131달러이며, 미국 공공기관 연수[J비자] 등 특별한 경우에는 수수료 부과 대상이 아닐 수도 있음)
- I-797(notice of approval) 사본
- 이민국에서 취업허가서를 받았더라도 체류 변경이나 연장 신청이 거절되었다면 이민국에서 보내온 거절 편지와 취업허가서 사본 모두 필요
- I-129 청원서 사본(Blanket L1 비자 신청자 제외)
- 비자 신청 한 달 이내에 발급된 고용주로부터의 재직 확인증명서 또는 고용제의(job offer) 편지
- 미국 내에서 일하고 있는 경우, 가장 최근의 원천징수 영수증(W-2 양식) 사본 또는 월급 명세서
- 미국에서 맡을 업무 수행 능력 및 자격을 증명할 수 있는 서류(예: 학위증 사본, 이력서 등)
- 한국에서 직장을 다니는 경우, 비자 신청 1개월 내에 발급된 재직증명서와 세무서가 발행한 소득금액증명서
- 한국 출입국관리소에서 발행하는 출입국에 관한 사실 증명
- 주 신청자가 미국에 있는 상태에서 배우자나 자녀가 비자를 따로 신청할 경우, 주 신청자의 미국 체류 자격 증명
- 담당 변호사가 있을 경우, G-28 또는 G-28I(Notice of Appearance Form)
- 한국 내 택배 신청서(일양과 한진 중 택일)

＊ 모든 신청서는 영문으로 번역이 되어 있어야 하며, 따로 명기되어 있지 않다면 공증은 필요치 않음.

3. 지역 선택하기

미국은 상상 이상으로 넓다. 미국 본토에는 서부 시간인 태평양 표준시 Pacific Standard Time, 산악 표준시Mountain Standard Time, 중부 표준시 Central Standard Time, 동부 표준시East Standard Time라는 시간대time zone가 있으며, 각 시간대는 한 시간씩 차이가 난다. 시간차뿐만 아니라 미국의 각 지역은 기후와 문화, 인프라 면에서도 많은 차이가 난다. 하와 이와 알래스카를 제외한 미국 본토의 48개 주를 서부, 산악, 남부, 중부, 동부로 나누어 소개한다.

▌서부West

캘리포니아, 오리건, 워싱턴

온화한 기후를 자랑하는 서부의 주들은 다양한 인종으로 구성되어 있고 그곳 사람들은 느긋한 삶을 즐길 수 있다. 서부의 해안가로 유명한 이 지 역은 사시사철 관광객이 끊이지 않는다. 오리건 주에 있는 포틀랜드 시 는 작지만 아름다운 도시로, 나이키 본사가 이곳에 있다. 워싱턴 주의 시 애틀 시는 아름다운 항구와 운치 있는 분위기로 알려져 있다. 캘리포니 아는 텍사스에 이어 미국에서 두 번째로 면적이 큰 주이고, 미국 최대의

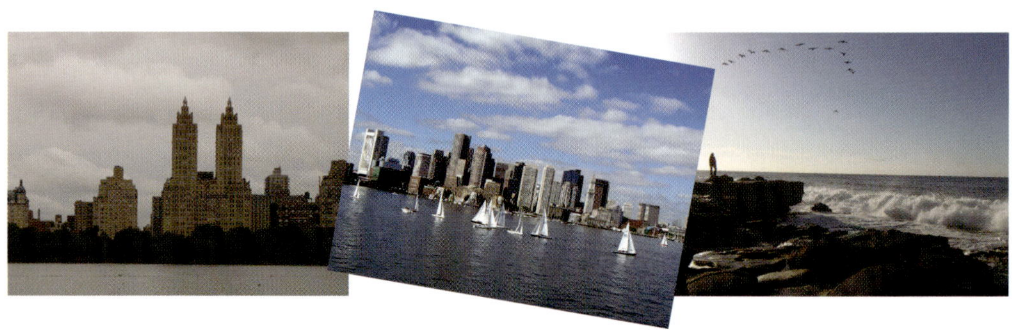

인구와 생산력을 자랑하며 많은 한인들이 거주하고 있다. 서부의 주들은
일 년 내내 온화하고 따뜻하지만 건조하며 일교차가 크다.

▍산악 지방 Mountain

네바다, 애리조나, 유타, 콜로라도, 아이다호, 와이오밍, 몬태나, 뉴멕시코

미국의 산악지대를 대표하는 이들 주들은 스포츠와 레저를 즐기기
에 최적의 조건을 갖추고 있다. 겨울에는 스키와 스
노보드, 여름에는 워터 래프팅과 캠핑을 즐기기에 적
격이다. 유타 주의 솔트레이크시티에서는 동계올림픽
이 열리기도 했다. 이 지역 스키장들은 미국에서도 가
장 유명하며, 미국 전역의 동계 스포츠 마니아들이 즐
겨 찾는 곳이다. 미국 최고이자 최대의 국립공원인 옐로
스톤은 몬태나 주와 아이다호 주, 와이오밍 주에 걸쳐
있다.

▍남부 South

플로리다, 조지아, 메릴랜드, 노스캐롤라이나, 사우스캐롤라이나, 버지니아, 웨스트
버지니아, 델라웨어, 앨라배마, 켄터키, 미시시피, 테네시, 아칸소, 루이지애나, 오클
라호마, 텍사스

미국 남부 지역은 독특한 억양만큼이나 다양한 문화와 지
방색을 자랑한다. 인디언 문화와 유럽에서 건너온 스코
틀랜드, 아일랜드, 영국, 독일 문화가 자연스럽게 융화
되어 미국의 다른 지역에서는 볼 수 없는 독특한 남부
지역의 문화를 만들어 냈다. 재즈와 블루스 음악, 바비
큐 등이 유명하며 여유로운 라이프스타일로도 알려
져 있다. 댈러스 등 대도시에는 한국 사람들이 많이
거주하고 있다. 남부 지역은 오늘날
미국에서 가장 빠르게 성장
하는 지역이다. 이 지역은 서
부와 함께 사시사철 따뜻한 기
후다.

▮ 중부 Midwest

일리노이, 인디애나, 아이오와, 캔자스, 미시간, 미네소타, 미주리, 네브래스카, 노스다코타, 오하이오, 사우스다코타, 위스콘신

초기 미국의 가치를 아직도 간직하고 있는 중부는 친절하고 소박한 사람들이 사는 곳으로 알려져 있는 지역이다. 처음에 캘리포니아에서 미시간의 작은 도시로 이사 왔을 때, 사람들이 길거리에서뿐만 아니라 차 안에서도 인사를 하는 것을 보고 놀랐던 적이 있다. 북미의 가장 큰 호수들이 자리 잡고 있기도 한 이곳은 호숫가에서 산책을 하거나 자전거를 탈 수 있고, 낚시를 즐길 수 있는 곳도 많다. 시카고 등 대도시에는 한국 사람들이 많지만 그 외의 작은 도시에는 그다지 없는 편이다. 중부의 작은 도시에서는 동양 사람을 자주 보지 못한 사람들의 호기심 어린 시선이 느껴지기도 한다. 눈이 많이 오는 춥고 긴 겨울을 포함한 뚜렷한 사계절이 있다.

▮ 동부 North East

뉴욕, 펜실베이니아, 뉴저지, 메인, 뉴햄프셔, 버몬트, 매사추세츠, 로드아일랜드, 코네티컷

메인, 뉴햄프셔, 버몬트, 매사추세츠, 로드아일랜드와 코네티컷 지역은 뉴잉글랜드 지역이라고도 불리는데, 신대륙에 처음 도착한 이민자들이 가장 먼저 정착한 곳이다. 미국에서 역사가 가장 오래된 곳인 만큼 고풍스러운 건물과 역사가 느껴지며 사람들의 자부심이 강하다. 교육과 정치, 경제의 중심이며 뉴욕 등 대도시의 경우 복잡하고 빠른 라이프스타일로 서부와 종종 비교된다. 동부의 해변은 백사장이 서부만큼 잘되어 있지 않지만 해변의 작은 도시와 마을들은 아주 아름답다. 한국과 비슷한 사계절을 갖추고 있으며 한겨울 추위는 유난히 혹독하다.

4. 지역별 추천 어학원

미국 내 어학원은 크게 대학에서 운영하는 어학원과 사설 어학원으로 나눌 수 있다. 대학 부속 어학원의 설립 취지는 유학생들이 본교의 커리큘럼으로 편입하는 데 도움을 주기 위한 것이므로 주로 읽기와 쓰기, 전공 관련 학업을 위한 기본적인 학문 위주의 어학 프로그램을 마련해놓고 있다. 하지만 최근에는 학교에 따라 말하기와 듣기에 중점을 둔 커리큘럼을 채택하는 곳도 꽤 많아졌다. 그런 반면 사설 어학원은 대학 부속 어학원에 비해 실생활에서 사용하는 실무적인 영어를 배우는 프로그램을 마련하고 있으며, 다양한 실용영어 과목과 레벨level 수업을 통해 학생들의 실력에 맞는 수업을 진행하고 있다. 사설 어학원은 교통편을 자유롭게 이용할 수 있는 대도시에 주로 위치해 있으며, 장기간 교육을 받을 경우 수강료를 할인해 주는 곳이 대부분이다.

만약 어학연수의 목적이 미국 대학 입학이나 편입 또는 좀 더 학문적인 영어 습득이라면 대학 부설 어학원을 선택하는 것이 좋지만 좀 더 자유로운 분위기에서 실용적인 영어를 배우고 미국 문화를 접하고 싶다면 사설 어학원을 선택하는 것이 좋다.

● 뉴욕

카플란 아스펙트Kaplan Aspect

뉴욕뿐 아니라 미국 전역에 지점을 두고 있는 카플란 아스펙트는 미국에서 아주 유명한 어학원 중 하나다. 무엇보다 학생들이 해당 대학의 시설을 이용할 수 있다는 장점이 있다. 이 어학원의 모기업 Kaplan Inc.는 대학 입학시험 및 각종 시험 대비 커리큘럼으로 유명하다.

레너트 어학원Rennert Bilingual

쓰기나 읽기보다는 말하기에 중점을 둔 교육 방식을 고수하는 이 어학원은 소규모 학급으로 유명하며, 플로리다와 뉴욕에 캠퍼스가 있다. 뉴욕 센터는 1973년에 문을 열었고 방과 후 프로그램도 짜임새 있는 것으로 알려져 있다. 한국 학생 비율이 뉴욕에 있는 다른 학원들만큼 높지는 않지만 20~30%가 한국 학생들이며, 만족도가 높은 것으로 알려져 있다.

조니Zoni 어학원

조니 어학원은 500여 명 규모의 어학원으로 시험 대비반, 회화반 등 20개 이상의 과정을 마련해놓고 있다. 조니의 가장 큰 장점은 비교적 저렴한 비용으로 공부할 수 있다는 것이다. 엠파이어스테이트 빌딩 옆에 위치하고 있어서 교통편도 편리하다. 방학이 끼어 있는 학기에는 한국 학생들의 수가 증가하므로 참고하자.

회화를 중심으로 기초에서 고급까지 8단계 커리큘럼으로 운영하는 ALCC는 1975년에 설립되었으며 맨해튼에 위치해 있다. 융통성 있는 시간표로 다양한 선택이 가능하다는 것과 학비가 많이 저렴하다는 것이 장점이지만, 학급당 학생 수가 많아 교육의 질이 떨어진다는 평도 있다.

어학원	주력 과목 및 커리큘럼	16주 기준 학비	홈페이지 주소
KAPLAN Aspect	일반영어(20h/wk)	5,000달러 정도	www.kaplaninternational.com
Embassy CES	일반영어(20h/wk)	4,300달러 정도	www.embassyces.com
Rennert Bilingual	일반영어/스피킹	5,000달러 정도	http://www.rennert.com/english.html
ZONI	프리미엄 인텐시브 영어(20h/wk)	3,000달러 정도	http://zoni.com/korea
ALCC	스피킹 & 작문(18h/wk)	2,500달러 정도	www.learnenglish.com

● 시카고

인트락스 Intrax 어학원

본점은 샌프란시스코에 있으며 시카고, 샌디에이고, 캐나다의 밴쿠버에도 지점을 가지고 있는 인트락스 어학원은 듣기와 말하기에 중점을 둔 어학원이다. 10단계 레벨의 커리큘럼을 운영하며 슈퍼 인텐시브 과정의 금요일 수업에는 다른 학원에서 찾아보기 힘든 발음교정수업이 있다. 과정에 따라 등록비는 일주일에 200~400달러 정도다. 비교적 적은 학생 수를 유지하고 있다.

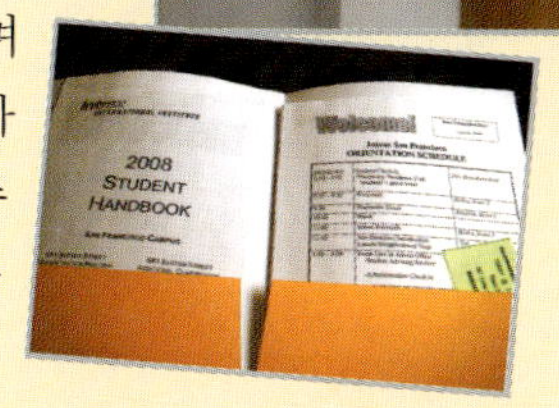

www.intraxinstitute.edu

● 샌디에이고

Embassy CES

30년의 전통을 자랑하는 Embassy CES 어학원은 미국, 영국, 호주 등에 18개의 센터를 운영하고 있으며 이 중 미국에 7개의 센터가 있다. 이들 센터는 각각 시애틀, 샌프란시스코, LA, 샌디에이고, 보스턴, 뉴욕, 플로리다의 포트 로더데일 Fort Lauderdale에 위치해 있다. 학생들의 평가가 좋은 편이며 학급당 12~15명의 인원으로, 다양한 프로그램을 제공하고 있다. 특히 모기업인 국제교육재단 스터디 그룹의 노하우가 집약된 아카데믹 과정과 대학 입학 과정을 통해 미국에서 대학이나 대학원 진학을 계획하고 있는 학생들에게 체계적인 프로그램을 제공해준다. 샌디에이

고 지점은 도시 중심 쇼핑 지역인 호톤 플라자Horton Plaza 근처의 고층 빌딩 내에 위치해 있다. 샌디에이고 지역의 수강료는 과정에 따라 다르지만 인증certificate 과정의 경우 일주일에 239~361달러다.

www.embassyces.com

CISL Converse International School of Languages

CISL 역시 30년이 넘는 전통을 가진 어학원이다. 학급당 인원수를 8명으로 제한하고 있어 개인의 특성을 살린 학습을 할 수 있는 것이 큰 장점이다. 체인의 성격이 강하고 지명도가 높은 Embassy CES, 카플란 아스펙트, LSI, 인트락스 등의 학원과 비교하면 상대적으로 지명도가 낮을지 모르지만 이 학원의 교육 만족도는 매우 높은 편이다. 일반영어를 공부한 후 근처의 2년제 커뮤니티 칼리지에서 한 학기를 공부할 수 있는 프로그램이 있다는 것도 대학과 학원의 장점을 모두 누릴 수 있는 이 어학원만의 특색이다. 유럽 및 세계 각국의 학생들이 있으며, 한국 학생의 비율은 11% 정도다. 샌프란시스코와 샌디에이고 두 곳에 지점이 있는데, 물가 때문에 샌디에이고의 학원비가 좀 더 저렴하다. 수강료는 16주 기준 4,000~5,500달러 정도다.

www.cisl.edu

● 샌프란시스코

LSI Language Studies International

영국에 본부를 두고 있는 LSI 어학원은 40년 이상의 역사를 가지고 있으며 샌프란시스코, 샌디에이고, 보스턴, 뉴욕에 센터가 있다. 비교적 유럽인의 분포도가 높다고 알려져 있으며, 샌프란시스코 지역에서는 ConverseCISL 학원과 함께 한국 학생 수가 가장 적은 것으로 알려져 있다. ELS에는 집중영어 과정, 표준영어 과정, 시험 준비 과정 등 여러 과정들이 개설되어 있으며 수강료는 주당 235~450달러 사이다.

www.lsi.edu

세인트 자일스 St. Giles

영국에 기반을 두고 있는 세인트 자일스 어학원은 샌프란시스코 다운타
운에서 도보로 5분 거리에 위치해 있으며, 학급당 학생 수도 12명 이하
로 제한하고 있다. 일반적인 ESL 토플, 비즈니스영어 수업 외에도 1:1
수업 과정, 케임브리지 시험 준비 과정 등 다양한
과정이 개설되어 있다. 수강료는 주당 200~467
달러이고, 장기간 등록할 경우 할인율이 높은 편
이다.

www.stgiles-international.com

● 보스턴

NESE New England School of English

교육도시인 보스턴의 하버드 스퀘어에 위치하고 있는 NESE는 설립 초
기부터 하버드 교수진의 자문을 받은 프로그램으로 유명한 어학원이다.
교수진도 모두 명문대 출신이며 문화와 언어를 함께 가르치
는 커리큘럼으로 학생들에게 좋은 평가를 받고 있
다. 한 학급에 10명 이내의 학생이 공부하며,
학생들에게 대학 진학이나 학
습에 대한 다양한 자문도 무료
로 제공한다. 수강료는 일반
과정의 경우 16주 기준 4,300
달러이고, 인텐시브 과정일 경
우 5,700달러다.

www.nese.com

● 워싱턴

인링구아 Inlingua

40년의 역사를 가진 인링구아 어학원은 미국 전역에 많은 센터를
가지고 있는 유명한 프랜차이즈 어학원이다. 이 중 워싱턴 D. C.
센터는 IELTS 시험 지정 센터로, 자신의 실력을 비교적 편리하
게 IELTS 시험으로 측정해볼 수 있다는 장점이 있다. 수도 워
싱턴에서 한 블록 거리이고 근처에 기차역과 지하철역이 있어
교통도 편리하다. 한국인이 많이 거주하는 지역이라는 것이
단점일 수 있지만 수업료는 대도시에 위치한 유명 학원이라는 것을

감안하면 매우 저렴한 편이다. 주당 수업시간은 20시간이며 4주 기준 550～650달러 정도다.

www.inlinguadc.com

● 에번즈빌, 인디애나

ESLI

ESLI는 미국에 여섯 곳이 있으며 대학 진학 과정을 전문적으로 제공하고 있다. 연계된 대학 캠퍼스 안에 위치하며, 대학 기숙사를 숙소로 이용하게 된다. 정해진 과정을 수료하면 토플 및 입학시험 등을 치르지 않고 연계된 대학이나 대학원으로 조건부 진학이 가능하므로 미국에서 대학 진학을 목표로 하는 학생에게 좋은 프로그램이 될 수 있다. 대도시가 아닌 한적한 곳에서 대학 생활을 즐기고 싶은 학생들에게 추천할 만하다. 학비는 한 학기에 5,000달러 정도다.

www.esli-intl.com

● 로스앤젤레스

ELC English Language Center

UCLA가 있는 웨스트우드 Westwood 시에 위치한 ELC 어학원은 체계적인 프로그램과 실력 있는 강사진으로 널리 알려진 유명 어학원이다. 보스턴과 LA 두 군데에 센터가 있으며, 이 중 LA 센터는 대학 문화를 가까이에서 느낄 수 있는 곳에 위치하여 다양한 방과 후 활동을 하기에 적격이다. LA 시내에서 자동차로 30분 정도 거리에 있다. 일반 과정주 20시간은 4주 기준 1,050달러이며, 집중 과정주 30시간은 4주 기준 1,350달러다.

www.elc.edu

MLI Mentor Language Institute

ELC 근방의 베벌리힐스에 위치해 있으나 학비가 좀 더 저렴한 편인 MLI 학원은 ELC나 다른 대규모 학원에 비해 시설이 좀 떨어지지만 강사진과 프로그램이 훌륭해 학생들의 만족도가 높은 학원 중 하나다. 주변의 2년제 커뮤니티 칼리지들과 연계된 프로그램 또한 눈여겨볼 만하다. 한국 학생의 분포도가 비교적 낮으며 수강료는 일반 과정은 주당 약 200달러, 집중 과정은 주당 250달러 정도다.

www.mentoresl.net

● 시애틀

ALPS Accelerated Language Performance System

ALPS는 시애틀에만 있는 소규모 학원으로, 규모가 작은 반면 좀 더 개인적인 관리를 받을 수 있다는 장점이 있다. 커리큘럼에 1:1 개인레슨이 포함되는 것이 특징이며 파트타임 수업도 가능하다. 수강료는 4주 기준 일반 과정이 970달러, 집중 과정이 1,400달러 정도다.

www.englishintheusa.com

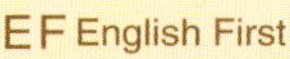

EF English First

미국의 여러 지역에 센터가 있는 유명 어학원 체인인 EF는 비교적 높은 인지도를 자랑하는 유명 사설 어학원이다. 이 중 시애틀 센터의 평판이 가장 좋은 것으로 알려져 있는데, 학생들에 대한 관리가 개인적이고 체계적이다. 워싱턴 주의 에버그린 주립대학 안에 위치하고 있어 학교 내 시설을 이용할 수 있다는 장점이 있다. 학비는 4주 기준 2,580달러인데 얼핏 비싸다고 느낄 수도 있으나 다른 학원들과는 달리 숙박비가 포함된 금액이므로 잘 따져보고 결정하는 것이 좋다. 학급당 학생 수는 8~15명이다.

www.ef.com

● 뉴욕

NYU New York University

뉴욕 대학은 매년 미국 학생들이 가장 다니고 싶어 하는 학교로 선정될 정도로 인기 있는 학교다. 뉴욕 맨해튼에 위치하고 있어서 뉴욕 생활을 즐기면서 어학연수를 하고자 하는 학생들에게 좋은 환경이며, NYU 본교 교수와 강사들이 가르치는 양질의 어학 프로그램으로도 유명하다. 강의실 내부뿐만 아니라 야외의 다양한 환경을 이용한 프로그램 등 수준 높은 커리큘럼으로 짜여 있다. 수강료는 커리큘럼에 따라 다르지만 대략 주당 400~500달러 정도다.

www.scps.nyu.edu/areas-of-study/american-language-institute/courses

컬럼비아 대학Columbia University

대학 수업 수준의 영어 습득을 위해 10단계 레벨로 나눈 커리큘럼을 제공하며, 집중영어 과정 외에도 발음 수업, 고급 영어회화, 전문영어 과정법, 국제관계 관련 등 다양한 커리큘럼을 선택할 수 있다. 가장 최상급의 레벨을 받은 학생은 본교에서의 작문 수업이나 선택 과목을 수강하여 학점을 인정받을 수도 있다. 수강료는 비싼 편인데 2010년 가을 학기12주의 경우 7,800달러이며, 각 학기별로 입학이 가능하다.

ce.columbia.edu/node/295

뉴욕시립대 헌터 칼리지Hunter College, The City University of New York

뉴욕의 주립대학 시스템인 CUNYThe City University of New York 중 하나로, 비교적 저렴한 학비로 양질의 어학 프로그램을 제공하는 연수기관이다. 이 학교 역시 프로그램에 대한 명성과 편리한 위치 때문에 한국 학

생의 비율이 높은 편이다. 일반적인 ESL 프로그램
이외에 미국 대학 진학을 목표로 하는 학생들을 위
한 아카데믹 스킬, 토플, 1:1 개인학습 등의 다양
한 프로그램을 제공하고 있다. 8주 기준 풀타임 학
비는 1,820달러이고 주당 수업시간은 18시간이다.
입학은 학기별로 이루어지며 숙박시설은 제공하지
않는다.

eslnyc.hunter.cuny.edu/en/index.asp

페이스 대학 Pace University

비교적 한국인의 비율이 적으며, 어퍼 맨해튼Upper Manhattan에 위치해
있다. 맨해튼에서 한국인의 비율이 비교적 적은 대학 부설 어학 연수기
관을 찾는다면 이곳을 추천한다. 학기별이 아닌 연중 7회의 입학 기회가
있으며 페이스 대학 내의 모든 시설을 이용할 수 있다. 기본적인 집중영
어 과정 외에도 MBA 준비 과정, 대학원 준비 과정, 대학 입학 준비 과정
이 따로 마련되어 있고 전문영어 프로그램도 제공한다. 학비는 7주 기준
1,800~3,700달러 정도다.

www.pace.edu/page.cfm?doc_id=21456

● 보스턴

보스턴 대학 Boston University

교육도시 보스턴에 위치한 보스턴 대학은 훌륭한 강사진과
프로그램, 유명 대학 캠퍼스의 시설을 이용할 수 있다는 여
러 이점 때문에 한국 학생들에게 상당히 인기 있는 어학연수
기관이다. 교수진은 보스턴 대학에 속한 교수와 강사들이며
커리큘럼 또한 인텐시브 영어 과정뿐만 아니라 슈퍼 인텐시브
과정, 과학기술영어, 학술영어, 비즈니스영어 등 다양한 프로
그램을 제공한다. 매 학기마다 입학이 가능하며 학비는 12주 과정 기준
으로 5,000~5,700달러 정도다.

www.bu.edu/celop

● 미시간 주 이스트 랜싱East Lansing

MSU Michigan State University

미시간 주립대학MSU은 학생 수가 4만 명이나 되는 규모가 큰 종합대학이다. 도시 전체가 대학가 분위기를 풍기는 이 학교 부속의 어학 프로그램은 MSU 학생들과의 교류를 중점으로 한 프로그램으로 많은 인기를 얻고 있다. MSU 학생들과의 회화 파트너 연결, 기숙사 이용 시 미국인 룸메이트 선정 등은 미국 대학 진학을 목표로 하거나 영어 실력을 향상하고자 하는 학생들 모두 만족하는 프로그램으로 알려져 있다. 학비는 16주 기준 8,000달러 정도다.

elc.msu.edu

● 필라델피아

펜실베이니아 대학University of Pennsylvania

아이비리그 대학 중 컬럼비아 대학과 함께 유일하게 부속 어학원 프로그램을 제공하는 펜실베이니아 대학유펜 또한 훌륭한 강사진과 프로그램으로 학생들에게 인기 있는 연수기관이다. 일반영어 프로그램뿐 아니라 비즈니스영어Business and Culture, 회화와 문화Conversation and Culture 같은 특별 프로그램도 제공하고 있으며 학교 기숙사도 이용이 가능하다. 인텐시브 프로그램의 경우 7주 기준 3,500달러 정도, 슈퍼 인텐시브 프로그램의 경우 7주 기준 3,900달러 정도다.

www.sas.upenn.edu/elp

드락셀 대학Draxel University

필라델피아의 중심지에 위치한 드락셀 대학은 필라델피아에서 비교적 저렴한 학비로 양질의 프로그램을 경험하고 싶은 학생들에게 추천할 만한 학교다. 일반영어 프로그램과 함께 아카데믹, 비즈니스, 문화, 시험 준비 등 다양한 커리큘럼을 제공하며 문법, 회화, 발음 중 선택과목을 무료로 수강할 수 있다. 숙박은 기숙사나 홈스테이 등 자유로운 선택이 가능하며 학비는 11주 기준 3,250달러 정도다.

www.drexel.edu/elc/index.html

● 애리조나 주 템퍼Tempe, Arizona

애리조나 주립대학 Arizona State University

애리조나 주립대학은 5만 5천 명 이상의 학생이 공부하고 있는 종합대학으로, 미국에서도 아주 큰 대학에 속하며 연중 다섯 차례 '8주 프로그램'을 제공한다. 주당 21시간의 수업 중 18시간은 일반 수업, 나머지 3시간은 선택 수업으로 구성되어 있으며 상위 레벨 학생일 경우 본교에서 청강도 가능하다. 영어 연수의 모든 과정을 마친 학생은 토플 성적 없이 본교에 입학할 수 있는 특혜가 주어진다. 비교적 저렴한 학비로 알려진 주립대학에서 공부하고 싶은 학생, 미국 대학 입학을 생각하고 있는 학생에게 추천할 만한 학교다. 학비는 8주에 1,925달러 정도이며 기숙사 비용은 8주에 1,600달러 정도다.

global.asu.edu/aecp

● 애틀랜타

조지아텍 공과대학Georgia Tech University

MIT, 칼텍과 함께 미국의 3대 공과대학으로 유명한 조지아텍 부속 어학연수 기관은 공대생들에게 특히 인기가 많다. 애틀랜타에 위치하고 있어 교통이 편리하며 기후도 좋다. 주당 20시간 수업을 기준으로 하며 회화, 문법, 비즈니스영어 등 다양한 커리큘럼 중에서 선택할 수 있다. 미국인 대화 파트너를 연결해주고, 상위 레벨 학생에게는 본교 청강 등의 기회도 제공한다. 학비는 공립학교인 만큼 8주 기준 1,848달러 정도로 저렴한 편이다. 봄·가을 학기에는 기숙사 생활도 가능하다.

www.esl.gatech.edu

● 시카고

일리노이 주립대학 어바나 샴페인University of Illinois, Urbana-Champaign

시카고 근교에 위치한 일리노이 주립대학 어바나 샴페인은 명문 주립대학으로, 농촌 도시인 어바나와 샴페인 두 도시에 걸쳐 있다. 시카고에서는 자동차로 2시간 반 정도 떨어져 있다. 일반영어 프로그램 외에도 시험 준비반, 발음교정수업 및 토플 선택수업 등 다양한 커리큘럼을 갖추고 있으며 미국인과 1:1 대화 파트너도 연결해준다. 미국 내 대학으로 진학할 학생들에게는 대학 생활을 미리 맛볼 수 있는 좋은 프로그램이다. 한국인 학생 비율이 높은 편이며, 학비는 16주 기준 3,915달러 정도다.

www.iei.uiuc.edu

● 샌프란시스코 /새너제이 San Francisco/San Jose

새너제이 주립대학 San Jose State University

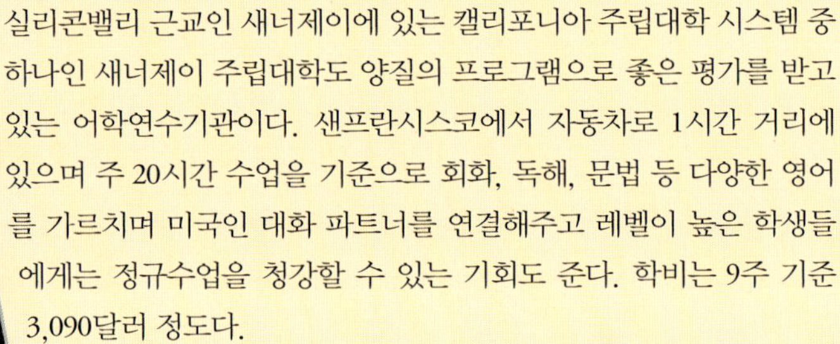

실리콘밸리 근교인 새너제이에 있는 캘리포니아 주립대학 시스템 중 하나인 새너제이 주립대학도 양질의 프로그램으로 좋은 평가를 받고 있는 어학연수기관이다. 샌프란시스코에서 자동차로 1시간 거리에 있으며 주 20시간 수업을 기준으로 회화, 독해, 문법 등 다양한 영어를 가르치며 미국인 대화 파트너를 연결해주고 레벨이 높은 학생들에게는 정규수업을 청강할 수 있는 기회도 준다. 학비는 9주 기준 3,090달러 정도다.

www.sal.sjsu.edu

● LA

UCLA University of California, Los Angeles

학부나 대학원 과정 진학 준비를 위한 아카데믹 집중영어 과정, 회화 향상을 위한 집중회화 과정, 문화와 커뮤니케이션 과정 등 여러 과정을 제공한다. 베벌리힐스, 산타모니카, 할리우드 등이 인접해 있는 웨스트우드 Westwood 에 위치해 있다. 500명 이상의 학생이 공부하고 있으며, 미국 내에서 가장 많은 연수 프로그램을 보유하고 있다. 학비는 아카데믹 집중영어 프로그램의 경우 10주 과정 기준 3,450달러다.

www.unex.ucla.edu/alc

보통 남가주 대학이라고도 부르는 USC는 LA 지역에서 UCLA와 쌍벽을 이루며, UCLA와는 지역 라이벌 관계에 있다. 기존 수업 이외에 선택수업을 수강할 수 있는데, 발음, 비즈니스 대화, 시험 준비, 어휘, 숙어, 저널리즘 등 다양한 과목을 수강할 수 있다. 학비는 14주 집중영어 과정 기준 4,950달러다.

www.usc.edu/dept/education/langacad

UC 리버사이드 Riverside

30년이 넘는 어학 프로그램 역사를 자랑하며, UC 계열 대학 중 가장 많은 연수 프로그램을 제공하는 것으로 유명하다. 예전부터 강남구와 연계 프로그램을 개발·운영하고 있으며, 기존의 집중영어 과정뿐만 아니라 다양한 자격증 프로그램도 제공한다. 이 중 비즈니스 인턴십 과정은 다른 학교 프로그램과 차별화되어 인기가 있으며, 테솔TESOL 과정 또한 유명하다. 학비는 집중영어 과정의 경우 10주 기준 2,850달러로 비교적 저렴한 편이다.

www.iep.ucr.edu

UC 어바인 Irvine

LA에서 차로 40~50분 정도 떨어져 있는 교육도시 어바인에 위치한 명문 주립대학으로, 훌륭한 강사진과 양질의 프로그램으로 알려져 있다. 온화한 기후의 안전한 교육도시로, 최근에는 한국 사람들이 많이 거주하는 지역으로 알려져 있다. 기존의 집중영어 프로그램 이외에도 마케팅, 비즈니스, 영어회화 및 문화, 학부 준비 과정 등 다양한 과정이 개설되어 있다.

www.unex.uci.edu/international

UC 샌디에이고 San Diego

다섯 명의 노벨상 수상자를 배출한 UC 샌디에이고는 UC 계열 대학에서도 상위권에 있는 대학이다. 문화와 영어, 토플, 토익, 비즈니스영어, 대학 준비반 등 다양한 프로그램을 제공하고 있다. 본교 학생과 1 : 1 대화 파트너 연결도 해주며 하이 레벨 학생은 청강도 가능하다. 10주 인텐시브 과정과 4주 회화 과정이 특히 인기가 많다. 학비는 일반 문화와 영어 과정의 경우 10주 기준 2,975달러다.

extension.ucsd.edu/department/elp/index.cfm

샌디에이고 주립대학 San Diego State University

샌디에이고에 위치한 캘리포니아 주립대학 CSU 계열로, 프로그램에 대한 학생들의 만족도가 높은 학교 중의 하나다. 미국 대학의 학부나 대학원으로 진학하는 학생들을 위한 아카데믹 프로그램과 MBA 준비 과정, 집중회화 과정, 테솔 과정, 국제비즈니스 과정 등 영어와 관련된 다양한 실무 과정도 제공한다. 샌디에이고 시내에서 차로 15분 거리에 위치해 있다. 학비는 12주 집중회화 과정의 경우 3,805달러다.

www.americanlanguage.org

● 시애틀

워싱턴 주립대학 Washington State University

캠퍼스에서 제공하는 수업과 다운타운에서 제공하는 수업으로 나뉘어 있다. 캠퍼스 생활을 원하는 학생이라면 주 캠퍼스에서 제공하는 수업을 신청해야 한다. 두 캠퍼스는 셔틀버스로 왕복이 가능하며 10분 정도가 소요된다. 문화와 영어 집중 과정, 대학 준비 집중 과정, 비즈니스영어 과정, 관광산업 분야 영어 과정 등 다양한 과정을 제공한다. 학비는 10주 기준으로 집중영어 과정이 3,180달러 정도이며, 기숙사 이용은 여름에만 가능하다.

www.outreach.washington.edu/elp/translation/korean.asp

5. 준비물

환전

미국의 화폐 단위는 달러$이며 1달러, 5달러, 10달러, 20달러, 50달러, 100달러 지폐가 있다. 환전을 할 때는 한꺼번에 많이 하지 말고 20달러 짜리를 기준으로 당장 쓸 것만 하는 것이 좋다. 나머지는 통장으로 송금 하거나 국제 직불카드를 사용하는 것이 더 편리할뿐더러 분실의 위험도 적다.

부득이하게 현금을 많이 소지해야 한다면 여행자수표로 환전하는 것도 한 가지 방법이다. 만약의 경우 수표를 분실하더라도 보상을 받을 수 있 도록 수표 번호를 따로 적어놓는 것이 좋다. 공항은 시중은행보다 환율 이 높으므로 환전은 주거래 은행에서 미리 해놓는 것이 좋다.

TiP

환율은 때에 따라 달라 지는데, 2010년 초를 기준 으로 1달러에 1,100~ 1,200원 선이다.

국제 운전면허증

미국에 단기로 머무는 것이라면 국제 운전면허증을 발급받아 운전할 수 있다. 장기로 머무는 경우라도 미국에서 정식 운전면허증을 발급받기 전까지 1년간 국제 운전면허증으로 면허증을 대신할 수 있다. 국제 운전면허증은 한국에 있는 운전면허시험장에서 발급받을 수 있는데 여권용 사진과 면허증, 여권과 수수료 7천 원을 지참하고 운전면허시험장으로 가서 신청서를 작성하면 된다. 접수 후 약 15~20분 정도면 발급받을 수 있다.

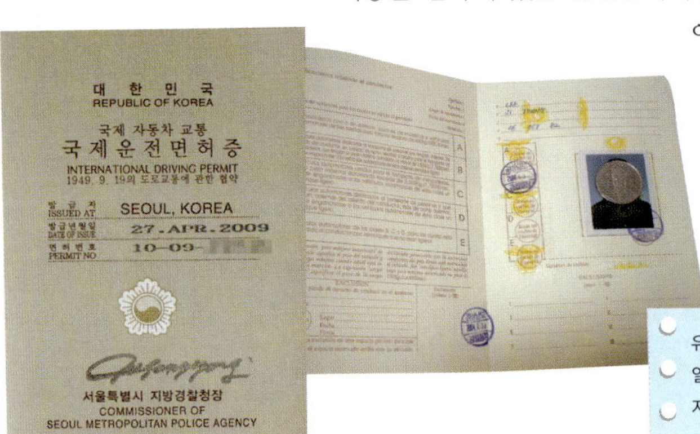

> 유의할 점은 신청서의 이름이 여권의 이름과 일치해야 한다는 것이다. 영문 철자법이 같은지 반드시 확인하자.

국제 직불카드

요즘은 안전하고 편리하다는 이유로 국제 현금카드를 많이 이용하는 추세다. 국제 직불카드로 미국의 현금인출기에서 한국 내 예금을 미국 달러로 인출할 수 있는데, 보통 인출할 때마다 수수료가 붙기는 하지만 미국에서 따로 계좌를 개설하거나 송금을 받을 필요가 없고 현금을 분실할 위험이 적다는 점에서 추천할 만하다. 국제 직불카드는 대부분의 은행에서 취급하지만 미국에 지점이 있는 은행의 직불카드를 이용하면 미국에서 문제가 생겼을 때 즉시 도움을 받을 수 있다.

> 보통 현금을 인출할 때마다 은행에 따라 1~2달러 정도의 수수료가 붙고, 그것과는 별도로 출금한 금액의 1% 정도를 따로 수수하는 은행이 많다.

신용카드

비상시를 대비해 신용카드도 만들어 가는 것이 좋
다. 신용카드에 따라서는 쓸 때마다 환전 수수료
가 붙는 것도 있지만 환율 면에서는 현금을 환
전하는 것보다 이익인 경우가 많다. 신용카드
는 분실했을 경우 일정 기간 내에 신고하기만
하면 자신이 사용한 내역이 아닐 경우 보상받을 수
있으므로 안전하다. 출국하기 전에 본
인의 신용카드 한도와 결제일을 다시
한 번 확인하도록 하자.

미국에서는 신용카드 중 비자 Visa와 마스터 카드
Master Card 가맹점이 가장 많으며 디스커버
Discover와 아메리칸 익스프레스American
Express는 취급하지 않는 곳도 있다.

여행자 보험 / 유학생 보험

여행자 보험이나 유학생 보험은 약관에 따라 보상해주는 범위가 다르기
는 하지만 일단 가입해두면 질병, 사고, 도난 등 예기치 않은 일을 겪었
을 때 도움이 된다. 상해나 사고 시에 보상을 받기 위해서는 목격자 확인
서, 경찰 조서, 사고 진술서 등이 필요하고 질병이 발생했을 경우에는 의
사의 소견서와 진단서, 치료비 청구서 및 영수증, 처방전, 약 구입 영수
증 등이 필요하다. 보통 상해의 경우에는 본인 부담금이 없지만 질병 시
에는 본인 부담금이 있는 경우가 많으니 보험에 가입하기 전에 정확히
확인하자.

보험은 보험사나 여행사에서 취급하는데 종종 유학원에서 취급하는 경
우도 있다. 유학원이나 여행사에서 취급하는 보험을 드는 경우 보험사
에서 직접 신청하는 것보다 저렴하게 가입할 수 있지만 해당
여행사나 유학원이 공식적으로 보험을 취급할 수 있
는 곳인지 먼저 확인하는 것이 필수다. 환
전을 할 때 프로모션의 일환으로 은행에
서 무료로 들어주는 보험은 보상 한도액
이 낮거나 질병 등에 대한 보상이 빠져 있을
수도 있으니 반드시 약관을 확인하자.

미국은 의료비가 비싸기 때문에 미국에서 갑자기
병원에 가야 할 때 여행자 보험이나 유학생 보험
이 있다면 큰 도움이 된다.

6. 짐 꾸리기

미국은 물가가 비싼 편이긴 하지만 모든 품목이 다 그런 것은 아니다. 웬만한 것은 미국에서도 구입할 수 있으니 짐을 너무 많이 가져가는 것은 오히려 번거로운 일이 될 수 있다. 하지만 미국에서 구하기 힘든 것이나 한국에서 가져오는 것이 더 저렴한 물건들은 가지고 가는 것이 도움이 된다.

110V용 플러그

미국에서는 110V 전압을 사용한다. 보통 노트북 컴퓨터는 110V와 220V 겸용이므로 일명 '돼지코' 라고 불리는 플러그가 필요하다. 대형마트나 전자제품 쇼핑몰에서 구입이 가능하다.

안경 / 콘택트렌즈

미국은 검안비가 비싼 편이고 안경을 맞추는 비용도 한국보다 비싸다. 콘택트렌즈를 사용한다면 여분의 렌즈 세척제를 준비해 가고, 안경을 쓴다면 한두 개 정도 여분을 가져가는 것이 좋다.

녹음기

미국에서는 강의를 들을 때 녹음기를 사용하는 학생이 종종 있다. 나중에 다시 복습을 하기 위함인데 영어를 배우는 학생일 경우에는 특히 녹음기가 유용하다.

기숙사 침구류

기숙사에는 침대만 준비되어 있고 시트나 이불은 없는 경우가 많기 때문에 본인이 준비해 가야 한다. 보통 한국은 싱글, 더블, 퀸, 킹사이즈로 나뉘어 있는데, 미국은 트윈twin, 풀full, 퀸queen, 킹king 사이즈로 나뉘어 있다. 한국의 싱글이 미국의 트윈 침대에 해당하지만, 미국의 침대 사이즈는 한국의 침구류 사이즈와는 조금 다르기 때문에 학교에 미리 문의해서 침대 사이즈를 알아보고 준비하는 것이 좋다. 미국에서 침구류를 구입하려고 계획 중이라면 임시로 침낭을 사용하는 것도 좋은 방법이다.

한국 음식

미국의 대도시라면 한국 식료품점이 거의 다 있다. 고추장이나 밑반찬, 김치 등은 대도시라면 얼마든지 살 수 있지만 한국 식료품점이 없는 소도시 등에서는 한국 음식을 쉽게 구하지 못할 수도 있다. 개인적으로 보관의 어려움 등으로 인해 한국 음식을 짐 가방에 넣어 가지 않는 것을 추천한다. 하지만 꼭 가져가야 한다면 단단하게 밀봉하고 혹시 세관에서 질문할 것에 대비해 겉 포장지에 내용물을 영문으로 표기하는 것이 좋다.

상비약

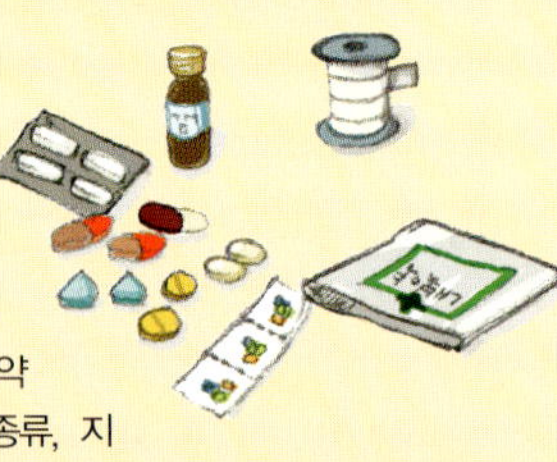

약은 미국의 약국에서도 살 수 있지만 자신에게 특히 잘 맞는 약이 있다면 준비해 가는 것이 좋다. 감기약이나 소화제, 진통제 종류, 지사제, 바르는 연고, 파스 등이 특히 유용하다. 소염제 같은 의사의 처방이 필요한 약은 급히 구하기가 힘들기 때문에 한국에서 준비해 가는 것이 좋다.

의류

미국 서부나 남부의 더운 지방으로 간다고 해도 아침저녁에는 일교차 때문에 쌀쌀하므로 긴 소매 옷을 반드시 준비해 간다. 속옷과 양말은 한국 제품이 더 좋으니 한국에서 준비해 가는 것이 좋다. 옷은 주로 간편한 복장으로 준비하되, 남자의 경우 결혼식에 초대받거나 고급 식당 등에 갈 때를 대비해 정장도 한 벌 준비하는 것이 좋다. 수영복도 빼놓을 수 없는 아이템이다. 미국에서는 미국 사람들의 사이즈에 맞춰 수영복을 판매하기 때문에 마음에 드는 수영복을 고르기가 쉽지 않다. 여자의 경우 실외에서는 주로 비키니를 입고 남자의 경우 반바지 같은 수영복을 많이 입는다.

책

모든 종류의 한국 책은 미국에서 구입할 경우 가격이 두 배 이상이다. 보고 싶은 책이 있다면 미리 사 가는 것이 좋다. 하지만 책은 비교적 무게가 많이 나가는 품목이므로 너무 많이 가져가면 운반하기 힘들다는 사실도 잊지 말자. 가져가야 할 책이 많다면 항공으로 운반하는 것보다는 배편으로 부치는 것이 경제적이다. 다만 배로 부치면 배송 기간이 한 달 이상 소요될 수 있으므로 미국에 단기 체류할 예정이라면 적절치 않다.

사전

전자사전이든 책으로 된 사전이든 한국에서 구입하는 것이 더 저렴하다. 모르는 단어를 바로 찾을 수 있도록 손가방에 넣어 들고 타는 것이 좋다.

전화카드

미국에서 사용 가능한 전화카드를 구입해서 가져가면 전화를 개통하기 전에 사용할 수 있다.

필기도구와 문방구류

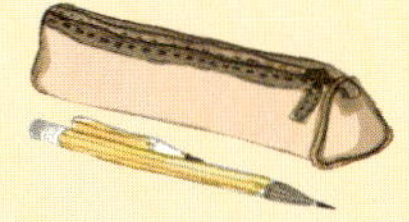

미국의 학용품은 한국에서 사는 것보다 훨씬 비싸므로 되도록 한국에서 구입해 가는 것이 좋다. 필기도구는 당장 비행기 안에서 입국 서류를 작성할 때부터 필요하다. 필기도구를 사용해야 할 일이 생각보다 많다.

전자제품

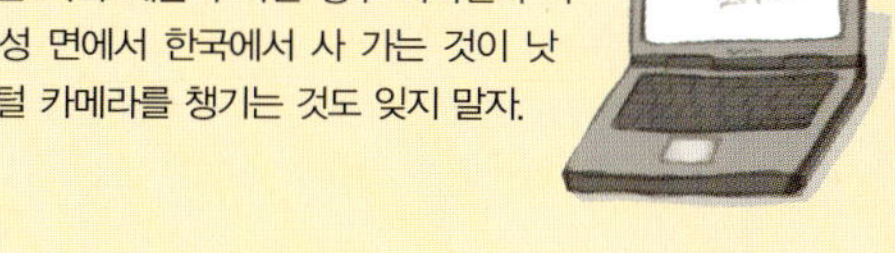

전자제품은 가져가지 않는 편이 좋다. 가져가는 수고에 비해 크게 도움이 되지 않을 뿐만 아니라 현지에서 중고로 구입해서 사용할 수 있기 때문이다. 하지만 110V 호환이 가능한 제품이라면 사용하고 있는 헤어드라이어, 면도기, MP3 플레이어 정도는 가져가는 것도 나쁘지 않다. 헤어드라이어와 면도기는 미국에서 사도 비싸지는 않지만 본인이 사용하는 것이 있다면 굳이 미국에서 따로 구입할 필요가 없다. MP3 플레이어의 경우 iPod 같은 미국 제품이 아닌 경우 디자인과 가격, 다양성 면에서 한국에서 사 가는 것이 낫다. 디지털 카메라를 챙기는 것도 잊지 말자.

세면도구 및 화장품 종류

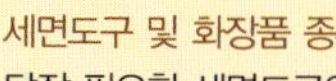

당장 필요한 세면도구와 화장품을 챙기되 액체나 젤 종류는 100㎖ 이하만 기내에 반입할 수 있다. 부피가 크다면 기내 반입용 가방이 아닌 수화물을 이용하자. 더운 지방으로 간다면 햇볕이 뜨거우므로 선크림은 필수다. 또 보통 한국에서 쉽게 구할 수 있는 스킨과 로션은 미국에서는 보편적인 제품이 아니기 때문에 가져가는 것이 좋다. 미국에서는 로션을 보통 모이스처라이저 moisturizer라고 한다.

기내용 가방

미국행 비행기는 기내 반입이 불가능한 항목이 있는데 날이 있는 칼여성들이 화장할 때 쓰는 눈썹용 칼, 손톱깎이 포함, 기타 날카로운 물건이나 라이터, 부탄가스 등 폭발이 가능한 물품뿐만 아니라 최근에는 100㎖ 이상의 젤 종류도 반입할 수 없다. 이런 품목은 기내용 가방이 아닌 수화물에 넣어서 부쳐야 한다. 꼭 필요한 개인용 헤어 젤이나 치약, 화장품 등의 소지품은 100㎖ 이하의 양으로 사각의 투명한 지퍼백에 넣으면 기내 반입이 가능하다.

가족사진

친구를 사귈 때나 어학연수 수업시간에 자신을 소개할 때 등에 유용하다.

각종 중요 서류

전자여권과 여행승인서, 항공권을 챙긴다. 여권과 항공권은 복사본을 만들어 자신의 이메일 계정으로 보내놓으면 분실했을 때 큰 도움이 된다. 이밖에 여분의 여권용 사진, 학생비자F비자, M비자, J비자로 입국하는 경우 학교에서 보내온 서류 원본 및 사본, 보험 증서, SEVIS 수수료 납입 영수증도 잊지 말고 챙기자. 내가 가야 할 숙소의 주소도 따로 적어서 가져가는 것이 좋다.

Part II

출발하기

1. 인천공항에서

부푼 꿈을 안고 집을 나서서 공항으로 향하는 길은 새로운 세계에 대한 기대와 남겨둔 사람들과의 작별로 인한 아쉬움이 교차한다. 공항으로 가는 길은 아무리 시간을 넉넉히 잡아도 몸과 마음이 모두 분주하므로 여권이나 항공권 등 중요한 소지품은 전날 미리 잘 챙겨놓아 잊어버리고 가는 일이 없도록 하자.

미국으로 갈 때는 보통 출발하기 3시간 전에 공항에 도착해 있는 것이 좋다. 일찍 도착하면 원하는 좌석을 선택할 수 있는 가능성도 높거니와, 미국행 비행기는 테러에 대비해 보안 검색을 좀 더 철저히 하기 때문에 탑승 수속 시간도 오래 걸리기 때문이다.

항공사 데스크에서 여권과 비자, 항공권 등을 제출하면 탑승 수속이 시작된다. 보통 가운데 좌석보다 통로 쪽 좌석aisle seat과 창문 쪽 좌석window seat을 많이 선택한다. 오랫동안 한자리에 앉아 있는 것이 불편하면 가끔씩 일어서서 몸을 풀기 편한 통로 쪽 좌석을, 바깥 경치를 구경하고 싶다면 창문 쪽 좌석을 선택하는 것이 좋을 것이다. 다만 창문 쪽 좌석은 화장실에 갈 때마다 옆자리 승객들에게 비켜달라고 양해를 구해야 하는 번거로움이 있다.

좌석을 선택하고 나면 수화물을 항공사 탑승 수속 카운터 벨트에 올려놓아 무게를 잰다. 미국행 비행기의 경우 보통 수화물 두 개를 부칠 수 있고, 이와는 별도로 기내용 가방과 개인용 소지품 한 가지노트북 컴퓨터, 핸드백, 카메라 가방 등는 직접 들고 탈 수 있다. 수화물의 경우 하나당 23kg을 초과하면 추가 요금을 내야 한다. 둘 중 하나의 수화물만 무게가 초과되었을 경우 초과된 만큼 그 자리에서 나머지 수화물에 잘 배분하면 추가 요금을 내지 않아도 된다.

수화물을 부치고 나서 보딩 패스를 발권 받으면 보안 검색대를 통과하여 출국 수속을 하게 된다. 보안 검색대를 통과할 때는 직원들의 지시를 따르고 출국 수속 카운터에서는 신청서를 작성해서 여권과 함께 제출하면 된다. 탑승 시간까지 여유가 있다면 면세점을 둘러보는 것도 좋다. 면세점에서 구입하는 액체류는 기내 반입이 가능하다.

수화물 부치는 곳

2. 비행기 안에서

국제선 비행기, 특히 승객이 많은 미국행 항공기의 경우 보통 비행기도 크고 최신형인 경우가 많다. 비행기의 종류에 따라 각자의 좌석에서 영화나 드라마, 게임 등을 즐길 수도 있어서 지루함을 덜 수 있다. 항공사에서 보통 담요와 베개, 이어폰을 제공하는데 도착한 후 바깥으로 가지고 나갈 수 없으므로 주의하도록 하자.

비행기를 타고 얼마 지나지 않아 승무원이 입국 신고서와 세관 신고서를 나누어준다. 내리기 직전에 작성하지 말고 미리 여유 있게 작성해서 빠뜨리는 항목이 없도록 한다. 경우에 따라 한국어로 된 신고서도 있으니 필요하면 승무원에게 문의하면 된다. 영어로 된 신고서에 모르는 부분이 있다면 주저하지 말고 승무원에게 물어보면 친절히 가르쳐준다.

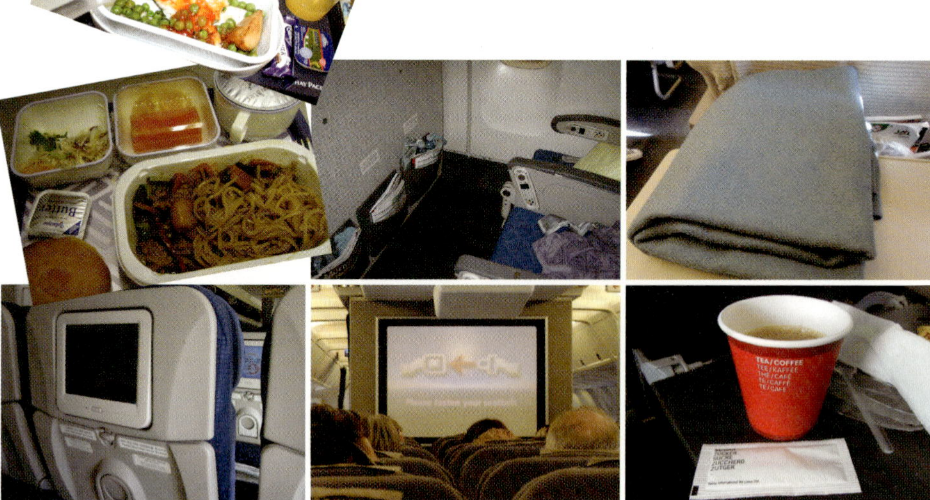

3. 입국 심사 및 세관 검사

미국의 공항에 도착하면 입국 심사와 세관 검사를 받아야 한다. 국내선 항공기를 이용해 미국의 다른 도시로 이동transfer하는 경우에도 예외 없이 처음 도착하는 공항port of entry에서 심사를 받게 된다. 그런 경우 수화물도 모두 찾아서 세관 검사를 통과한 후 다시 국내선 항공사 카운터를 통해 부쳐야 한다.

미국에 도착해서 입국 심사장으로 이동하는 도중에 직원들이 그다지 친절하지 않다는 느낌을 받을지도 모른다. 공항 및 출입국 직원들은 테러 위험에 대비해야 할 뿐만 아니라 미국에 입국하는 많은 여행자들이 신속하고 질서 있게 출입국 및 세관 심사를 받을 수 있도록 임무를 수행해야 하기 때문에 다소 긴장하고 사무적인 모습을 보인다.

입국 심사를 받기 위해서는 비행기 안에서 작성한 입국 신고서와 세관 신고서, 여권, 비자를 준비해 심사대 앞에 줄을 서서 안내를 기다리면 되는데, 미국 시민권자와 영주권자를 위한 심사대와 방문자visitor 또는 non-resident를 위한 심사대가 나뉘어 있으므로 자신이 해당되는 곳으로 가서 대기하면 된다.

Tip
입국 심사를 받을 때는 미소를 지으며 반갑게 인사하고, 통역이 필요하다면 당당히 요구하면 된다.

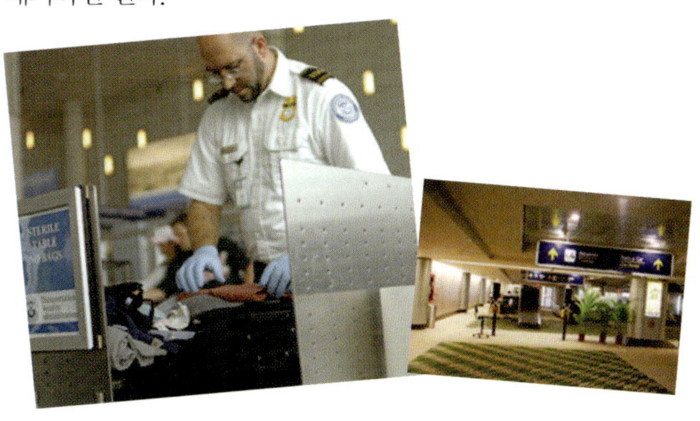

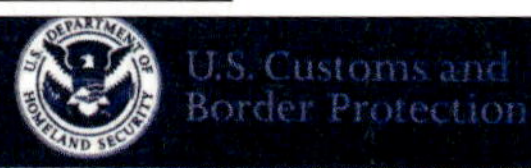

U.S. Customs and Border Protection

Customs Declaration

19 CFR 122.27, 148.12, 148.13, 148.110,148.111, 1498; 31 CFR 5316

FORM APPROVED
OMB NO. 1651-0009

Each arriving traveler or responsible family member must provide the following information (only ONE written declaration per family is required):

1. **Family Name**

   First (Given)   Middle

2. **Birth date**   Day   Month   Year

3. Number of **family members** traveling with you

4. (a) U.S. **Street Address** (hotel name/destination)

   (b) City   (c) State

5. **Passport issued by** (country)

6. **Passport number**

7. **Country of Residence**

8. **Countries visited** on this
   trip prior to U.S. arrival

9. **Airline/Flight No.** or **Vessel Name**

10. The primary purpose of this trip is **business**:   Yes   No

11. I am (We are) bringing
    (a) fruits, vegetables, plants, seeds, food, insects: Yes   No
    (b) meats, animals, animal/wildlife products: Yes   No
    (c) disease agents, cell cultures, snails: Yes   No
    (d) soil or have been on a farm/ranch/pasture: Yes   No

12. I have (We have) been in close proximity of
    (such as touching or handling) **livestock**:   Yes   No

13. I am (We are) carrying **currency or monetary
    instruments** over $10,000 U.S. or foreign equivalent: Yes   No
    (see definition of monetary instruments on reverse)

14. I have (We have) **commercial merchandise**:   Yes   No
    (articles for sale, samples used for soliciting orders,
    or goods that are not considered personal effects)

15. **Residents** — the **total value of all goods,** including commercial
    merchandise I/we have purchased or acquired abroad, (including gifts
    for someone else, but not items mailed to the U.S.) and am/are bringing
    to the U.S. is: $

    Visitors — the **total value of all articles** that will remain in the U.S.,
    including commercial merchandise is: $

Read the instructions on the back of this form. Space is provided to list all the items you must declare.

I HAVE READ THE IMPORTANT INFORMATION ON THE REVERSE SIDE OF THIS FORM AND HAVE MADE A TRUTHFUL DECLARATION.

X ____
(Signature)   Date (day/month/year)

For Official Use Only

CBP Form 6059B (01/04)

1. 이름

2. 생년월일

3. 동행 가족 수

4. (a) 체류지 주소(호텔명/목적지)

   (b) 도시   (c) 주

5. 여권 발행국

6. 여권 번호

7. 거주 국가

8. 이번 여행에서 미국에 도착하기 전에 방문한 나라

9. 항공사/항공편 번호 또는 선박명

10. 이번 여행의 주 목적은 사업임

11. 본인(우리)은 다음과 같은 물건을 가지고 있음

   (a) 과일, 야채, 식물, 종자, 식품, 곤충

   (b) 육류, 동물, 동물/야생동물 제품

   (c) 흙 또는 농장/목장/목초지를 다녀왔음

12. 본인(우리)은 가축과 가까이 지냈음(만지거나 다루는 등)

13. 본인(우리)은 미화 1만 달러 이상의 현금이나 금전적 수단을
    지고 있음

14. 본인(우리)은 상업용 물품(판매용 상품, 주문을 받을 목적으로
    사용되는 견본품, 개인적 용도로 간주되지 않는 물품)을 가지
    고 있음

15. 거주자: 해외에서 구입 또는 취득하여 미국으로 반입하는 물
    (다른 사람에게 줄 선물은 포함하나 미국으로 우송한 물품은
    제외)의 총가액(영주권자나 시민권자에 해당)

    방문자: 상업용 물품을 포함하여 미국에 남아 있는 모든 물품
    의 총가액

(10은 사업 목적이 아니라면 No에 체크하고, 11~14는 해당
사항이 없으면 No에 체크한다.)

U.S. Department of Justice
Immigration and Naturalization Service

OMB 1115-0077

Admission Number

220390931 09

Welcome to the United States

I-94 Arrival/Departure Record - Instructions

This form must be completed by all persons except U.S. Citizens, returning resident aliens, aliens with immigrant visas, and Canadian Citizens visiting or in transit.

Type or print legibly with pen in ALL CAPITAL LETTERS. Use English. Do not write on the back of this form.

This form is in two parts. Please complete both the Arrival Record (Items 1 through 13) and the Departure Record (Items 14 through 17).

When all items are completed, present this form to the U.S. Immigration and Naturalization Service Inspector.

Item 7 - If you are entering the United States by land, enter LAND in this space. If you are entering the United States by ship, enter SEA in this space.

Form I-94 (04-15-86)Y

Admission Number

220390931 09

Immigration and
Naturalization Service

I-94
Arrival Record

1. Family Name — 1. 성

2. First (Given) Name — 2. 이름

3. Birth Date (Day/Mo/Yr) — 3. 생년월일

4. Country of Citizenship — 4. 국적

5. Sex (Male or Female) — 5. 성별

6. Passport Number — 6. 여권 번호

7. Airline and Flight Number — 7. 항공편 번호

8. Country Where You Live — 8. 거주 국가

9. City Where You Boarded — 9. 비행기를 탄 도시

10. City Where Visa Was Issued — 10. 비자를 발급받은 도시

11. Date Issued (Day/Mo/Yr) — 11. 발급 날짜

12. Address While in the United States (Number and Street) — 12. 미국에서 거주할 주소

13. City and State — 13. 미국에서 거주할 도시와 주

Departure Number

220390931 09

Immigration and
Naturalization Service

I-94
Departure Record

14. Family Name — 14. 성

15. First (Given) Name — 15. 이름

16. Birth Date (Day/Mo/Yr) — 16. 생년월일

17. Country of Citizenship — 17. 국적

See Other Side

STAPLE HERE

(1~13은 입국 신고서, 14~17은 출국 신고서다.)

출입국 직원이 무슨 목적으로 미국을 방문하는 것인지, 얼마나 체류할 것인지를 묻고 사진을 찍고 전자 지문을 채취하는데, 이 과정에서 비자에 기록되어 있는 목적과 다르게 말하면 안 된다. 관광비자로 입국하는 경우 관광을 하러 왔다고 말해야 하며, 유학비자일 경우 공부를 하러 왔다고 말해야 한다. 체류기간을 정확히 말해야 하며 경우에 따라서는 한국으로 돌아가는 비행기 표를 보여줘야 할 수도 있다.

입국 심사 시 조금이라도 의심이 되는 말을 한다면 출입국 사무실로 가서 좀 더 자세한 조사를 받게 되며, 경우에 따라서는 입국이 거절되거나 억류되었다가 추방될 수도 있다. 실제로 주위의 몇몇 지인들은 입국 목적과 다른 비자를 가지고 들어왔다는 이유로 입국이 거절되었으며, 간혹 5년 이상 미국 입국을 금지당하는 경우도 보았다.

입국 심사를 마치고 나면 수화물을 찾아서 세관 검사를 받게 된다. 미국의 세관 검사는 본인이 스스로 신고하도록 되어 있다. 의심이 가는 경우 짐 검사를 하기도 하지만 그런 경우는 드물며, 본인이 신고할 물품이나 미화 1만 달러 이상을 소지하고 있다고 세관 신고서에 기입을 한 경우 검사대로 가서 검사를 받는다. 반면에 신고할 것이 없다고 기입한 경우에는 나가는 길에 세관 신고서를 제출하면 된다. 신고서를 제출하면 수속이 끝나므로 공항 대기실로 나가거나 환승하는 경우에는 환승transfer 또는 transit이라고 씌어 있는 표지판을 따라가면 된다.

officer	Hello. Can I see your passport and the entry forms?
직원	안녕하세요? 여권과 입국 신청서를 보여주세요.
Emmy	Sure. Here you go.
에미	물론이죠. 여기 있습니다.
officer	What's the purpose of your visit in the United States?
직원	미국에 오신 목적이 무엇입니까?
Emmy	I am here to study. I will be studying English at University of Southern California.
에미	공부하러 왔어요. 남가주 대학에서 영어를 공부할 예정입니다.
officer	Okay. For how long will you be staying?
직원	알겠습니다. 얼마나 오래 계실 건가요?
Emmy	For one year.
에미	일 년입니다.
officer	Where will you be staying?
직원	어디서 머무르실 건가요?
Emmy	I will be staying with a host family in LA.
에미	LA에서 호스트 패밀리와 함께 지낼 예정입니다.
officer	Do you have a return ticket to Korea?
직원	귀국 항공권이 있으신가요?
Emmy	Yes, here it is.
에미	예, 여기 있습니다.
officer	I will take a picture of you. Put your fingers here for fingerprints.
직원	사진을 찍겠습니다. 지문 채취를 위해 여기에 손가락을 올려놓으십시오.
Emmy	Okay.
에미	알겠습니다.

resident 거주자
non-resident 비거주자
sightseeing 관광
expected period of stay 대략의 거주 기간
fingerprints 지문

Do you have anything to declare?

(세관에) 신고하실 항목이 있으신가요?

You are not allowed to bring this to the US. Should I discard it?

이것은 미국에 들여오실 수 없습니다. 폐기해도 되겠습니까?

These are my personal belongings.

이것은 제 개인 물품입니다.

You have to pay tax for this.

세금을 내셔야 하는 물품입니다.

Hello. Where is the transit counter?

안녕하세요, 환승 카운터는 어디인가요?

Excuse me. Can you tell me where the gate number 1 is?

실례합니다. 1번 게이트가 어디인지 알려주실 수 있나요?

I lost my boarding pass.

제 보딩 패스를 잃어버렸습니다.

I missed my flight. Can you book me a different flight?

비행기를 놓친 것 같습니다. 다른 항공편을 예약해주시겠습니까?

What time does the plane board?

몇 시에 탑승하나요?

4. 공항에서 시내로 가는 교통편

마중 나와 있는 사람이 있다면 자신의 이름이 적혀 있는 종이를 들고 서 있을 것이다. 처음 만나는 사람과 가볍게 악수를 하고 미소를 지어 첫인상을 좋게 한다. 미국에서는 상대방의 눈을 쳐다보고 말하는 것이 예의이고, 그래야 좀 더 자신 있고 당당해 보인다.

시내로 나가기 전에 공항 대기실에서 정보를 얻는 것이 좋다. 관광안내소에서 시내 지도를 얻어 숙소까지 가는 길을 물어볼 수도 있다. 공항에서 시내로 들어가는 교통편은 교통안내 부스에서 알아볼 수 있다.

규모가 큰 공항 근처의 호텔에서 묵는 경우에는 호텔에서 셔틀버스를 제공하기도 하고, 렌터카를 이용하는 경우에는 렌터카 회사에서 셔틀을 제공하기도 한다. 그 외에 공항에 따라 시내까지 가는 유료 셔틀버스가 간혹 있다. 이 경우 보통 공항에서 시내의 주요 행선지까지 왕복한다. 이외에도 미니버스 같은 개념의 유료 셔틀버스가 있는데 택시와 버스의 중간 개념으로, 택시처럼 승객들의 목적지에 모두 들르면서 한 사람씩 내려준다. 택시보다 저렴한 비용으로 자신이 가고자 하는 목적지까지 갈 수 있다는 장점이 있다. 기사에게 정해진 요금을 지불하고 주소를 건네주고 내릴 때 1~2달러 정도의 팁을 지불한다. 슈퍼셔틀Super Shuttle이 대표적인 유료 미니 셔틀버스 회사다. 처음 도착해서 길을 잃지 않고 안전하게 가고 싶다면 택시를 추천한다. 더군다나 여러 명이 함께 이동한다면 택시가 더 경제적일 수도 있다. 택시기사에게 주소를 가르쳐주고 내릴 때 요금과 함께 요금의 15~20%의 팁을 지불하면 된다.

짐이 많지 않은 경우, 공항에서 시내까지 연결되는 지하철이나 철도편을 이용하는 것도 한 가지 방법이다. 안내소에서 물어보면 주소지에 따라 어느 역에서 내려야 할지 가르쳐줄 것이다.

Emmy	Excuse me. What's the best way to go to the city?
에미	실례합니다. 시내로 가는 가장 좋은 방법은 무엇인가요?
clerk	You can take the subway or the shuttle bus. Here is the schedule for the Super Shuttle.
직원	지하철이나 셔틀버스를 타시면 됩니다. 여기 슈퍼셔틀 시간표가 있습니다.
Emmy	Okay. How much is the fare?
에미	알겠습니다. 요금은 얼마인가요?
clerk	It is 15 dollars one way.
직원	편도 15달러입니다.
Emmy	How long does it take to go to the city?
에미	시내로 가는 데는 얼마나 걸리나요?
clerk	About 20 minutes from here but it depends on the number of passengers.
직원	여기서 20분 정도 걸리지만 승객이 얼마나 타느냐에 따라 다릅니다.

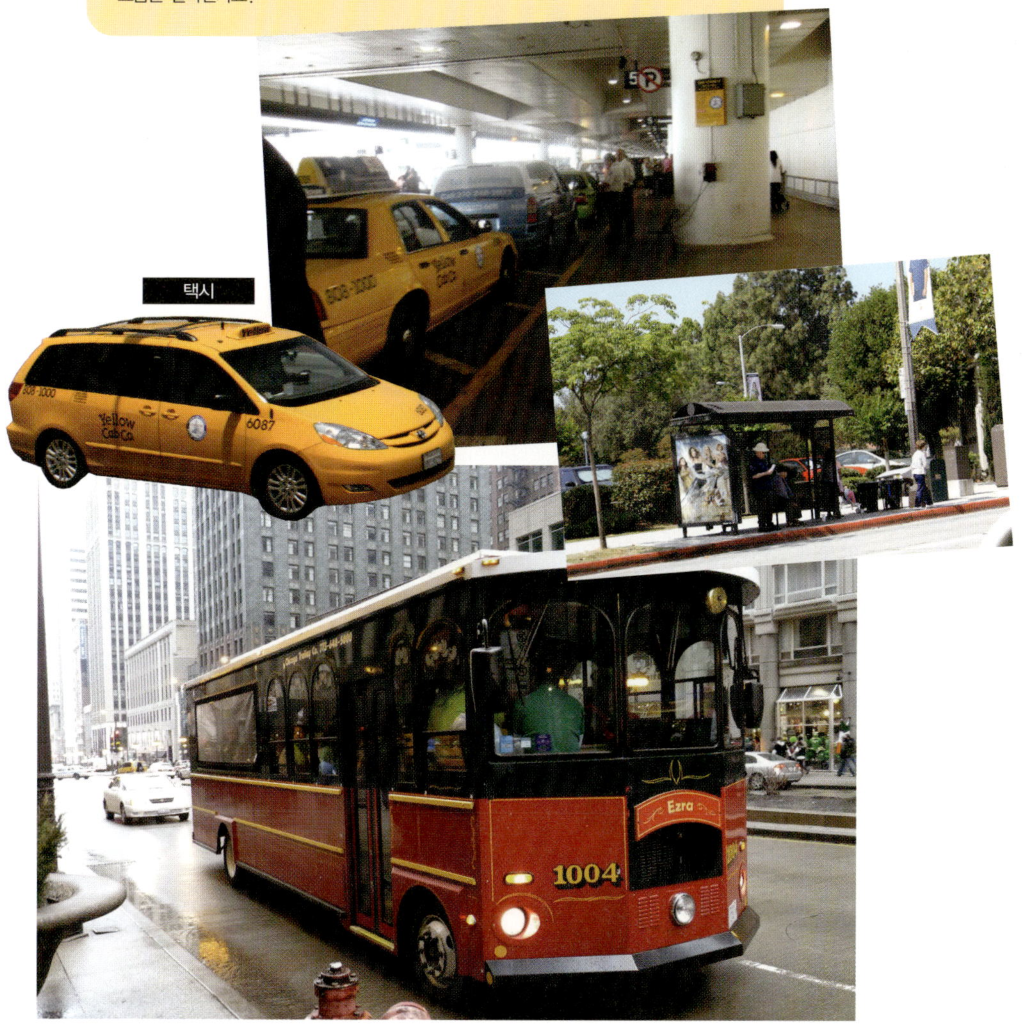

How can I get to this address?

이 주소로 가려면 어떻게 해야 하나요?

Please tell me when we get there.

그곳에 도착하면 알려주시겠습니까?

How much is the fare?

요금은 얼마인가요?

Part III

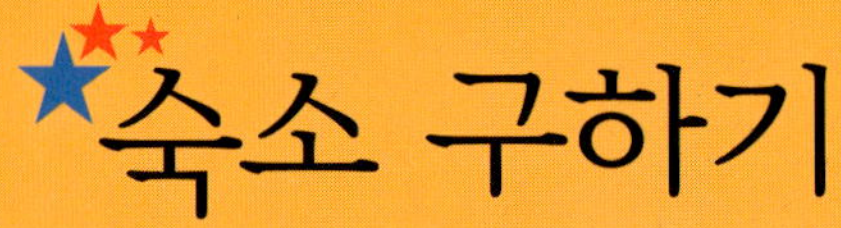

숙소 구하기

1. 홈스테이
2. 기숙사
3. 아파트
4. 호스텔

1. 홈스테이

★ 라이드 ride

홈스테이를 할 경우 집주인이 운전을 해서 목적지까지 데려다주는 것을 말한다. 비용에 옵션으로 포함시킬 수 있다.

처음 미국에 와서 미국생활에 대한 정보가 없어 막막하거나 한국에 있을 때 혼자 살아본 경험이 없다면 좀 더 가정적인 분위기의 홈스테이가 적당하다. 잠자리뿐만 아니라 경우에 따라 식사와 라이드가 포함되기도 하며 그런 조건들에 따라 가격도 다양하다. 홈스테이의 가장 큰 장점은 미국 문화를 쉽게 접하고 익숙해질 수 있는 기회가 된다는 것이다. 따라서 한국인이 운영하는 홈스테이보다는 미국인 가정에서 하는 홈스테이를 권한다. 홈스테이는 한국에서 출발하기 전에 어학원을 통해 알아볼 수도 있고 아니면 미국에 가서 학교에 있는 광고와 지역신문을 이용해 찾아볼 수도 있다. 가능하면 직접 방문해 방도 보고 같이 지낼 식구들과 만나서 분위기도 느껴보자.

홈스테이 비용(한 달 기준, 아침·저녁식사 제공) (단위: 달러)

	LA	샌프란시스코	뉴욕	마이애미	보스턴	시애틀	휴스턴
1인실	860~1,550	940~1,750	1,760~1,900	1,250~1,550	990~1,280	625~900	900~1,590
2인실	700~1,240	900~1,400	1,310~1,600	1,000~1,240	900~1,240	550~750	880~1,300

방 크기는 어느 정도인지, 룸메이트는 누구인지, 화장실을 공동으로 써야 하는지 등을 체크한다. 자신 외에 다른 홈스테이 학생이 얼마나 더 있는지도 확인하고 집안일chore을 어떻게 분담하는지, 부엌을 쓸 수 있는지도 미리 물어보자. 동물을 무서워하거나 알레르기가 있다면 애완동물이 있는지도 꼭 알아보자.

1) 지역: 되도록 학교와 가까운 곳이 좋다.
2) 식사나 라이드 제공 여부
   홈스테이 비용에 자신에게 필요한 '식사, 라이드'가 포함되었는지 꼼꼼히 따져본다.
3) 홈스테이 생활환경

홈스테이 에티켓

학교와 많이 떨어져 있고 대중교통을 이용하기 불편한 곳이라면 라이드가 필요하다. 만약 라이드를 해주는 집에서 머물게 된다면 스케줄을 정하고 그 시간을 잘 지켜야 한다. 식사는 보통 아침과 저녁이 제공되며, 간혹 점심을 주거나 도시락을 싸주는 경우도 있다. 한국 음식이 먹고 싶으면 나가서 사먹되 김치 같이 냄새가 많이 나는 음식은 냉장고에 보관하지 말자. 집안일을 나누어 하게 되어 있다면 자신이 맡은 부분은 바로바로 하고, 화장실을 비롯하여 공동으로 쓰는 공간은 깨끗이 이용하도록 하자. 사람이 많은 집이면 화장실을 공동으로 쓰게 마련인데 아침시간에는 화장실을 너무 오래 사용하지 않도록 하자. 집에 친구를 데려오는 것도 미리 허락을 받도록 하며, 친구들을 너무 자주 부르거나 밤새 있지 않도록 한다. 담배는 실외에서 피우는 것이 예의이며, 늦은 시간에 음악을 크게 트는 것도 실례가 되므로 조심하자. 혼자서 하루 종일 텔레비전 앞에 앉아 다른 사람이 보고 싶은 프로그램을 볼 수 없게 하지 말아야 한다. 밤 9시 이후에 집으로 유선전화가 걸려오는 것도 좋지 않으니 특별히 한국에서 올 전화가 있다면 미리 양해를 구해두자. 통금시간curfew이 있는 집인지 미리 알아보고, 지키기로 동의했다면 꼭 시간을 지키자.

█ 홈스테이 가족과 친해지기

홈스테이 경험이 많은 가정에서는 영어를 잘 못해도 열심히 들어주고 도와주려고 노력하므로 우물쭈물 망설이지 말고 적극적으로 대하자. 또 한국 문화에 관심이 많은 가정인 경우는 한국을 소개하고 자신의 이름의 뜻을 가르쳐주거나 한국 음식을 해주는 등 가족 구성원들과 친해지려는 노력을 하자. 추수감사절 같은 명절에 집에서 파티를 하거나 주말에 단체로 놀러 가게 되면 함께 어울리면서 미국을 경험하기에 더없이 좋은 기회가 될 것이다.

미국인들도 우리처럼 싹싹하고 예의 바른 사람을 좋아하는 건 당연하다. 하지만 많이 친해져서 본인이 직접 얘기를 꺼내기 전까지는 몇 살인지, 결혼을 했는지, 아이가 있는지 등의 질문은 삼가자. 또 집안의 물건을 사용할 때는 꼭 미리 물어보고, 방에 들어갈 때는 반드시 노크를 하자. 미국 사람들은 애완동물을 가족같이 대하므로 함부로 먹이를 주거나 허락 없이 데리고 나가면 안 된다. '당연히 알겠지'라고 생각하지 말고 항상 묻고May I…, 고맙다고 표현하고Thank you, 공손하게please 대하자. 같이 살다 보면 서로 부딪치는 일도 있고 불편한 일도 있게 마련인데, 처음에는 말을 꺼내기가 다소 어렵겠지만 무조건 참는 것이 능사는 아니므로 침착하게 대화로 푸는 것이 중요하다.

<table>
<tr><td>host</td><td>Hello?</td></tr>
<tr><td>호스트</td><td>안녕하세요?</td></tr>
<tr><td>Jamie</td><td>Hi, my name is Jamie. I'm calling regarding the advertisement for a home stay.</td></tr>
<tr><td>제이미</td><td>안녕하세요? 제 이름은 제이미입니다. 광고에 나온 홈스테이를 보고 전화 드렸는데요.</td></tr>
<tr><td>host</td><td>Hi Jamie, this is John. Yes, we have a room available for a home stay.</td></tr>
<tr><td>호스트</td><td>제이미 씨 안녕하세요? 저는 존입니다. 네, 홈스테이 방이 비어 있어요.</td></tr>
<tr><td>Jamie</td><td>Can I ask you a few questions?</td></tr>
<tr><td>제이미</td><td>몇 가지 물어봐도 될까요?</td></tr>
<tr><td>host</td><td>Sure, go ahead.</td></tr>
<tr><td>호스트</td><td>그럼요, 물어보세요.</td></tr>
<tr><td>Jamie</td><td>I'm a student at Rice University. Is there public transportation from your house to the school?</td></tr>
<tr><td>제이미</td><td>저는 라이스 대학 학생입니다. 댁에서 학교까지 대중교통이 있나요?</td></tr>
<tr><td>host</td><td>Yes, you can take Bus 43 to the university during the weekdays. For nights and weekends, we can work out a schedule for the ride.</td></tr>
<tr><td>호스트</td><td>네, 주중에는 43번 버스를 타면 되고요. 주말과 밤에는 스케줄을 미리 말해주면 운전해드릴 수 있어요.</td></tr>
<tr><td>Jamie</td><td>Great. Are there other students staying at your house?</td></tr>
<tr><td>제이미</td><td>잘됐군요. 집에 다른 학생도 있나요?</td></tr>
<tr><td>host</td><td>Yes, we have 2 more students. One of them goes to Rice, too.</td></tr>
<tr><td>호스트</td><td>네, 저희 집에는 지금 두 명의 학생이 있어요. 그중에 한 명은 라이스 대학을 다니고 있고요.</td></tr>
<tr><td>Jamie</td><td>I see. How many meals are included in the price?</td></tr>
<tr><td>제이미</td><td>알겠습니다. 비용에 식사가 몇 끼나 포함되어 있나요?</td></tr>
<tr><td>host</td><td>Breakfast and dinner are included. We don't provide lunch but you are free to use the kitchen and fridge to store your groceries.</td></tr>
<tr><td>호스트</td><td>아침과 저녁이 포함되어 있습니다. 점심은 제공하지 않지만 부엌과 냉장고는 사</td></tr>
</table>

Jamie	Would it be okay if I stopped by to see the place this afternoon?
제이미	오늘 오후에 집을 보러 잠시 들러도 될까요?
host	Of course. How about 3pm? We can talk in more detail when we meet.
호스트	그럼요. 오후 3시 어떠세요? 자세한 건 그때 만나 이야기하지요.
Jamie	Sounds good. See you then.
제이미	좋아요. 그때 뵙겠습니다.

Do you have any pets?

애완동물이 있습니까?

Can I pat the cat/dog?

개/고양이를 쓰다듬어봐도 될까요?

Can I borrow an umbrella?

우산을 빌릴 수 있을까요?

Please let me know if there is anything else I can help with around the house.

집안일 도와드릴 것 있으면 알려주세요.

Can I get a ride to school this Sunday?

이번 주 일요일에 학교까지 태워주실 수 있나요?

2. 기숙사 (Campus Housing)

기숙사 생활은 대학 생활 중에서도 친구를 사귀기에 가장 좋은 기회다. 특히 운전할 여건이 안 되고 미국 생활에 익숙지 않다면 학교 캠퍼스에서 걸어서 통학할 수 있는 기숙사가 편리하다. 기숙사는 처음으로 집을 떠나 혼자 생활하게 되는 학생들을 위해 편의 시설이 잘되어 있다. 방이 작은 것에 비해 비용이 비싼 편이고 기숙사 음식이 입맛에 안 맞을 수 있다는 것이 흠이지만, 기숙사 생활을 하는 편이 대학 생활에 적응하는 데 도움이 된다.

기숙사는 한 방에 1인에서 3인까지 쓰게 되어 있으며 책상과 침대 등 기본적인 가구를 갖추고 있다. 대체로 방이 작은 편이라 짐은 적게 가지고 들어가는 것이 좋다. 화장실과 샤워실은 층마다 있어 여러 명이 공용으로 쓰거나 두 개의 방마다 가운데에 화장실을 만들어 양쪽 방에서 공동으로 사용한다. 방이 작은 대신 기숙사 안에는 공부방study room이 따로 있고, 여럿이 모여서 쉬거나 놀 수 있는 공동 라운지common room가 있어 같이 영화도 보고 게임도 한다. 탁구대와 당구대 같은 시설과 배구, 농구, 테니스장 등이 있다. 보통 공동으로 쓸 수 있는 작은 전자레인지, 커피 머신 등이 있으며 지하에는 빨래를 할 수 있는 세탁실laundry room이 있다. 방마다 유선 랜이 연결되어 있으며, 요즘은 대부분의 기숙사에 무선 랜Wi-Fi 시설이 되어 있어 인터넷을 손쉽게 사용할 수 있다.

기숙사를 신청할 때 원하는 룸메이트의 이름을 적어 신청하지 않았다면 학교에서 임의로 룸메이트를 정해준다. 한 학기 이상 작은 방에서 얼굴을 맞대고 살아야 하는 만큼 좋은 사이를 유지하도록 하자. 친구를 자주 데려오거나 시끄럽게 하거나 방을 어지럽히지 않도록 하며, 상대방이 그럴 때는 서로 대화를 통해 해결하도록 하자. 룸메이트와의 갈등이 심하면 기숙사에 있는 RAResidence Assistants에게 말할 수도 있으나 어지간

해서는 룸메이트를 바꿔주지 않기 때문에 가능하면 서로 대화를 통해 원만하게 해결하는 것이 좋다.

영어만 하는 학생들 사이에 혼자 끼어 살 생각을 하면 답답할 수도 있겠지만 영어를 배우기에는 더없이 좋은 기회다. 영어를 못해서 소외되지 않을까 걱정해 스스로 소외시키는 일은 없도록 하자. 영어가 자유롭지 않고 미국 문화가 낯설어도 외국 친구들과 공동 화제영화, 스포츠 등를 찾다 보면 대화가 점점 많아지며, 자연스럽게 그들과 친해질 수 있다.

기숙사 이외에 대학에서 운영하는 숙소housing로는 학교 아파트university/college apartment가 있다. 대학에 따라 전교생 모두에게 입주 기회를 주는 곳도 있지만 대학원생이나 기혼자만 이용할 수 있는 곳도 있으니 미리 학교 아파트 팸플릿을 참고하자. 임대사업자가 운영하는 아파트인 경우는 개인적으로 알아봐야 하며 일정 정도의 수입을 증명하거나 보증해줄 사람co-signer이 있어야 하지만, 학교 아파트는 그런 절차를 거치지 않아도 된다. 학교 가까이에서 가정집 같은 편안한 느낌으로 살 수 있다는 장점이 있지만, 식사를 스스로 해결해야 한다는 단점이 있다. 방이 둘 이상 있는 아파트인 경우는 룸메이트를 구해서 신청하거나 학교에서 지정해주는 룸메이트와 살아야 한다. 기숙사처럼 학기 단위로 계약을 하며, 여름학기summer school 기간에도 추가 신청하여 지낼 수 있다.

Do you mind letting me know in advance if you are having a friend come over?

친구를 데려오게 되면 미리 말해주겠니?

Is it OK if I use your computer for a second?

네 컴퓨터를 잠깐 써도 될까?

Do you want to split a pizza?

피자 한 판 나누어 먹을래?

Is the room too cold?

방이 너무 추우니?

How late do you stay up usually?

주로 몇 시까지 깨어 있니?

Do you mind if I play music at night?

밤에 음악을 틀어도 괜찮니?

3. 아파트

미국 생활에 어느 정도 익숙해져서 혼자서도 잘 지낼 수 있다고 생각되면 아파트를 렌트하는 것도 한 방법이다. 홈스테이나 기숙사에 비해 자유롭지만 혼자 쓰기에는 비용이 좀 비싼 편이고, 다른 사람과 공동 분담하게 되면 그만큼 불편을 감수해야 한다. 미국에는 전세제도가 없으며 렌트는 우리나라의 월세와 비슷한 개념으로, 주로 일 년 단위로 계약한다. 보통 석 달치 집세에 해당하는 금액을 보증금deposit으로 내며, 수입income이 얼마 이상임을 증명하거나 수입이 없다면 보증인co-signer이 있어야 한다.

학교 주위에는 학생들이 렌트하는 아파트가 많으나 학교와 가까울수록 임대료가 비싸다. 임대료가 비싸서 많은 학생들이 룸메이트를 구해 공동 분담하는데, 적어도 일 년 이상은 같이 살아야 하므로 신중하게 결정해야 한다. 대학 주위의 아파트들은 학교의 개강에 맞추어 9월부터 일 년 계약을 하는 곳이 많으므로 그 시기를 놓치지 않는 것이 좋다.

아파트 가격은 도시마다 많은 차이가 있지만 대개 학교에서 멀리 떨어져 있을수록 저렴하다. 다른 사람의 소개referral로 들어가면 더 저렴하고 종종 'move in special'이라는 문구를 내걸고 세입자를 구하는 경우에는 입주 후 첫 달 임대료를 면제해주기도 한다.

Tip
★ 렌트용 아파트는 규정상 보통 방 하나를 세 명 이상 같이 쓸 수 없게 되어 있다.

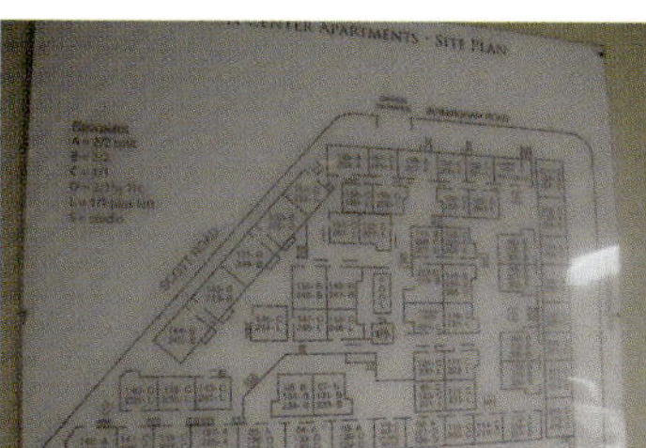

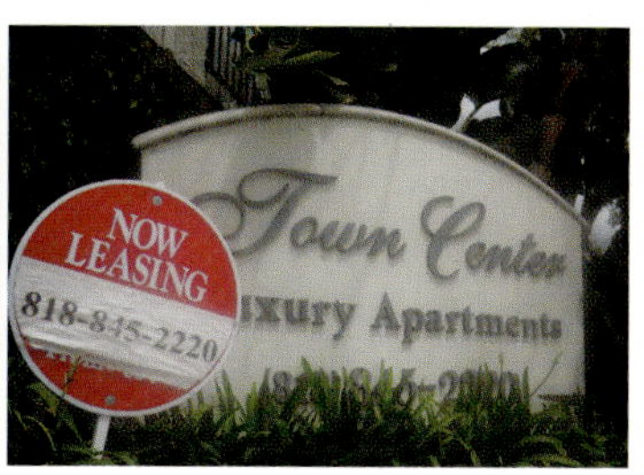

지역별 아파트 임대료 (단위 : 달러)

	UCLA 주변	노스웨스턴 주변	라이스(휴스턴) 주변
studio(원룸)/방 한 개	800~1,500	700~1,400	600~900
방 두 개	1,100~2,400	1,000~2,000	700~1,200
방 세 개	1,700~3,000	1,200~2,500	900~1,400

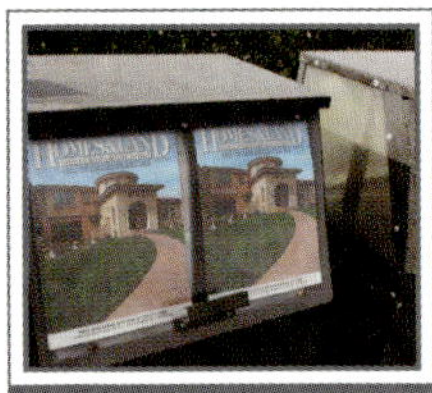

주택 광고

아파트를 구할 때는 아파트 렌트를 안내해주는 웹사이트나 지역신문을 이용하면 된다. 또, 신문의 광고classified란을 통해 아파트 정보를 찾을 수 있다. 인터넷 사이트에서 소개받아 아파트를 구했을 때 계약 시 얼마간의 혜택을 주는 곳도 있으니 미리 찾아보고 가자. 입주를 결정할 때는 아파트의 위치, 주차 공간, 부대시설 등을 고려하고, 집세에 전기료 같은 공과금이 포함되었는지도 따져보자.

계약기간을 채우지 못하고 중간에 나가게 되더라도 남은 계약기간 동안의 집세는 내야 한다. 이럴 때는 남은 계약기간 동안 다른 사람에게 세를 놓는 방법sublease이 있다. 남은 계약기간 동안 렌트할 사람이나 룸메이트를 구하려면 학교 광고판, 신문, 지역신문, 인터넷 사이트craiglist.org 등을 이용하면 된다. 자신과 룸메이트 공동 명의로 아파트를 계약했다면 두 사람의 이름이 서류에 올라가 있다. 만약 자신이 계약기간 도중에 아파트에서 나와야 한다면 남은 일 년을 채울 사람을 구해야 한다. 아파트 측에서 동의한다면 새로 들어오는 사람의 이름을 넣고 다시 계약서를 쓸 수 있는데, 그럴 경우 자신에게 돌아오는 책임이 줄어든다. 만약 내 룸메이트가 계약기간 도중 나갈 경우 새로 들어온 룸메이트가 보증인이 없다면 자신의 이름만 계약서에 기록되어 있는 것이므로 자신과 같이 사는 사람이 집세를 내지 않는 등의 문제가 생기면 자신의 책임이 된다.

Jamie	Hi, I'm looking for a two bed room apartment. Do you have anything available?
제이미	안녕하세요? 방 두 개짜리 아파트를 구하고 있는데요. 지금 나와 있는 아파트가 있나요?
clerk	Yes, we have a few available. When are you planning to move in?
직원	네, 지금 몇 개가 있는데요. 언제쯤 이사할 계획이신가요?
Jamie	In June. How much is a rental?
제이미	6월이요. 집세는 얼마인가요?
clerk	It's $1,200 a month.
직원	한 달에 1,200달러입니다.
Jamie	That's nice. What's the shortest lease I can sign?
제이미	좋군요. 최소한 몇 달 계약해야 하나요?
clerk	A year at a minimum.
직원	최소 일 년이요.
Jamie	Are there any utilities not included in the rental?
제이미	집세에 포함되지 않는 공과금은 뭐가 있나요?
clerk	Phone, internet, and electricity aren't included. Water and trash are included.
직원	전화, 인터넷, 전기료는 포함되지 않았어요. 수도료랑 쓰레기 수거료는 포함되어 있습니다.
Jamie	Do you have anything on the ground level?
제이미	아파트 1층은 나와 있는 게 있나요?
clerk	Yes, we do. Would you like to see the apartments?
직원	네, 있어요. 아파트 보러 가실래요?
Jamie	Yes, thanks.
제이미	네, 고마워요.

룸메이트들과 같이 아파트를 쓸 때는 생활비는 어떻게 나누어 낼 것인지, 누가 어떤 가구를 가지고 들어올 것인지, 청소는 어떻게 나누어 할 것인지를 미리 정하자. 룸메이트로 몇 달을 같이 지내다 보면 자신의 물건과 룸메이트의 물건이 섞이게 마련이다. 자신의 물건에는 이름을 적어 놓고 빌려 쓴 물건은 그때그때 돌려주자. 친한 친구들과 집을 렌트해서 학교 주위에서 살다 보면 다른 친구들도 그 집을 아지트처럼 드나들게 되는데, 이것도 서로 상의해서 어느 정도는 선을 긋는 것이 좋다.

I'm looking for a male non-smoker for a roommate.

담배 안 피우는 남자 룸메이트를 구합니다.

Can you do the dishes after you eat?

밥 먹은 후에 설거지를 해주겠니?

Let's split the phone bill except for international calls.

국제전화를 제외하고 전화요금을 나눠서 내자.

You can have the master bedroom.

네가 안방을 쓰렴.

Which room has a bigger closet?

어느 방 옷장이 더 크지?

처음 나와서 살다 보면 필요한 살림이 많게 마련이다. 그런 경우에는 가구가 딸린 아파트furnished apartment를 구하면 좋다. 가구가 딸리지 않은 아파트unfurnished apartment의 경우는 보통 냉장고, 오븐, 식기세척기, 전자레인지 정도가 포함되어 있을 뿐 침대나 소파 같은 가구는 없다. 미국에는 한국처럼 고층 아파트가 많지 않아서 엘리베이터가 없는 곳이 많다. 아파트 1층은 드나드는 사람들의 발소리 때문에 다소 시끄럽다는 단점이 있고, 중간층은 아래위 층간 소음이 있으며, 위층은 여름엔 더울 뿐 아니라 계단을 걸어 다녀야 한다는 단점이 있다. 아파트를 구할 때는 이러한 사항들을 충분히 고려하자. 애완동물을 키우지 못하게 하는 아파트가 많고 키울 수 있다고 해도 제약이 많다.

아파트에는 임대 사무소leasing office나 건물 관리자building superintendent가 있다. 집에 고장 난 곳이 있을 때는 이곳에 연락하면 고쳐준다. 여럿이 사는 아파트인 만큼 이웃과 부딪치는 일이 있다면 직접 해결하기보다는 임대 사무소나 건물 관리자에서 불만complain을 통보해서 해결하는 것이 좋다. 이웃집에서 밤늦게까지 시끄럽게 한다면 임대 사무소나 건물 관리자에게 전화하자. 처음 몇 번은 경고로 넘길 수 있지만 불만을 토로하는 사람들이 많아지면 좀 더 적극적인 대책을 세워줄 것이다.

자신이 살고 있는 아파트의 규율을 잘 지켜서 벌금을 내거나 곤경에 처하는 일이 없도록 하자. 아파트에는 손님들만 주차할 수 있는 자리leasing office only/visitor only나 아파트에 사는 사람만 세울 수 있는 자리tenant only, 주차 허가증이 있는 사람만 세울 수 있는 자리parking permit required 등이 있는데 이를 어기면 차를 견인해 갈towing 수도 있으니 주의하자. 공동으로 쓰는 수영장이나 헬스장도 사용할 수 있는 시간이 정해져 있으니 미리 알아보자. 세탁실은 동전을 넣고 쓰게 되어 있다. 보통

furnished apartment
가구가 딸린 아파트
unfurnished apartment
가구가 딸리지 않은 아파트
towing (차를) 견인해 감
laundry room 세탁실
washer/dryer
세탁기/건조기
lease 임대하다
warning 경고
complaint 불만
subleasing 타인에게 양도하여 세를 줌
utility 공과금
contract period 계약기간
building superintendent
관리인. 줄여서 super라고 부른다.
tenant 세입자
referral 소개
studio 원룸
contract 계약서
deposit 보증금
refundable 돌려받을 수 있는
application 신청서
fixed term 고정 기간
renew contract 재계약
disconnect 끊다
damage 파손

주말에는 사람이 몰려 빈 세탁기를 찾기 어렵기 때문에 가능하면 주중이나 저녁 시간을 이용하자. 수영장이나 세탁실 열쇠는 나중에 나갈 때 돌려줘야 하므로 잃어버리지 않도록 한다. 열쇠는 각 아파트마다 정해진 개수만 가질 수 있다. 열쇠가 더 필요하면 보증금deposit을 더 내고 신청할 수 있는데, 아파트에 따라서는 아예 더 이상 주지 않는 곳도 있다. 열쇠에 'do not copy'라는 문구가 적혀 있다면 어디에서도 복사할 수 없다. 임대료는 매달 초에 내게 되어 있다. 정해진 날짜보다 늦으면 만만치 않은 연체료late fee/charge가 부과되니 주의하자. 계약기간이 끝나갈 때는 적어도 한 달 전에 통보해야 한다move out notice. 또 개인이 신청한 전화나 케이블 등도 입주자가 해지disconnect하고 나가야 한다. 아파트 내부를 망가뜨리면 처음 계약할 때 낸 보증금에서 수리비를 제하게 되어 있으므로 조심하자.

Our dishwasher/sink/shower is broken.

우리 집 식기건조기 / 개수대 / 샤워기가 고장 났어요.

Can you fix it?

고쳐주실 수 있나요?

Our neighbor in unit 4 is very noisy at night with loud music.

옆 4호가 늦게까지 시끄러운 음악을 틀어놓습니다.

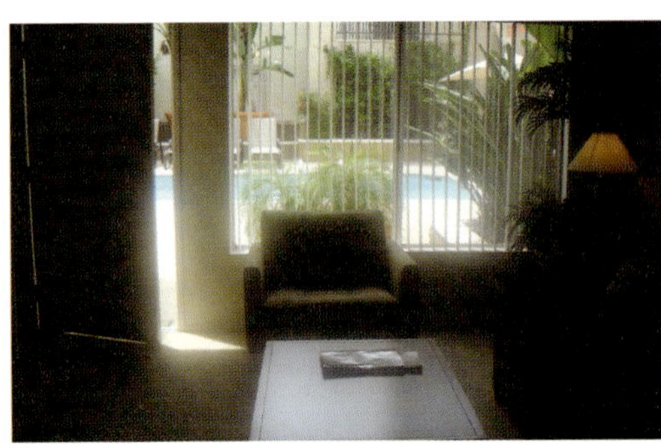

4. 호스텔

미국을 단기 여행하는 여행자들 혹은 임시로 기거할 거처가 필요한 학생들에게 저렴한 가격으로 안전하고 편리한 숙소를 제공한다는 장점이 있다. 젊은 배낭족만 이용할 것이라는 고정관념과는 달리 미국의 호스텔은 나이와 상관없이 많은 사람이 묵어가는 곳으로, 여행할 때 저렴하게 사용할 수 있어 인기가 많으므로 성수기방학 기간에는 미리 예약하는 것이 좋다. 1박 숙박비가 대략 25~50달러이며, 숙박비는 방을 기준으로 받는 것이 아니라 사람 수를 기준으로 받기 때문에 여럿이 다니는 단체 여행객보다는 한두 명이 함께하는 여행자들에게 유리하다. 게다가 남녀의 방을 따로 주는 경우도 있기 때문에 동성끼리 여행하는 데 적합하다. 예약은 신용카드로 하며 체크인할 때 신용카드와 신분증이 필요하다.

TiP

★ 혼자 쓰는 방private room은 호스텔이라도 모텔 가격만큼 비쌀 수도 있다.

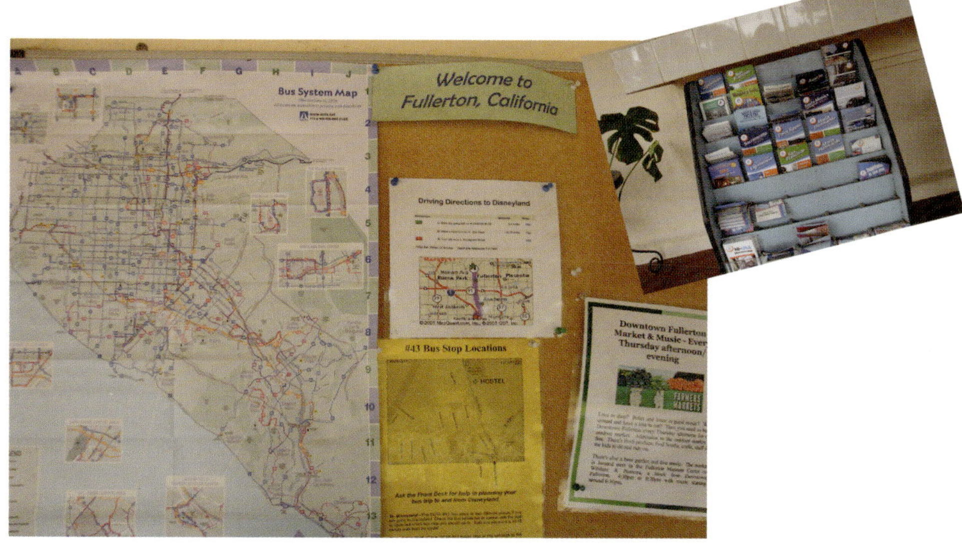

호스텔을 정할 때 가장 중요한 것은 위치다. 여행을 다니면서 묵는 곳이니 만큼 도시에서 너무 멀리 떨어져 있거나 대중교통 이용이 불편하다면 시간을 낭비하게 되니 위치를 잘 살펴서 예약하도록 하자. 미국의 많은 호스텔은 큰 도시 안에 있기 때문에 주로 도시 밖에 있는 국립공원 여행보다는 도시 관광에 적합하며, 24시간 운영하는 곳도 많아 편리하다.

호스텔은 기숙사와 같이 여럿이 2층 침대bunk bed를 쓰는 곳도 있고, 4인실부터 1인실까지 객실의 종류도 다양하다. 종종 가족용 방이 따로 있는 곳도 있다. 간단한 주방 시설이 있는 호스텔의 경우는 간단히 장을 봐

Tip

★ 호스텔에서는 물건 분실에 대한 책임을 지지 않으므로 자신의 물건은 스스로 챙겨야 한다.

서 식사를 해결할 수도 있다. 아침을 서비스하는 호스텔이라면 아침식사를 든든히 먹고 여행을 시작할 수 있다. 화장실은 공동으로 쓰는 곳이 많고 보통 수건은 제공되지 않는다. 동전 세탁기가 있어 빨래를 할 수 있으며, 간단히 보드게임을 하거나 텔레비전을 볼 수 있는 휴게실lounge/common room도 있다. 호스텔은 안전한 편이지만 귀중품은 프런트에 맡기는 것이 좋고, 가능하면 여행 중에는 귀중품을 가지고 다니지 않는 것이 상책이다.

개개인의 방이 있고 방을 청소해주는 호텔이나 모텔과 달리 호스텔은 여럿이 함께 쓰는 공간인 만큼 공공시설을 아껴 쓰고 매너 있게 행동해야 한다. 낯선 사람들과 방을 함께 쓴다는 불편함은 있지만 세계 여러 나라의 젊은 여행자들과 함께 머무는 호스텔은 새로운 사람을 만나고 여행 정보를 얻기 좋은 곳으로, 단순히 저렴하다는 장점 이상의 매력이 있다.

Jamie	Hello, I'd like to confirm my reservation.
제이미	안녕하세요? 예약을 확인하고 싶은데요.
manager	What's your reservation number?
매니저	예약번호가 어떻게 되나요?
Jamie	It's 467TG. I booked two nights from June 5th.
제이미	예약번호는 467TG이고 6월 5일부터 이틀 예약입니다.
manager	Got it. Yes, you are booked for a dormitory room.
매니저	찾았습니다. 기숙사형 방을 예약하셨네요.
Jamie	That's correct. I was wondering if I can change it to a 2 person room?
제이미	맞아요. 예약을 2인실 방으로 바꿀 수 있을까요?
manager	Sure. It's 15 dollars more.
매니저	물론이죠. 15달러를 더 내셔야 합니다.
Jamie	That's fine. Is there a charge for changing reservation?
제이미	괜찮아요. 예약 변경에 따른 수수료가 있나요?
manager	No, there isn't. Anything else?
매니저	없습니다. 다른 사항 있으세요?
Jamie	No, I'm good. Thanks.
제이미	아니요. 감사합니다.
manager	See you next week then.
매니저	그럼 다음 주에 뵙겠습니다.
Jamie	Bye.
제이미	안녕히 계세요.

reservation 예약
front desk 프런트 데스크
check-in 체크인
check-out 체크아웃
luggage 짐
valuables 귀중품
confirmation 확인
ensuite 화장실이 딸려 있는 방

- **http://www.hosteltimes.com**
- **http://blog.studentyouthhostel.com**

인터넷 예약이 가능하며 한국어로도 볼 수 있다.

- **http://www.hiusa.org**

전 세계 체인인 HI(Hostelling International)의 사이트로, 이곳에서 예약도 하고 여행 정보도 얻을 수 있다. HI는 성인 연회비가 28달러이며, 회원이 아닌 경우에는 HI 호스텔에서 묵을 때 3달러의 추가 비용이 든다.

- **http://www.hostels.com**

미국 전역의 호스텔 예약 정보 사이트

How many beds are in the dormitory room?

기숙사형 방에는 침대가 몇 개 있나요?

Can I leave my luggage at the front desk until check-in?

체크인 시간까지 프런트에 짐을 맡겨도 될까요?

I'd like to cancel my reservation.

예약을 취소하고 싶습니다.

Do you provide breakfast?

아침이 제공되나요?

I have a reservation for a bed tonight.

오늘밤에 방을 예약했는데요.

Can I get a map and bus schedule?

지도와 버스 시간표를 얻을 수 있을까요?

실내 라커

Part IV

미국 생활 안내

22W
- Central Park - Harlem - South St. Seaport - Chinatown - Rockefeller Center - United Nations
Sights NY
OT 1306497   OPERATOR

1. 전화

휴대전화

휴대전화를 개통할 때에는 신용등급 조회를 위해 사회보장번호가 필요한데, 미국에 체류한 기간이 얼마 되지 않아 신용등급이 없다면 신용등급이 있는 사람이 보증co-sign을 서주거나 선불요금제prepaid plan를 신청해야 한다.

주요 이동통신회사로는 Verizon, AT&T, Sprint, T-Mobile 등이 있으며 회사마다 다양한 요금제가 있다. 한국인들은 주로 AT&T, Verizon, T-Mobile 등을 선호하는데, 대부분의 요금제가 주말에는 통화요금이 무료이고, 평일도 저녁 9시에서 다음날 아침 6시까지는 무료인 경우가 많다. 또, 같은 통신사를 사용하는 번호 간의 통화는 무제한 무료인 경우가 많고, 통신사에 따라 그달에 다 쓰지 못한 통화시간은 그 다음 달로 연장되는roll over 서비스를 제공하는 곳도 있다. 휴대전화 요금제는 보통 30달러 정도부터 시작되는데, 한 달에 사용할 수 있는 전체 사용 시간과 문자메시지 등의 부가 서비스 유무에 따라 요금이 정해진다. 휴대전화를 사용할 때는 자신에게 걸려오는 전화나 자신이 걸었지만 수신자 부담인 톨프리toll free 전화까지도 자신이 사용할 수 있는 통화시간에서 차감되므로 주의하도록 한다.

대부분의 통신회사는 자체적으로 계약을 맺은 학교의 학생들이나 회사의 직원들에게 할인혜택을 제공한다. 학교나 직원 이메일이 있으면 해당 통신회사의 할인혜택 여부를 알 수 있다.

휴대전화 단말기를 구입할 때는 약정할인제도를 시행하는 이동통신사가 많으므로 보통 출고가보다 저렴하게 구매할 수 있다. 이동통신사의 약정할인제도뿐만 아니라 휴대전화 단말기 회사에서 주는 환급제도

TiP

AT&T의 경우 해당 홈페이지https://www.wireless.att.com/business//authenticate에 들어가면 할인혜택 여부를 알려주고 이메일로 가입 방법을 알려준다.

rebate가 있는 휴대전화도 있어서 모델에 따라서는 휴대전화 구입비용이 많이 절약되거나 심지어는 아예 비용이 들지 않을 수도 있다.

휴대전화 약정기간은 보통 2년이지만 약정을 하지 않아도 되는 선불요금제도 있다. 만약 2년 약정을 했지만 기간을 채우지 못하면 200달러 내외의 해지 수수료를 내야 한다. 2년 약정을 할 수 없거나 신용 등급이 없는 단기체류자의 경우 선불 전화기prepaid phone를 구입해 통신사의 선불요금제에 가입할 수 있다. 2년 약정한 경우보다 조건이 좋지는 않아도 사용할 만하다.

휴대전화 약정요금제

AT&T의 경우 원하는 만큼의 금액을 선불로 지급하고 사용하는 요금제와 매달 39.99달러를 고정으로 내는 선불 약정요금제가 있는데, 선불 약정요금제를 사용하면 한 달에 300분을 사용할 수 있고2년 약정인 경우 450분, 밤 시간은 500분 무료2년 약정인 경우 5,000분, 주말 무료, 같은 통신사 번호와의 통화 무료, 또 그달 사용 시간을 채우지 못하면 다음 달로 자동으로 넘어가는roll over 서비스도 제공된다.

TiP

★ 국제전화카드는 www.hmart.com 같은 인터넷 사이트를 통해 구매할 수 있다.

보통 캐나다 이외의 다른 국가로 거는 국제전화는 휴대전화로는 발신조차 하지 못하는 경우가 많기 때문에 휴대전화로 국제전화를 걸 때에는 전화카드를 구매해서 사용해야 한다. 미국은 슈퍼마켓에서도 전화카드를 쉽게 구할 수 있지만 한국 마켓이나 한국 관련 인터넷 사이트에서는 한국으로 거는 국제전화에 특화된 전화카드를 판매하므로 좀 더 저렴하게 이용할 수 있다. 국제전화 카드를 이용할 때 보통 미국 전역에서 자유롭게 이용할 수 있는 toll free 번호와 각 지역의 교환국으로 연결해야 하는 local access 번호를 선택해서 사용할 수 있는데, toll free 번호를 사용할 때는 분당 사용비용이 더 비싼 경우가 많다. 또 대부분의 일반전화는 지역 내local 통화가 무료인 경우가 많고, 휴대전화인 경우에는 지역 내 통화나 toll free 번호나 요금의 차이가 없기 때문에 국제전화카드를 사용하는 경우에는 toll free 번호가 아닌 local access 번호를 사용할 것을 권장한다.

인터넷전화를 쓰는 것도 요금을 절약하는 한 가지 방법이다. 요즘 많이 쓰고 있는 인터넷전화 중 스카입Skype이라고 하는 회사의 전화가 있는데, 이 역시 정해진 금액을 미리 지불한 후 다 쓰

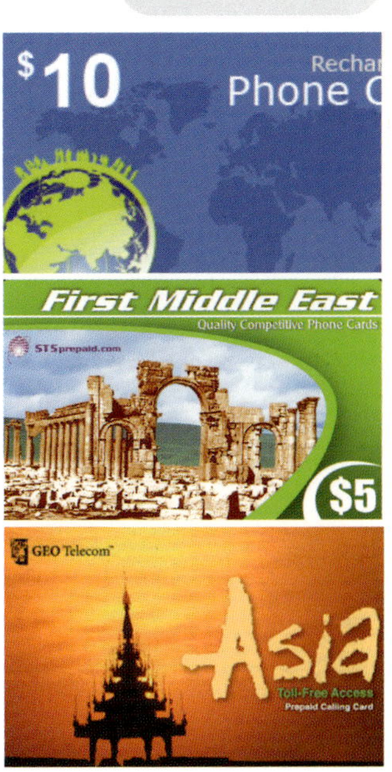

면 충전하는 선불제와 매달 정해진 요금을 내는 약정요금제가 있다. 스카입을 이용해 한국의 일반전화로 거는 요금은 분당 3센트 정도이며, 한국의 휴대폰으로 거는 요금은 분당 9센트 정도다.

일반전화

일반전화를 개통하기 위해서는 전화회사를 정한 다음 그 회사의 고객서비스customer service 센터로 전화를 해서 신청하면 된다. 지역에 따라 전화회사가 다르지만 주요 회사로는 AT&T, Verizon, Qwest 등이 있고 Cox, Comcast 등의 케이블회사에서 제공하는 일반전화 서비스를 신청할 수도 있다. 케이블 텔레비전이나 케이블 회사의 인터넷 서비스를 신청할 계획이라면 전화와 함께 패키지로 신청하면 더 저렴하게 설치할 수 있다.

일반전화를 신청하기 위해서는 신용 조회를 위해 사회보장번호가 있어야 하며, 회사에 따라서는 운전면허증번호를 요구하는 곳도 있다. 보증금deposit을 결제하고 나서 어떤 전화 서비스를 신청할 것인지 결정하면 전화회사에서 나와 설치해준다. 케이블 회사를 통해 미국 전역에 무제한 전화가 가능한 기본 서비스를 신청할 경우 매달 20달러에서 40달러 정도의 요금을 내면 된다. 국제전화를 많이 거는 경우에는 국제전화요금이 저렴한 요금제를 선택하도록 하고, 한국으로 거는 전화에 대해서도 따로 요금을 문의하도록 한다.

요즘은 휴대전화 사용량의 증가로 일반전화를 설치하지 않은 집도 많지만 미국의 휴대전화는 한국과 달리 받는 전화도 유료이고, 유선전화에 비해 사용료도 좀 더 비싸기 때문에 자신의 사용 패턴을 감안하여 일반전화와 휴대전화를 적절히 사용하면 비용을 절감할 수 있다.

2. 인터넷

인터넷 설치

인터넷은 케이블 회사나 전화회사를 통해 신청이 가능하다. 인터넷 속도와 약정 유무, 전화나 텔레비전 등 다른 서비스와 함께 신청하는 것에 따라 가격이 조금씩 다르지만 보통 한 달에 30~40달러 정도부터 시작한다. 인터넷을 신청할 때도 사회보장번호가 필요하며, 번호가 없거나 신용에 문제가 있을 경우에는 내야 하는 선금이 많을 수도 있다. 보통 인터넷 설치비용을 따로 청구하지만 할인 기간에는 설치비가 무료일 때도 있다. 또 설치 후 처음 몇 개월은 요금을 할인해주기도 한다. 미국의 인터넷 속도는 한국의 인터넷에 비해 빠르지 않은 편이지만 가장 빠른 속도의 케이블 인터넷을 사용하면 불편할 정도는 아니다.

Tip

★ 대표적인 인터넷 회사로는 케이블의 경우 콕스 Cox나 컴캐스트 Comcast, 전화회사로는 AT&T, 베리존 Verizon 등이 있다.

호텔이나 모텔 같은 경우에는 무선이나 유선 인터넷이 무료free Wi-Fi인 곳이 많으니 필요하다면 예약하기 전에 확인하도록 한다. 지역의 크고 작은 도서관에서도 무료로 인터넷을 사용할 수 있고, 공항에서도 무료나 유료로 무선 인터넷을 사용할 수 있다. 커피숍에도 무선 인터넷을 사용할 수 있게 핫 스폿hot spot을 설치해놓은 곳이 많은데, 300개 이상의 커피빈 체인에서는 무료 무선 인터넷을 제공하며 스타벅스에서는 유료로 이용할 수 있다. 무료로 무선 인터넷을 제공하는 대표적인 곳은 커피와 샌드위치 등을 파는 파네라 브레드Panera Bread 체인과 서점 체인인 반즈 앤드 노블Barnes and Noble 등이다. 나는 개인적으로 푹신한 의자와 노트북을 사용할 수 있고, 전기코드가 비교적 많은 파네라 브레드에서 인터넷을 이용하는 것을 좋아한다. 그 밖에도 커피숍이나 슈퍼마켓, 서점 등에서 무료로 핫 스폿을 제공한다.

무료 핫 스폿을 제공하는지의 여부는 http://www.wififreespot.com 사이트에 들어가서 알아보거나, 각 체인의 홈페이지에 들어가 보면 알 수 있다.

3. 은행 이용하기

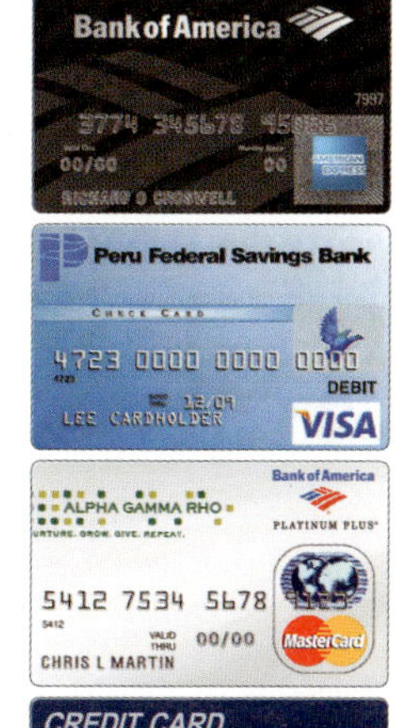

미국의 화폐 단위는 달러다. 우리나라 화폐 단위인 원과의 환율은 2010년 1월 기준으로 1달러에 1,100~1,200원이다. 통용화폐로는 100, 50, 20, 10, 5, 2, 1달러 지폐가 있고, 동전으로는 1달러, 50센트, 25센트, 10센트, 5센트, 1센트가 있다. 25센트짜리 동전은 1달러의 4분의 1이라고 해서 쿼터quarter라고도 하고, 10센트짜리 동전은 다임dime, 5센트짜리 동전은 니클nickel, 1센트짜리 동전은 페니penny라고도 한다. 주의할 점은 5센트짜리 동전이 10센트짜리 동전보다 더 크다는 사실이다.

미국은 금융 대국답게 정말 많은 은행이 있으며 그중에서도 대표적인 은행으로는 뱅크 오브 아메리카Bank of America, 웰스 파고 은행Wells Fargo Bank, 시티 은행Citibank, 체이스 은행Chase Bank 등이 있다. 이들 은행은 미국 전역에 지점을 개설하고 있어 은행 이용과 현금인출기 사용이 용이하다. 한국계 은행으로는 우리은행이 LA, 뉴욕 등 대도시를 중심으로 진출해 있고, 한인들이 많이 거주하는 LA 등을 중심으로 나라, 한미, 중앙은행 등이 있다.

미국에 단기체류하는 경우는 국제현금카드를 이용하는 것도 좋은 방법이다. 미국의 현금인출기에서 한국 내 예금을 미국 달러로 인

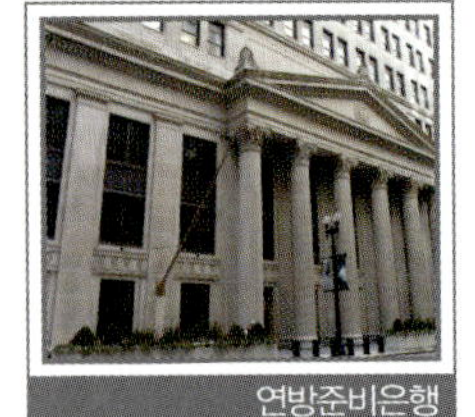

출할 수 있는 현금카드인데, 보통 인출할 때마다 수수료가 붙긴 하지만 미국에서 따로 계좌를 개설할 필요가 없고 현금을 가지고 다니는 것보다 안전하다는 점에서 추천할 만하다.

은행계좌 개설하기

처음 미국에 도착해서 해야 할 일 중 하나는 은행계좌를 개설하는 일이다. 단기체류가 아니라면 계좌를 개설하는 것이 여러모로 편리하다. 은행을 정할 때는 여러 가지 사항을 고려해야겠지만, 일반적으로 집에서 가깝고, 곳곳에 지점이 많아 현금인출기 사용이 용이한 은행을 고르는 것이 좋다. 또, 한국에서 자주 송금을 받아야 한다면 송금 업무가 가능한 대형 은행이나 한국계 은행을 고르는 것이 좋다. 내 경험으로는 한국과의 송금 관련 수수료는 한국계 은행이 현저히 낮았다.

계좌를 개설하러 은행에 가기 전에 필요한 서류를 모두 챙겨놔야 번거로움을 줄일 수 있다.

은행계좌 개설 시 필요한 개인 정보

1. 신분증: 보통 두 가지의 신분증을 요구한다. 여권, 운전면허증, 학생증 중에서 두 가지 이상을 가져가면 된다.
2. 사회보장번호(Social Security Number, SSN): 카드는 지참할 필요가 없고 번호만 알고 가면 된다. 사회보장번호가 없다 해도 계좌 개설은 할 수 있지만 제한적인 계좌만 가능하다.
3. 주소와 전화번호 등 개인 신상 정보
4. 은행에 따라서 직장명(employer)이나 비자 종류 등을 묻기도 한다.

은행을 정하고, 관련 서류들을 준비했다면 신규계좌 관련 부서New Account를 찾아간다. 은행 창구가 아닌 고객 상담 창구에 담당자가 있는 경우가 많다.

teller	Good morning, can I help you with anything?
은행원	안녕하세요? 무엇을 도와드릴까요?
Emmy	Hi, I'd like to open a new account.
에미	새로운 계좌를 개설하려고 합니다.
teller	What kind of account would you like to open?
은행원	어떤 종류의 계좌를 개설하시길 원하십니까?
Emmy	I'd like to open a checking account please.
에미	당좌예금계좌를 개설하려고 합니다.
teller	Okay. I need two forms of ID from you.
은행원	알겠습니다. 신분증 두 가지가 필요합니다.
Emmy	Sure. Here is my passport and my driver's license.
에미	네. 여기 제 여권과 운전면허증이 있습니다.
teller	Great. For a checking account we do require that you keep a minimum of $100 in your account.
은행원	좋습니다. 당좌예금계좌는 100달러 이상의 잔고를 유지하셔야만 합니다.
Emmy	I'd like to deposit $500.
에미	500달러를 예금하겠습니다.
teller	Okay. Please punch in your four digit pin number on the key pad. Here are your temporary checks. You will receive your check books in two weeks.
은행원	알겠습니다. 번호판에 네 자리의 비밀번호를 입력해주세요. 여기 임시 수표가 있습니다. 2주 안에 수표책을 받으실 수 있을 겁니다.
Emmy	Thank you.
에미	감사합니다.

미국에서는 은행계좌가 있으면 누구나 은행으로부터 수표책을 받아서 수표를 발급할 수 있다. 물건을 사거나 서비스에 대한 비용을 지불할 때 수표책 맨 위에 있는 수표에 금액을 기입해 지불하면 나중에 그 수표가 은행으로 돌아올 때 자신의 계좌에서 출금된다.

계좌의 종류

은행마다 여러 종류의 계좌가 있지만, 크게는 checking account, savings account, CD account로 나눌 수 있다.

인터넷 뱅킹과 자동이체로 인해 줄어드는 추세이기는 하지만, 아직도 개인수표가 공과금 등을 지불하는 주요 수단으로 쓰인다. 우리나라와는 달리 미국에서는 일반 은행에서 공과금을 낼 수 있는 서비스를 제공하지 않는다. 그렇기 때문에 자동이체를 설정해놓지 않으면 개인수표로 공과금을 지불해야 한다. 개인수표를 발행하는 계좌를 checking account라고

account 계좌
deposit 예금
withdraw 출금
check 수표
service charge
/service fee 수수료
interest 이자
teller 은행원

하며, 계좌에 잔고가 있는 만큼 수표를 발행할 수 있다. 수표는 우리나라처럼 액수가 미리 정해져 있는 것이 아니라 일정한 수표 양식에 발행 당사자가 직접 액수를 기입한다. 따라서 잔고에 비해 수표의 액수가 더 많을 경우 부도수표를 발행하는 것이 되므로 반드시 잔고를 미리 확인해야 한다. 부도수표를 발행하게 되면 수표를 받은 당사자가 수수료를 징수할 수 있다. 나중에 그 당사자가 수표를 입금했는데 부도수표였을 경우 입금한 은행에서 수표를 예금한 사람에게 수수료를 부과한다. 예금자는 이 수수료를 수표 발행자에게 징수하게 되는데, 부도수표 피해자가 개인이 아니라 기관일 경우에는 보통 벌금 및 수수료의 목적으로 일정 액수를 더 징수한다. 대형 마트 같은 곳은 이런 부도수표에 관한 수수료returned check fee를 미리 공지하기도 한다. 부도수표 발행자가 이 수수료를 포함한 수표 액수를 지급하지 않으면 사기죄로 간주되어 처벌받을 수 있다.

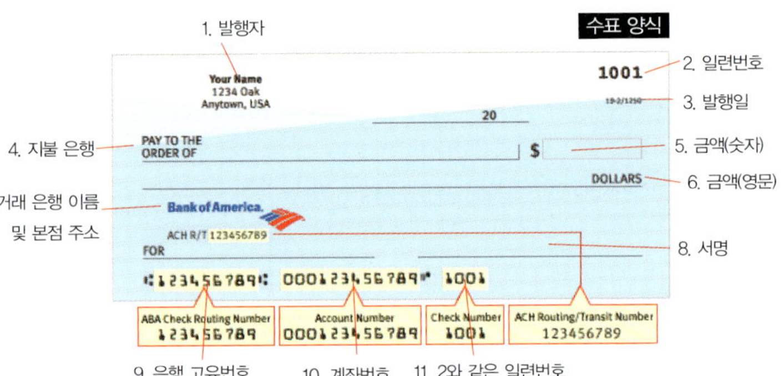

우리나라의 보통예금과 같은 계좌를 savings account라고 한다. checking account와 마찬가지로 입출금이 자유롭지만 checking account보다는 예금의 성격이 더 크다. 많지는 않지만 이자수익도 기대할 수 있는 계좌다.

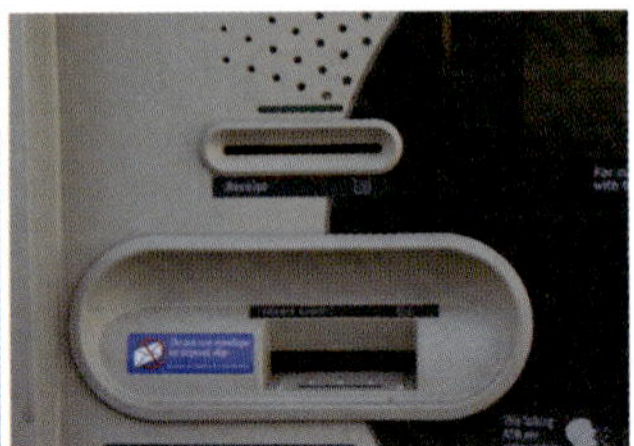

이자수익을 조금 더 얻고 싶다면 CD계좌를 개설하면 된다. 미국에서는 우리나라의 경우처럼 적금의 개념보다는 마련한 목돈을 장기간 은행에 예치시켜 이자수익을 얻는 CD계좌가 더 보편적이다. 적금은 한국계 은행에서 종종 취급한다. CD계좌란 certificate of deposit의 준말로, 원하는 예금 액수를 6개월부터 몇 년에 이르기까지 원하는 기간 동안 예치시키고, 만기 시에 이자와 원금을 보장받는 예금 방법이다.

현금인출기ATM를 사용하여 출금하거나 계좌이체를 할 수도 있고, 현금이나 다른 사람으로부터 받은 개인수표를 입금할 수도 있다. 개인수표를 입금할 때는 개인수표 뒷장에 서명을 하는 칸이 있으므로 반드시 서명을 한 뒤에 입금해야 한다.

운전자용 ATM기기

4. 우체국 이용하기

우체국

우체국 내부

미국의 우편 업무는 USPS US Postal Service라고 하는 연방 산하기구에서 담당하고 있다. 이곳의 홈페이지 www.usps.com에 들어가면 온라인상으로 처리할 수 있는 서비스들을 안내하고 있으며, 각 지역 우체국의 위치도 알려준다.

우체국 온라인 서비스로는 우편번호 찾기, 우편비용 산정, 우송할 때 사용할 수 있는 label 주소와 이름 출력, 배송된 우편물 추적, 변경된 주소로 우편물 배달 신청, 우편물 보관 서비스 등이 있다.

우체국에서 편지나 소포를 부칠 때는 미리 포장해 오는 것이 좋으며, 부득이한 경우에는 우체국에서 상자나 봉투 등을 판매하므로 구매해서 사용해도 된다. 봉투를 사용하는 경우에는 봉투 안의 내용물이 튀어나와 있으면 우편요금이 올라가므로 유의해야 한다. 실제로 내 경우에도 우체국을 통해 서류를 보낼 때 클립이 밖으로 약간 튀어나와서 평평하지 않다는 이유로 추가요금을 지불한 적이 있다.

여러 모양의 우체통

우편 서비스의 종류

미국 내 우편은 'domestic mail'이라고 하고, 국제우편은 'international mail'이라고 한다. 우리나라와 마찬가지로 특급우편, 빠른우편, 일반우편으로 나누어져 있으며, 수취인 확인certified mail, 배달증명delivery confirmation 등의 부가 서비스를 신청할 수 있다.

• 특급우편(Express Mail)

우체국에서 제공하는 가장 빠른 우편으로, 국내우편일 경우 보통 배송 신청 다음날 도착한다. 무게와 거리에 따라 우편요금이 다르지만, 봉투를 사용하는 우편물인 경우 우체국에 비치되어 있는 고정요금 봉투flat rate envelop를 사용하면 미국 내 어디로 보내더라도 동일한 요금18.30달러으로 이용할 수 있다. 거리가 멀고 비교적 무거운 우편을 보낼 때 유용하지만 그렇지 않은 경우 오히려 손해를 볼 수 있으니 우체국 직원에게 무게를 달아 비교해달라고 하는 것이 좋다. 국제우편일 경우에도 고정요금을 적용하는 국제 고정요금 봉투international flat rate envelop를 사용하면 무게에 상관없이 고정요금으로 우편물을 보낼 수 있다. 예를 들어 한국으로 보내는 경우 고정요금 봉투를 사용하면 요금은 28.95달러, 배송 기간은 4일이다. 인터넷상에서 요금을 지불하면 할인이 적용된다. 고정요금을 이용하지 않을 경우 예정된 배송일을 넘기면 환불해주는 Global Express GuaranteedGEG는 1~3일공휴일 제외이 걸리며, Express Mail InternationalEMI은 3~5일공휴일 제외이 소요된다. 따로 보험을 들지 않더라도 100달러까지는 자동으로 손해배상을 해주며, 우편물 추적이 가능하다. 미리 연락하면 우체국에 직접 가지 않아도 지정된 장소에서 우편물을 수거해 가는 픽업 서비스pick up service를 신청할 수도 있다. 우리나라의 택배처럼 집으로 와서 우편물을 가져가는 서비스이지만 특별히 배송시간이 빠른 것은 아니다. 우체국에 갈 시간이 없거나 우편물이 많을 경우 또는 자주 발송을 해야 하는 경우에 유용하다. 한국의 퀵서비스quick service와 같이 도시 내에서 몇 시간 안에 신속하게 배송해주는 시스템은 없다.

• 빠른우편(Priority Mail)

두 번째로 빠른 우편인 Priority Mail은 무게와 거리에 따라서 변동이 되는 요금체계를 선택할 수도 있고, 요금이 정해져 있는 고정요금 봉투나 박스를 선택할 수도 있다. 고정요금을 선택하는 경우 박스의 크기에

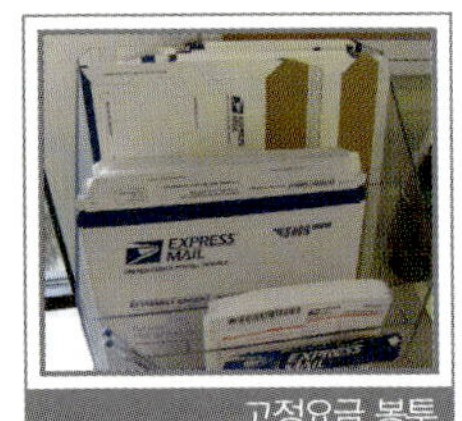
고정요금 봉투

따라 4.90~14.50달러까지 요금이 적용된다.

한국으로 보내는 경우도 미국 내 우편과 마찬가지로 무게를 달아서 요금을 지불하고 보낼 수도 있고 고정요금 봉투나 박스를 이용할 수도 있다. 고정요금 서비스를 이용할 경우 봉투와 박스의 크기에 따라서 요금은 13.45~55.95달러, 배송기간은 6~10일이 소요된다.

•일반 우편(First Class Mail)

요금은 1온스 미만일 경우 0.44달러로 보통 편지 봉투에 들어 있는 종이 두 장 정도가 이에 해당한다. 우표 값은 꾸준히 올라 2010년 1월 기준으로 44센트이며, 우체국에 가면 다량으로 구입할 수 있다. 이때의 단위는 book/sheet of stamp나 roll of stamp다. book/sheet of stamp는 10장, 20장씩 묶은 단위이고, roll of stamp는 보통 우표 100장을 말하는데, 요즘에는 우표 50장도 이 구성에 포함된다.

•등기우편(registered mail)

수취인 확인이 가능하고, 미국 내 우편에 한해 온라인상에서 추적이 가능하다. 국제우편의 경우 등기 서비스가 필요하다면 특급우편을 이용하면 수취인 확인이 가능하고, 내용물이 값이 나가는 것이라면 우편물에 대해 2만 5천 달러까지 보험에 가입되어 있는 등기우편을 이용하면 된다. 하지만 법적으로 중요한 사안을 담은 우편, 특별히 등기 서비스가 필요한 우편이 아니라면 상대적으로 저렴한 배달 확인delivery confirmation만으로도 우편물 도착 확인이 가능하므로 잘 따져보고 선택하도록 한다. 배달 확인은 미국 내 우편에서만 가능하다. 등기우편이나 서명이

필요한 우편을 받을 때 수취할 사람이 없었다면 우체국에서는 그 주소에 왔었다는 메모를 남긴다. 메모에는 언제 다시 올 예정이라거나 아니면 우체국에서 보관하고 있겠다는 등 의 메시지가 표시되어 있다. 우체국에서 우편물을 보관하고 있는 경우에는 신분증을 가지고 해당 우체국을 방문하면 된다.

우체국 업무 중에는 우편물을 보내는 일 말고도 유용 한 서비스가 몇 가지 더 있는데, 대표적으로 우편물 배달 을 일시적으로 멈추고 그 기간에 배달된 우편물을 우체국에서 보관해주는 보류 서비스hold service와 이사를 갔을 때 바뀐 주소로 배달 해주는 우편물 전달 서비스mail forwarding service, 우편환 서비스money order 등이 있다. 보류 서비스와 우편물 전달 서비스는 인터넷상에서 신 청할 수 있는데, 잠시 집을 비우게 되어 우편물 수거가 어렵다면 hold service를 신청한다. 우편물 보관은 3일에서 30일 까지만 가능하며, 본인이 지정한 날짜에 우체국에서 보관해준 우편물을 한꺼번에 받아볼 수도 있고, 직접 우체국에 가서 찾아올 수도 있다. 이사를 가게 되어서 우편물 전달 서비스를 이용하면 이사 가기 전의 주소로 발송된 우편물을 자동으로 현재 주소지에서 받을 수 있 다. 이 두 가지 서비스는 무료로 제공된다. 이 외에도 우 체국에서는 소정의 수수료를 받고 우편환을 발행해주는 데, 특히 국제우편환이 필요할 때 유용하다. 은행의 비슷 한 서비스인 자기앞수표cashier's check 발행보다는 수수료 가 적다. CVS나 세븐 일레븐Seven Eleven 등의 편의점에서 는 미국 내에서만 통용되는 우편환만 취급한다.

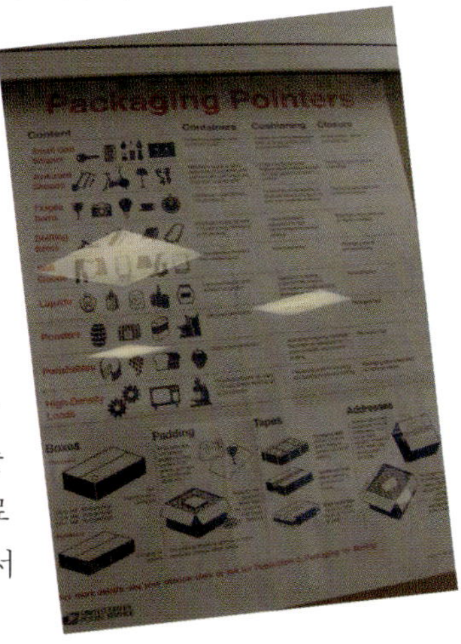

clerk	Good morning. What can I do for you?
직원	안녕하세요, 무엇을 도와드릴까요?
Emmy	I'd like to send this package to South Korea.
에미	이 소포를 한국으로 보내려고 합니다.
clerk	Okay. Let me weigh this first.
직원	알겠습니다. 먼저 무게를 재보도록 하죠.
Emmy	Okay.
에미	네.

clerk	If you use Express Mail service, it will cost fifty dollars. If you send it by Priority Mail International, it's twenty five dollars. By First Class mail, it will cost fifteen dollars.
직원	만약 특급우편 서비스를 이용하시면 50달러이고요, 빠른 국제우편으로 보내시면 25달러, 일반우편으로 보내시면 15달러입니다.
Emmy	Okay. How long will it take if I send it by Priority Mail?
에미	네, 알겠습니다. 빠른우편으로 보내면 얼마나 걸리나요?
clerk	It will take about six to ten days. Would you like to purchase insurance for the content of the package?
직원	대략 6일에서 10일 정도 걸립니다. 우편물에 대해서 보험이 필요하십니까?
Emmy	No Thanks.
에미	아니오, 괜찮습니다.
clerk	Do you need to purchase stamps today?
직원	우표는 필요하지 않으신가요?
Emmy	Actually I do. I need 20 stamps please.
에미	네, 필요합니다. 20장 사고 싶습니다.
clerk	Okay. Your total is $33.80.
직원	알겠습니다. 전부 다 해서 33달러 80센트입니다.
Emmy	Here you go.
에미	여기 있습니다.
clerk	Here is your receipt.
직원	영수증 여기 있습니다.
Emmy	Thank you.
에미	감사합니다.

5. 대중교통 안내

미국은 뉴욕과 시카고 등 몇몇 대도시를 제외하고는 대중교통이 발달되어 있지 않다. 대중교통을 이용하기 위해서는 먼저 자신이 거주하는 도시의 교통체계를 알아둘 필요가 있다. 대중교통 관련 정보는 관광안내소나 지하철역 또는 도서관에서 쉽게 구할 수 있다.

> **TiP**
> ★ 미국 전역의 대중교통 정보를 비교적 상세하게 알 수 있는 인터넷 사이트인 www.publictransportation.org/systems를 이용하면 각 지역 도시의 대중교통뿐만 아니라 각 주를 오가는 장거리 교통수단에 대한 정보도 얻을 수 있다.

버스

미국의 버스 정류장은 한국처럼 크게 표시되어 있지 않으므로 찾기가 쉽지 않다. 한국에 비해 버스가 자주 오지는 않지만 비교적 시간을 잘 지키는 편이므로 버스 노선도와 시간표를 참고해서 이용하도록 하자. 버스를 이용할 때는 앞문으로 타서 현금이나 정액권pass 또는 티켓으로 요금을 지불하면 되는데, 우리나라처럼 잔돈을 거슬러주는 기계가 없으므로 현금으로 지불할 경우에는 잔돈을 준비해야 한다. 또 버스 안에서 정류장

안내 방송을 해주지 않으므로 초행이거나 길을 잘 모를 경우에는 운전기사나 버스 이용객에게 내릴 곳을 미리 물어보는 것이 좋다. 내릴 때는 벨을 누르든지 벨이 없다면 옆 창문이나 천장에 매달려 있는 줄을 잡아당기면 된다. 버스에서 내릴 때 문이 자동으로 열리지 않는 버스라면 직접 문을 열고 내려야 한다.

LA의 경우 버스 요금은 1회 승차권이 1달러 50센트 정도이고, 일일 정액권은 5달러 정도다. LA 메트로 버스의 경우, 버스 정류장을 찾기가 힘들다는 불평이 있지만 많은 이용객들이 이용하고 있다. LA 시내 전철이나 다른 버스로 환승도 가능하다. 환승해야 하는 경우 처음부터 환승티켓transfer ticket을 구입해야 절약할 수 있다. 환승티켓은 일반 티켓보다 30센트 정도 더 비싸지만 각각 따로 티켓을 구입하는 것보다는 경제적이다. 하지만 환승을 많이 해야 하는 경우 처음부터 일일 정액권으로 구매하는 것이 훨씬 경제적일 수 있다. 환승 티켓은 2시간 안에 이용해야 한다. 한 달 동안 무제한으로 탈 수 있는 월 정액권은 86달러다. 뉴욕의 경우는 버스와 지하철이 잘 발달되어 있고 다른 도시들과 마찬가지로 버스와 지하철을 연계하여 하나의 정액권으로 이용할 수 있다. (아래 이용표 참조)

뉴욕 시 대중교통 이용요금(지하철, 시내버스)

(단위: 달러)

요금 종류	요금	노약자 요금
기본 요금	2.25	1.10
1일 정액권	8.25	해당 없음
7일 정액권	27(45 익스프레스 버스 무제한 이용)	13.50
14일 정액권	51.50	25.75
30일 정액권	89	44.50
익스프레스 버스	5.50	2.75

* 8달러 이상의 pay-per-ride 카드(선불충전카드)를 구입하는 경우 15% 할인 적용

지하철

뉴욕이나 시카고, LA의 제한된 지역에서 지하철을 이용할 수 있는데, 배차 시간이 비교적 정확하고 버스보다 자주 오며 교통 체증도 없기 때문에 이용하기 편리하다. 뉴욕과 시카고의 경우 지하철이 비교적 잘 발달되어 있지만 뉴욕의 경우 지하철이 오래되어 그다지 깨끗하지 않고 너무 늦은 밤에 이용하기에는 위험할 수 있으니 이용에 유의하도록 한다. LA의 경우 지하철 자체는 쾌적하지만 노선이 그다지 많지 않아 이용에 한계가 있다.

지하철 노선도나 시간표는 지하철역이나 관광안내소, 도서관 또는 인터넷 홈페이지를 통해 알 수 있다. 우리나라에서 지하철을 이용해본 사람이라면 그리 어렵지 않게 이용할 수 있을 것이다. 지하철을 이용할 때마다 요금을 지불할 수도 있고 버스와 연계한 정액권이나 선불충전카드 등을 이용할 수도 있다. 지하철의 경우 우리나라처럼 구간에 따라 금액이 달라지는 것이 아니라 모든 구간에 동일한 요금을 적용한다.

지하철역 내부

지하철 홈페이지
뉴욕: http://www.mta.info
시카고: http://metrarail.com
content/metra/en/home.html
LA : http://www.metro.net

택시

미국의 택시는 요금이 많이 비싼 편이므로 꼭 필요한 경우가 아니라면 이용하지 않는 것이 좋다. 대도시의 경우 우리나라에서처럼 지나다니는 택시를 손을 들어 잡을 수 있지만, 그렇지 않은 경우에는 콜택시를 불러야 한다. 콜택시 회사는 전화번호부에 많이 나와 있으므로 직접 전화해서 불러도 되고, 호텔이나 식당에 있는 경우에는 카운터에 택시를 불러 달라고 부탁할 수도 있다.

지역별로 다르지만 택시의 기본요금은 보통 2달러 정도다. 뉴욕의 경우 기본요금이 2달러 50센트이고 0.2마일을 갈 때마다 40센트씩 추가 요금이 부과된다. 밤 시간과 출퇴근 시간에는 할증이 붙고, 지역에 따라 택시에 탄 인원수가 한 사람을 초과한 경우 초과한 인원만큼 비용을 더 받는 곳도 있다. 택시 요금을 지불할 때는 약10~20% 정도의 팁을 함께 지불한다.

주요 택시회사

- **LA 지역**: Yellow Cab Co.(http://www.layellowcab.com)
  전화번호: 877-733-3305
- **시카고 지역**: Yellow Cab Chicago(http://www.yellowcabchicago.com)
  전화번호: 312-829-4222
- **샌프란시스코 지역**: Yellow Cab Cooperative(http://www.yellowcabsf.com)
  전화번호: 415-333-3333
- **댈러스 지역**: Yellow Cab(http://www.dallasyellowcab.com)
  전화번호: 214-426-6262
- **워싱턴 D.C. 지역**: Yellow Cab(http://www.dcyellowcab.com)
  전화번호: 202-544-1212
- **뉴욕 지역**: Universal Taxi Dispatch Company(630-617-5649), Express On Time Taxi(708-532-0123), Blue Cab Co.(708-383-2121)

How long does it take to get there?

거기까지 가는 데 얼마나 걸리나요?

Where can I get a subway map?

지하철 노선표는 어디서 받을 수 있나요?

How much is the fare?

요금은 얼마인가요?

Does this bus go to the Empire State Building?

이 버스는 엠파이어스테이트 빌딩에 가나요?

Could you please tell me when we get there?

우리가 그곳에 도착하면 알려주실 수 있나요?

Where are you headed?

어디로 가시나요?

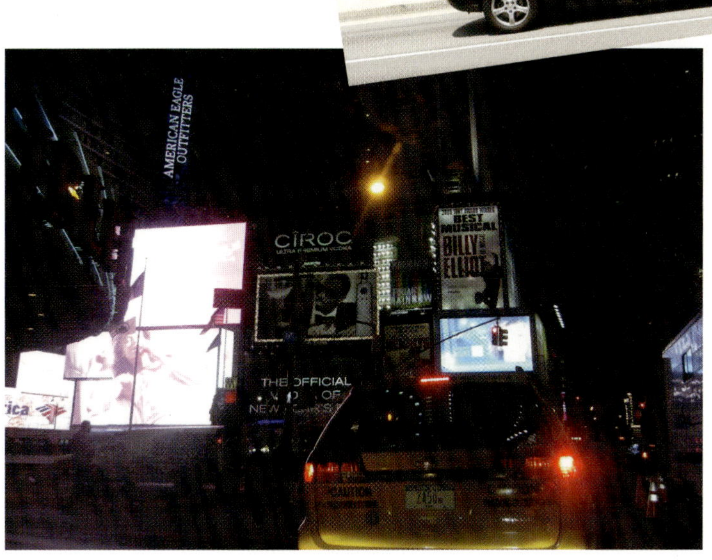

6. 쇼핑하기

한국에 있는 친구들에게 미국에서 쇼핑을 한다면 무엇을 사고 싶은지 물었더니 대부분 유명 브랜드의 옷과 신발 또는 가방을 구매하고 싶다고 대답했다. 전부는 아니더라도 유명 브랜드 제품의 가격이 우리나라보다 저렴하니 어떻게 보면 그런 생각을 하는 것이 당연하다. 하지만 지역과 상점에 따라 물건의 가격과 서비스의 종류가 다양하기 때문에 미리 알아보고 쇼핑을 해야 더욱 알찬 쇼핑을 즐길 수 있다.

백화점 쇼핑

미국의 중소도시 이상이라면 어디서든 백화점을 어렵지 않게 찾을 수 있다. 우리나라와 다른 점이 있다면 각각의 백화점이 따로 위치해 있는 것이 아니라 주로 한곳에 모여 있다는 것. 즉, 원스톱 쇼핑을 할 수 있도록 하나의 쇼핑몰로 구성되어 있는 곳이 많다는 얘기다. 여러 백화점을 한꺼번에 둘러봄과 동시에 다른 부티크 상점들도 함께 구경하는 재미가 쏠쏠하다.

예를 들어 미국에서 가장 큰 쇼핑몰로 유명한 미네소타 주 미니애폴리스 Minneapolis 시의 몰 오브 아메리카 Mall of America, MOA에는 미국의 백화

점 체인 메이시Macy's와 메이시 체인이 운영하는 고가 백화점인 블루밍
데일즈Bloomingdale's, 또 다른 고급 백화점인 노드스톰Nordstorm, 가전
제품의 종류가 많은 시어스Sears 등 여러 백화점들이 모여 있다. 한국 사
람들이 많이 살고 있는 캘리포니아 주 오렌지카운티Orange County에 위
치한 유명 쇼핑몰인 사우스 코스트 플라자South Coast Plaza에도 블루밍
데일즈, 삭스 피프스 애비뉴Saks Fifth Avenue, 메이시, 노드스톰 등의 백
화점들이 있고, 같은 쇼핑몰 안에 여러 부티크 상점들이 있어 밖에 나가
지 않고도 한 번에 쇼핑을 할 수 있다.

백화점마다 특성이 있으므로 미리 잘 알아보고 쇼핑을 하면 도움이 된
다. 백화점마다 주력하고 있는 지역과 주 고객층이 다르기 때문에 구비
하고 있는 브랜드 역시 저마다 조금씩 다르다. 예를 들어 백화점 체인인
딜라즈Dillard's는 주로 미국 중남부의 도시에 위치해 있고, 뉴욕에 본점
을 두고 있는 고급 백화점 바니스 뉴욕Barney's New York은 주로 미국 대
도시에 진출해 있다. 위에서 잠시 언급했듯이 시어스에는 전자제품 및
생활가전제품이 다량 구비되어 있을 뿐만 아니라 백화점 고유의 브랜드
로 출시되는 가전제품도 있다. JC페니JC Penney나 메이시 백화점은 주
로 저렴한 가격대의 실용적인 제품들을 갖추고 있다.

백화점에 유명 브랜드 제품이 많은 것은 사실이지만 백화점이라고 다 비
싼 것은 아니다. 세일을 잘만 이용하면 저렴한 가격에 좋은 물건을 살 수
도 있다. 백화점 정기세일도 있고, 브랜드별 세일도 있으니 쇼핑을 하기
전에 세일 정보를 잘 따져보는 것도 알뜰하게 쇼핑하는 방법이다. 세일
정보는 각 웹사이트에 나와 있기도 하고 매장이나 백화점 이메일 리스트
에 등록하면 세일 정보나 이벤트 행사가 있을 때마다 메일로 알려준다.
또 백화점마다, 매장마다 가격이 다를 수 있으니 몇 군데 가격을 비교해
보고 구입하는 것도 필수다. 각 주마다 판매세가 조금씩 다르므로 판매세
를 감안해서 구입을 결정할 수도 있다. 판매세는 소비자 가격에 포함되어
있지 않고 계산할 때 포함하므로 미리 계산을 해서 예산에서 벗어나는

★ 2010년 1월 1일 기
준 판매세의 예
뉴욕 주 뉴욕: 8.87%
캘리포니아 주 로스앤젤레
스: 9.75%
캘리포니아 주 샌디에이고:
8.75%
캘리포니아 주 카바존
Cabazon: 8.75%
일리노이 주 시카고: 9.75%
조지아 주 애틀랜타: 8%
텍사스 주 댈러스: 8.25%
플로리다 주 마이애미: 7%
오리건 주: 0% (지역마다
약간의 세금을 부과하는 곳
도 있음)
미시간 주: 6%
인디애나 주: 7%

일이 없도록 한다. 판매세는 주마다, 카운티마다 조금씩 다르지만 대략 10% 안팎이다. 알래스카 주와 델라웨어 주, 오리건 주, 몬태나 주, 뉴햄프셔 주에는 판매세가 없고, 하와이 주에서는 판매세를 고객이 아닌 판매자에게 부과한다. 또 뉴욕 시에서는 110달러 이하에 대해서는 옷, 신발, 모자, 스카프 등에 판매세를 적용하지 않는다. 하지만 가방이나 장신구 등에는 적용되니 참고하자.

백화점 카드를 개설해도 할인 적용을 받을 수 있다. 물론 미국에서의 신용등급이 어느 정도 있어야 카드가 발급되겠지만, 보통 새로 발급받은 카드로 결제하면 발급 당일이나 그 다음날까지 구매한 액수의 10% 정도가 할인되어 카드 청구서가 날아온다. 요즘에는 신용카드 겸용으로 많이 발급해주는데 계산대에 가면 카드 발급에 대한 설명을 들을 수 있다. 카드를 발급받으면 종종 집으로 백화점 쿠폰이나 세일 정보가 오기도 한다.

물건에 조금이라도 하자가 있다면 할인을 요청해보는 것도 알뜰 구매하는 한 가지 방법이다. 예컨대 옷에 얼룩이 졌거나 올이 풀려 있는 것도 하자의 일부. 보통 백화점에서는 고객이 할인을 요청할 수 없다고 생각하는데 의외로 이런 경우 흔히들 할인을 해준다. 계산을 하면서 이런 부분에 대해 문의하면 보통 매니저를 불러준다. 혹은 직접 매니저에게 물어보면 할인 여부에 대해 답해준다.

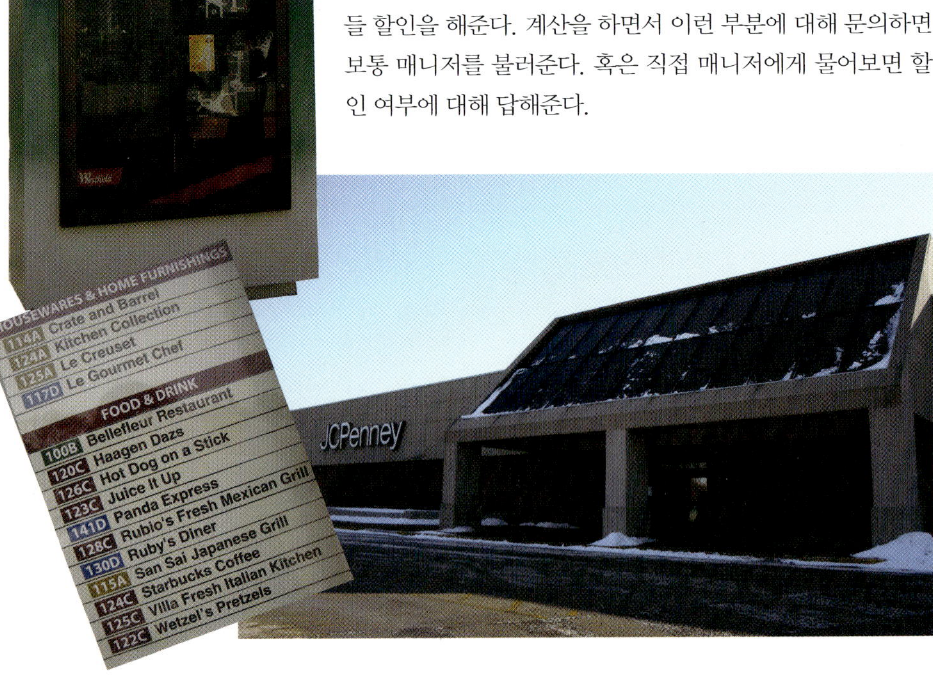

clerk	Did you find everything okay?
점원	원하는 것은 불편 없이 찾으셨나요?
Emmy	Yes, I did, but it looks like there is a stain on this sweater. Can I get an additional discount?
에미	네, 그런데 여기 스웨터에 얼룩이 있네요. 추가 할인을 받을 수 있을까요?
clerk	Let me see. Okay. I can give you 10 percent off. The total is $115.02 with tax.
점원	좀 보죠. 알겠습니다. 10% 할인해드릴게요. 세금 포함해서 미화 115달러 2센트입니다.
Emmy	Okay, thank you. I will take it. What is your return policy?
에미	네, 감사합니다. 그걸로 할게요. 환불과 교환에 관한 규정은 어떻게 되나요?
clerk	You can return it within thirty days with a receipt.
점원	30일 이내에 영수증을 지참하시면 환불 가능합니다.

환불과 교환에 대한 규정return policy은 영수증 뒷면이나 계산대 옆에 공지되어 있기도 하지만 점원에게 물으면 친절히 대답해준다. 큰 상점이나 백화점의 경우 비교적 교환과 환불이 쉽게 이루어지지만, 상점에 따라 환불은 안 되고 교환만 가능한 곳도 있으니 규정을 꼼꼼히 살펴보도록 하자. 경우에 따라 고가의 전자제품 등은 제품에 하자가 없을 경우 물건을 교환하거나 환불할 때 수수료restocking fee로 10% 정도를 제하기도 한다.

fitting room 탈의실
shorts 반바지
overall 멜빵바지
rebate 환급
return 교환(돌려주고 다른 물건으로 바꾸겠다는 의도 포함)/환불(물건 대신 돈으로 받겠다고 하면 해줌)을 요청하다
refund 환불
exchange 교환

Emmy	Hi, I would like to return this please.
에미	교환/환불하려고 합니다.
clerk	Is there anything wrong with it?
점원	이 물건에 무슨 문제가 있나요?
Emmy	No. It's too big for me.
에미	아니요. 그냥 저한테 좀 커서요.
clerk	Okay. Do you have a receipt?
점원	그렇군요. 영수증 가지고 계신가요?
Emmy	Unfortunately, I don't have it with me.
에미	안타깝게도 가지고 있지 않아요.
clerk	Okay. In that case, I can only give you a store credit.
점원	그러시다면 스토어 크레디트로 드리지요.
Emmy	Okay.
에미	알겠습니다.
clerk	Here is the store credit. The total is $56.
점원	여기 스토어 크레디트고요. 56달러입니다.

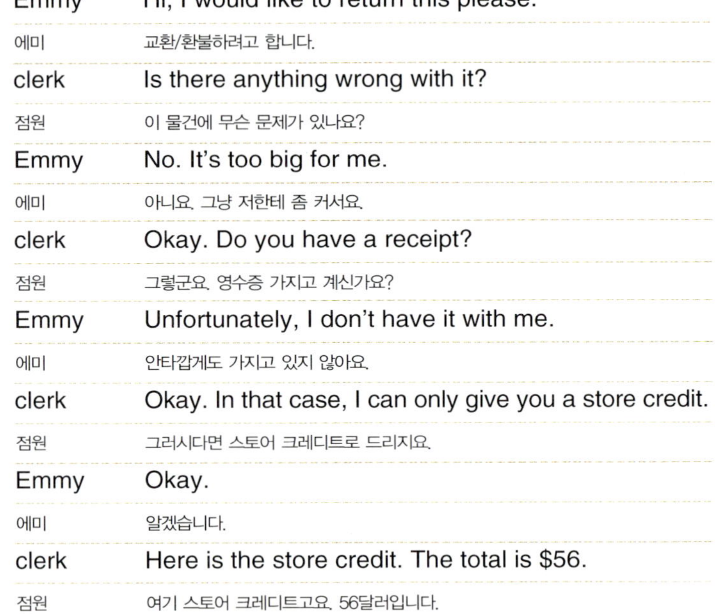

I'm looking for turtleneck sweaters.

터틀넥 스웨터를 찾고 있습니다.

Can I try this on?

이거 입어봐도 되나요?

Do you have this in a size medium?

중간 사이즈 있나요?

Can you hold this item for me?

이 제품을 (팔지 말고) 저를 위해 남겨주실 수 있나요?

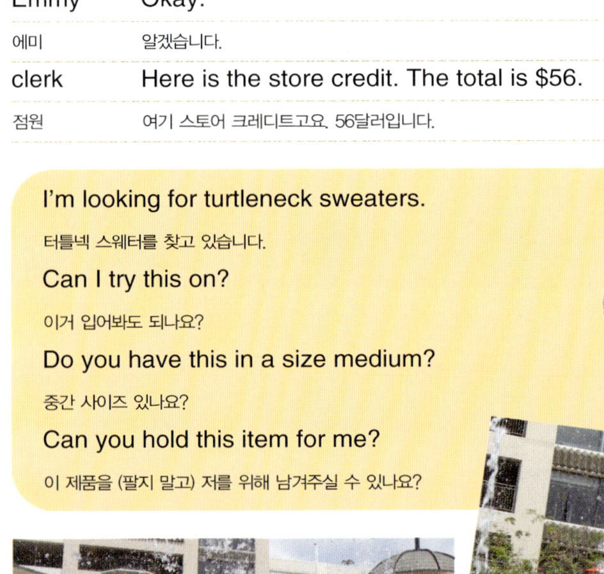

우리나라와 다른 문화가 있다면 직원과 손님의 관계일 것이다. 우리나라의 상점 직원들은 손님을 깍듯이 대하며 개인 신상에 관한 얘기는 잘하지 않지만, 미국에서는 손님이 직원들과 개인적인 얘기를 하는 경우가 종종 생긴다. 물론 매장 측에서 매출을 위해 매장 입구에 인사만 하는 직원greeter을 따로 두어 그 직원에게 매장에 들어오는 손님들에게 인사를 하면서 "무엇을 도와드릴까요?Can I help you?" 같은 상투적인 말을 건네게 하기도 하지만 경우에 따라서는 더 개인적인 이야기를 하는 경우도 있다. 손님들이 입고 있는 옷을 칭찬하거나 자신의 경험을 얘기해주기도 하는데, 불쑥 "신발이 마음에 드네요.I like your shoes."라는 등의 칭찬을 들으면 어색해하지 말고 고맙다고 대답해주자. 때로는 손님이 가지고 있는 물건에 대해 질문도 하고 제품을 설명할 때 "나도 이 제품 샀는데 이런 점이 좋아요." 하면서 자신의 경험담을 얘기해주기도 한다.

계산대에서도 손님과 계산하는 직원 간의 수다로 뒷사람이 기다리는 경우가 생기는데, 개인적인 얘기로 시간이 지체되더라도 뒤의 손님들이 불평하는 경우는 거의 없다. 직원들과 이런 대화를 하다 보면 모르던 할인 정보를 알게 되기도 하고 때로는 직원들이 약간의 특혜를 주기도 한다. 메이시 백화점에서 옷을 살 때 있었던 일이다. 세일이 적용되는 제품인 줄 알고 사려고 했는데 알고 보니 세일 제외 품목이었다. 실망하면서 다른 옷을 골라야 하나 어쩌나 고민하는 순간, 이미 나와의 대화를 통해 내가 그 옷을 입고 졸업식에 갈 계획인 것을 알고 있던 매장 직원이 임의로 그 제품을 세일에 포함시켜주었다. 물론 졸업을 축하한다는 말과 함께……

상시 할인율을 적용하는 아울렛 쇼핑 또한 인기 있는 쇼핑 방법. 아울렛에서는 정가에서 할인된 신제품이나 철 지난 제품, 이월 제품 등을 비교적 저렴한 가격에 구입할 수 있다. 미국 전역에 아울렛이 있지만 대표적인 아울렛으로는 뉴욕 주의 우드버리 아울렛Woodbury Common Premium Outlet, 캘리포니아의 데저트힐 프리미엄 아울렛Desert Hills Premium Outlet, 일리노이/시카고의 오로라 아울렛Chicago Aurora Premium Outlet 등이 있다. 프리미엄 아울렛Premium Outlet의 공식 사이트를 통해 위치와 입점한 상점들을 확인할 수 있다. 특별히 찾는 브랜드가 있다면 미리 각 아울렛의 웹사이트를 통해 알아보고 가는 것도 좋은 방법이다. 아울렛 공식 사이트에서 쿠폰도 발행하므로 미리 쿠폰을 프린트해서 쇼핑을 하면 추가 할인을 받을 수 있다. 대도시 근교 아울렛이 아닐 경우에는 규모가 작을 수도 있으므로 미리 웹사이트를 통해 알아보고 가는 것이 좋다.

프리미엄 아울렛 공식 사이트
www.premiumoutlets.com/index.asp

여러 브랜드들이 직영으로 운영하는 상점들이 입점해 있는 프리미엄 아울렛 외에 각 백화점이 직영으로 운영하는 할인 상점도 있다. 대표적인 곳으로는 노드스톰에서 운영하는 노드스톰 랙Nordstrom Rack, 삭스 피프스 애비뉴Saks Fifth Avenue에서 운영하는 오프 삭스Off Saks 등이 있다. 이곳에서는 각각의 백화점에서 판매하던 제품들을 할인해서 판매하기 때문에 잘 고르면 좋은 물건을 저렴하게 구입할 수 있다. 주로 패션 계통 상품들이 많다.

백화점 직영은 아니지만 잘 알려진 브랜드를 할인된 가격에 판매하는 아울렛과 비슷한 성격의 상점들도 있다. 대표적인 상점으로는 로만스Loehmann's, 마샬Marshalls, TJ 맥스TJ Maxx, 로스Ross 등이 있으며, 이곳에서는 여러 유명 브랜드를 10~50% 이상 할인된 가격으로 판매한다. 이런 곳은 좋은 물건을 저렴하게 구매할 수 있다는 장점이 있지만, 맞는 사이즈가 없을 때도 많다. 보통 일주일에 한 번 정도 물건이 들어오는데, 매장 직원에게 물어보면 날짜를 알려주기도 한다. 물건 들어오는 날을 알아두면 좋은 제품을 선점할 수 있다.

생필품 구매 또한 쇼핑의 중요한 부분이다. 장보기에서 언급한 대로 일반 슈퍼마켓에서도 생필품 구입이 가능하지만 다양한 종류의 브랜드를 비교해보고 싶다면 월마트Walmart나 타깃Target, 케이마트K-mart, 마이어Meijer 등을 추천한다. 이들 체인점들은 실용적인 옷이나 양말, 신발부터 각종 목욕제품, 전자제품, 가전제품, 인테리어 소품, 가구, 그릇, 자동차 관련 제품에 이르기까지 총망라해 갖추고 있기 때문에 원스톱 쇼핑을 할 수 있다. 매장마다 다르지만 식품부를 포함하고 있는 경우도 있어 장보기까지 한꺼번에 해결할 수 있다.

한편 약국 체인점에서도 생필품을 판매한다. 월그린Walgreen이나 주얼오스코Jewel-Osco, CVS 등에서는 처방전으로 약을 살 수도 있고 생필품을 구입할 수도 있다. 대형 할인점들에 비해 계산할 때 많이 기다리지 않고 매장도 작은 편이니, 너무 오랜 시간을 생필품 쇼핑에 할애하고 싶지 않다면 이런 곳에서 생필품을 구매하는 것도 한 방법이다.

어떤 종류의 매장에서 쇼핑을 하건 영수증은 꼭 확인해야 한다. 기계적인 결함이나 세일제품의 미등록으로 세일 가격이 반영되지 않은 경우, 또 직원의 실수로 중복 계산된 경우 등 합계를 잘못 내는 경우가 종종 있기 때문이다. 영수증을 확인하여 잘못되었을 때는 소비자 관리센터Customer Service에 정정 요청을 하자. 정정을 해주는 동시에 때에

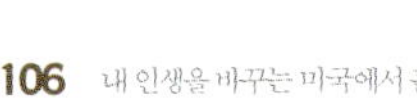

따라서 상점 측의 실수를 사과하는 의미에서 나중에 사용할 수 있는 할인권이나 상품권gift certificate을 주기도 한다.

혹시 서비스가 마음에 들지 않거나 직원과의 문제가 해결되지 않는다면 매니저를 불러서 해결하는 것도 좋은 방법이다. 왜냐하면 미국인들은 매니저를 부르는 것을 주저하지 않을 뿐만 아니라 매니저들의 주된 업무가 손님들의 문제를 해결하는 것이기 때문이다. 대학을 졸업하고 처음 들어간 직장인 케이마트에서 매니저로 일했는데, 여러 업무 중 주된 업무가 직원들이 부르면 가서 손님의 요구를 들어주고 해결하는 것이었다. 많은 경우 직원들의 권한은 제한되어 있는 반면, 매니저들이 해결해줄 수 있는 범위는 넓기 때문에 직원을 통해 해결할 수 없는 문제가 있다면 매니저와 직접 얘기하자. 매니저는 어떤 경우든 손님과 문제를 일으키는 것은 자제하도록 교육을 받으므로 요구사항을 비교적 잘 들어주며, 손님이 권리를 찾을 수 있도록 도와준다.

전문 스토어specialty store

백화점이나 아울렛, 생필품을 파는 슈퍼마켓들이 여러 종류의 물건을 구비하고 있다면, 어느 한 가지 종류를 전문으로 공급하는 스토어를 specialty store라고 한다. 예를 들어 홈 디포Home Depot는 직접 집을 꾸미기 좋아하는 미국인들의 특성에 맞춰 각종 건축 자재와 집 안에 필요한 물품을 갖춰놓은 체인점이고, 마이클스Michael's 매장은 큼직한 매장 내부에 실내 인테리어 용품, 미술 부자재, 아트/공작 용품, 선물 용품 등을 구비해놓고 있다.

- **마이클스**: 실내 인테리어, 조화, 미술 부자재, 아트/공작 용품, 선물용품
- **조앤(Jo-Ann Fabric and Crafts Stores)**: 각종 천, 조화, 미술 부자재, 아트/공작 용품
- **홈 디포**: 건축 자재, 집짓기, 리모델링, 꾸미기에 관련된 각종 제품, 꽃, 화분 등
- **로스(Lowe's)**: 건축 자재, 집짓기, 리모델링, 꾸미기에 관련된 각종 제품, 꽃, 화분 등
- **오피스 디포(Office Depot), 스테이플스(Staples)**: 사무실에 관련된 제품들
- **베드 앤드 배스(Bed and Bath)**: 침실과 욕실, 부엌 등 집에 필요한 각종 물품
- **베스트 바이(Best Buy)**: 각종 전자제품

빅 세일 시즌

미국의 대대적인 세일 시즌은 주로 연말에 모여 있다. 미국의 주요 명절 중 하나인 추수감사절Thanksgiving holiday 다음날인 금요일부터 세일이 시작되는데, 좋은 물건을 먼저 사기 위해 상점을 열기 전부터 줄을 서 있는 진풍경이 벌어지기도 한다. 인기 있는 세일 상품은 품절되는 일도 잦다. 우리나라의 추석과 비슷한 의미의 추수감사절은 11월 넷째 주 목요일이며, 그 다음날인 금요일은 휴일이 아니지만 세일 등으로 인파가 몰린다고 해서 블랙 프라이데이Black Friday라고도 불린다.

크리스마스가 끝나자마자 대부분의 상점들은 애프터 크리스마스 세일After Christmas Sale에 돌입한다. 이 기간에는 크리스마스 용품들은 반값 정도면 살 수 있고, 다른 제품들도 같이 세일 판매를 한다. 또 다른 세일 시즌으로는 백 투 스쿨 세일Back To School Sale이 있는데, 이때는 9월에 시작하는 새 학년·새 학기를 위해 학용품, 옷 등을 세일한다. 그 외에도 예를 들어 노동절 세일Labor Day Sale: 노동절은 9월 첫째 주 월요일인데, 세일은 보통 그 전주 금요일에 시작해서 월요일에 끝난다 등 휴일 때마다 이름을 붙여 해당 주말에 세일을 많이 하니 미리미리 알아보고 구입 계획을 세우는 것이 좋다.

★ 어떤 체인점들은 특별 판매 품목을 따로 정해서 미리 웹사이트 등을 통해 공지하기도 한다. 이런 품목들을 가리켜 도어버스터Doorbuster: 사람들이 몰려들어 문이 부서질 정도로 인기 있다는 뜻의 신조어라고 한다.

7. 음식 해먹기(장보기)

요리 솜씨가 없더라도 매끼 사먹는 것은 건강이나 생활비에 무리가 가게 마련이다. 귀찮더라도 가끔씩은 장을 봐서 간단한 요리라도 해보는 것은 어떨까? 전자레인지나 토스터, 오븐만 있어도 해먹을 수 있는 음식의 폭이 넓어진다. 건강을 생각해서 신선한 과일과 채소도 항상 챙겨 먹도록 하자.

█ 장보기, 요리하기

대형 슈퍼마켓은 식료품은 물론이고 약국, 꽃집, 은행 등 여러 서비스를 겸하는 경우가 많다. 마켓마다 다르지만 보통 주중에는 오전 9시부터 저녁 9시까지 열고, 주말에는 좀 더 일찍대체로 6시 닫는다. 24시간 영업하는 마켓도 많이 있으니 시간을 미리 알아두자.

지역마다 이름이 다르지만 대형 마켓으로는 세이프웨이Safeway, 크로거 Kroger, 앨버트슨Albertson 등이 있는데 무료로 발급하는 회원 할인카드 club/discount membership card를 신청하면 세일 가격으로 물건을 살 수 있다. 세일 중인 물건은 가격표에 reg정가와 함께 sale세일/clearance정리세일/ discount할인/saving절약세일 등의 세일 용어가 표시되어 있다. 'buy one get

TiP

★ 우리나라의 '마트'를 미국에서는 '마켓'이라고 한다.

one free bogo'와 같이 같은 상품 두 개를 한 개 값에 파는 세일1+1, 'buy one get one half off'같이 같은 상품 두 개를 하나는 정가에, 하나는 반값에 파는 세일 등이 있다.

멤버십이 필요한 대형 할인마켓으로는 코스트코Costco나 샘스 클럽Sam's Club 등이 있다. 1년 멤버십에 가입하기 위해서는 50달러 정도가 필요한데, 오래 체류하지 않을 경우나 혼자 살기 때문에 물건을 많이 사지 않는 경우에는 별로 실용적이지 못하다. 한국에서 이미 코스트코 멤버십을 가지고 있다면 미국에서도 쓸 수 있다. 다른 데서 찾기 어려운 수입imported 제품이나 유기농organic 제품을 살 때는 값이 다소 비싸긴 하지만 선택의 폭이 넓은 홀 푸드 마켓Whole Foods Market을 이용해보자.

매주 나오는 마켓 할인 전단을 참고하면 그 주에 세일하는 물품을 중심으로 알뜰 쇼핑을 할 수 있다. 자신이 사는 지역에 있는 마켓 전단은 우편함으로 들어오는데, 구하지 못했더라도 웹사이트를 참고하거나 마켓 입구에 항상 비치되어 있으니 쇼핑을 하기 전에 읽어보자.

일요 신문에는 각종 광고가 많이 들어 있고 쿠폰들도 딸려온다. 신문도 읽고, 살 물건의 쿠폰도 오려 모아두었다가 장을 볼 때 사용하자. 신문을 정기 구독하지 않아서 일요 신문약 2달러만 사게 되더라도 일주일 중에서 가장 부록이 많고 두꺼워 읽을거리도 많고 쿠폰도 이용할 수 있어 2달러가 아깝지 않다.

각 마켓에서는 마켓의 자체 상품generic brand을 이름 있는 브랜드 상품보다 저렴하게 팔고 있다. 마켓 자체 상품으로는 설탕, 식빵, 통조림 등을 비롯해 치약, 휴지 등 생필품도 있으며 적게는 10%에서 많게는 40%까지 저렴하다. 브랜드 이름만 다를 뿐 물건에 하자가 있는 것

⭐ 대형 마켓

한 곳에서 회원 할인카드를 신청하면 같은 계열사의 다른 브랜드의 마켓에서도 모두 사용할 수 있다. 마켓마다 운영 시간이 다르므로 미리 알아두었다가 바쁜 오후 5~7시를 피해 쇼핑하는 것이 좋다.

● 세이프웨이

www.safeway.com

캘리포니아: 본스(Vons), 파빌리온스(Pavillions)

샌프란시스코: 세이프웨이

시카고: 도미닉스(Dominick's)

뉴욕: 게누아르디스(Genuardi's)

텍사스: 랜달스(Randall's)

● 크로거

www.thekrogerco.com

시카고, 텍사스, 중부: 크로거

캘리포니아: 랄프스(Ralphs)

● 앨버트슨

www.albertsons.com

시카고, 중부: 주얼(Jewel)

워싱턴, 텍사스: 앨버트슨

뉴저지, 펜실베이니아: 애크메(Acme)

북부 캘리포니아, 네바다: 러키(Lucky)

남부 캘리포니아: 앨버트슨, 러키

⭐ 고급 마켓

일반 마켓보다 수입품과 유기농 자연식품을 더 많이 취급하기 때문에 선택의 폭이 넓다. 가격이 조금 비싸지만 마켓 안에 주스 바, 와인 바, 푸드 코트 등이 있어 점심을 먹거나 새로운 음식을 시도해보기에 좋다.

● 홀 푸드 마켓

www.wholefoodsmarket.com

⭐ 멤버십 대형 할인마켓

멤버십에 가입해야 이용할 수 있는 마켓으로, 물건을 큰 단위로 구입해야 한다. 음식 말고도 사진관, 자동차 정비, 안경점 등 여러 서비스를 제공하고 있으며 전자제품, 의류, 가구 등도 판매한다. 장기 체류하지 않거나 식구가 많지 않아 사는 양이 많지 않을 경우에는 별로 혜택을 누리지 못한다.

● 코스트코

www.costco.com

● 샘스 클럽

www.samsclub.com

⭐ 동양/아시안 마켓

● HMart(한아름마트)

www.hmart.com

뉴욕, 뉴저지, 캘리포니아, 일리노이, 펜실베이니아 등 미국 전역에 지점이 있다. 마켓 안이나 주위에 미용실, 약국, 빵집, 푸드 코트 등이 있어 편리하다. 한국 마켓이 없는 곳에 산다면 한아름 웹사이트에서 김치, 과일, 생필품 등을 주문하면 되는데, 배달비가 많이 나온다는 단점이 있다.

● 미츠와(Mitsuwa)

www.mitsuwa.com

일본 마켓 체인으로 캘리포니아, 시카고, 뉴저지에 위치해 있다. 꼭 필요한 동양 음식 재료가 있다면 여기서 찾아보자. 회나 초밥 등은 식당보다 저렴한 가격에 구입할 수 있다.

● 99 랜치 마켓(99 Ranch Market)

www.99ranch.com

중국 마켓 체인으로 캘리포니아, 워싱턴, 텍사스에 있다. 미국 마켓에서 찾기 어려운 채소 등을 구입할 수 있어 유용하다. 미국 마켓보다 채소, 해산물, 과일 등이 저렴하다.

● 동양 마켓 리스트

en.wikipedia.org/wiki/Asian_supermarket

은 아니기 때문에 마켓의 자체 상품을 사는 것도 생활비를 절약하는 한 방법이다.

미리 포장되어 있는 햄과 치즈의 양이 너무 많으면 매장에서 필요한 만큼만 주문해서 사는 것이 혼자 사는 사람에게는 더 낫다. 또한 매 끼니를 집에서 해먹지 않는다면 채 먹지 못하여 금방 썩어버리는 채소를 사기에 망설여질 텐데 그럴 때는 얼린 모듬 채소를 써보자. 완두콩pea이나 브로콜리broccoli 등 단단한 채소는 얼렸다 먹어도 보존이 잘되기 때문에 음식을 볶을 때 넣으면 좋다. 참치 통조림을 살 때는 기름에 담겨 있는 것 tuna in oil보다 물에 담겨 있는tuna in water 것으로 구입하고, 시럽에 담겨 있는in heavy syrup 과일 통조림은 너무 달기 때문에 사지 않는 것이 좋다.

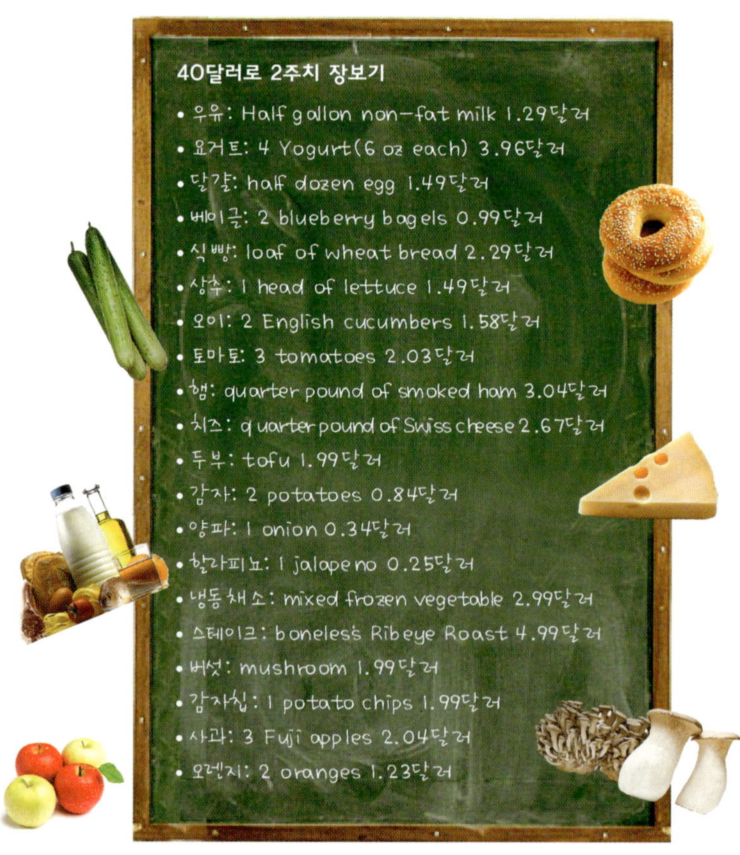

미국의 대부분의 주에서는 주류는 만 21세 이상, 담배는 만 19세 이상이 되어야 구입할 수 있고 신분증identification 검사를 철저히 하는 편이므로 술이나 담배를 살 때는 사진이 있는 신분증운전면허증이나 여권을 들고 가야 한다. 마켓에서는 맥주, 와인뿐만 아니라 양주도 구입할 수 있다.

우리나라의 마트에서 반찬을 만들어 파는 것처럼 미국 마켓에서도 샐러드, 파스타 등 미리 만들어놓은 음식이나 따뜻한 수프를 파는 곳이 따로 있다. 또한 샐러드 바에서는 손님이 직접 샐러드를 만들어 먹을 수 있고 그 자리에서 샌드위치를 주문해 먹을 수도 있다.

쇼핑 단위

- **pound(파운드)** : 약자로 lbs라고 표기한다. (예) $2.30/lbs 파운드당 2.30달러. 한 파운드보다 작은 단위를 사면 half pound(반 파운드), quarter pound(1/4파운드)라는 표현을 쓴다. 고기, 채소, 과일, 치즈 등을 파운드로 적는다.
- **dozen(다스)** : 12개를 한 다스라 한다. 달걀은 한 판에 12개가 들어 있어 한 다스로 팔며, 반으로 나눠서half dozen 여섯 개씩 팔기도 한다.
- **ounce(온스)** : 약자로는 oz라고 적는다. 음료의 경우는 floz라고 표시하기도 한다.
- **gallon(갤런)** : 약자로 gal이라고 표기하며, 우유를 갤런 단위로 판매한다. 혼자인 경우 half gallon이면 일주일 동안 먹기에 충분하다.

cashier	Did you find everything you were looking for?
계산원	필요한 거 다 찾으셨나요?
Emmy	Yes, thanks.
에미	네, 감사합니다.
cashier	Do you have our club card?
계산원	저희 마켓의 클럽카드를 가지고 계신가요?
Emmy	No, I don't. Can I apply for one now?
에미	아니요. 지금 신청할 수 있을까요?
cashier	Of course, here is the application. Just fill out this section.
계산원	당연하죠. 신청서는 여기 있고요. 이 부분을 채워주시면 됩니다.
Emmy	Here we go, is this enough?
에미	여기 있어요. 이거면 되나요?
cashier	Yes, here is the club card for you to use. Can I see your picture ID for the wine?
계산원	네, 여기 사용하실 카드입니다. 와인을 사시는군요. 신분증을 볼 수 있을까요?
Emmy	Of course.
에미	물론이죠.

cashier	Thank you. Today's total is $20.56. You saved $2.50 with our club card. How would you like to pay?
계산원	감사합니다. 20달러 56센트입니다. 저희 클럽카드로 오늘 2달러 50센트를 절약하셨네요. 어떻게 계산하시겠어요?
Emmy	Debit, please.
에미	직불카드로 하겠습니다.
cashier	Do you want cash back?
계산원	현금을 인출하시겠습니까?
Emmy	Yes, I'd like to withdraw $40.
에미	네, 40달러를 인출하겠습니다.
cashier	Would you like paper or plastic?
계산원	물건은 종이 백에 넣어드릴까요, 비닐 백에 넣어드릴까요?
Emmy	Paper would be fine.
에미	종이 백이 좋겠습니다.
cashier	Have a nice day.
계산원	좋은 하루 보내십시오.
Emmy	You too.
에미	좋은 하루 보내세요.

아무래도 한국 음식을 먹어야만 하는 사람들은 한국 마켓에서 자주 장을 볼 텐데, LA나 뉴욕처럼 대형 한국 마켓이 있는 지역에서는 필요한 식품들을 대부분 저렴하게 살 수 있다. 중부 지역처럼 한국 마켓이 드물거나 없는 곳에 사는 사람들은 도미닉스나 주얼에서 세일 품목 위주로 식품을 사고, 꼭 필요한 한국 식품은 중국 마켓이나 일본 마켓을 이용해보자.

요즘에는 대부분의 미국 마켓에서도 동양식 코너oriental section에서 컵라면cup of noodle, 일본식 된장miso, 참기름sesame oil 등을 팔고 있으며 두부tofu도 흔하게 찾아볼 수 있다. 쌀은 여러 종류가 있는데 한국인의 입맛에 맞는 쌀은 중립종中粒種, medium grain rice이다. 고추를 구할 수 없다면 남미 고추인 할라피뇨jalapeño로도 비슷한 맛을 낼 수 있고, 소면은 엔젤 헤어 파스타angel hair pasta로 대체할 수 있다.

우리나라에 비해 미국에서는 채소와 고기 가격이 저렴한 편이다. 샐러드와 스테이크는 집에서 해먹기 어렵지 않으니 시도해보자.

삼겹살을 살 때는 bacon thin으로 썰어달라고 한다.

고기 부위의 명칭과 용도

- chuck(목살): 불고기, 볶음용 요리, 국거리 등에 쓰이며 값이 저렴하다.
- brisket(양지머리): 육개장, 떡국 등 고명이 필요한 국물요리
- bottom round(홍두깨살): 육개장, 장조림
- short rib(갈비): 갈비찜이나 갈비탕에 쓰이며, 기름이 많아 국물을 내기에는 적당하지 않다.
- flank(양지): 스테이크
- rib eye(등심): 스테이크, 전골
- filet mignon(안심): 고급 스테이크
- side pork/side belly pork(삼겹살): 구이

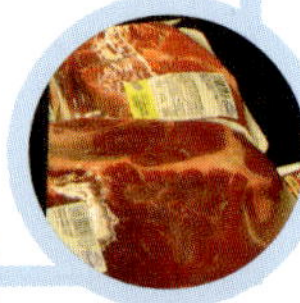

장조림 요리법

굳이 한국 마켓에서 장을 보지 않아도 되는 재료로 장조림을 해보자. 한 번에 넉넉히 만들어두면 밑반찬으로 먹기에 좋다. 많이 장만해서 반은 얼려두었다가 먹을 때 데워 먹어도 된다.

쇠고기 2lbs(파운드)
달걀 half dozen(6개)
마늘 깐 것 10쪽
간장 1컵
설탕 1/3컵
할라피뇨 3개(기호에 따라)

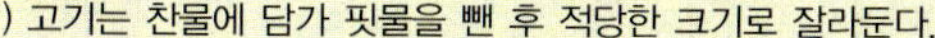

1) 고기는 찬물에 담가 핏물을 뺀 후 적당한 크기로 잘라둔다.

2) 고기가 자작하게 잠길 정도로 물을 붓고 중간불 이상에서 삶는다. 이 과정에서 생기는 거품과 이물질을 제거해준다.

3) 젓가락으로 찔러서 푹 들어가고 핏물이 안 나오면 불을 끈다.

4) 고기를 삶는 동안 달걀을 삶아 껍질을 벗겨놓는다.

5) 3번에 달걀을 넣고 남아 있는 간장, 설탕, 마늘을 넣는다. 매콤한 맛을 원하면 할라피뇨를 반으로 잘라서 넣어준다.

6) 다시 중간불에서 국물이 반으로 줄어들 때까지 졸이면서 고기와 달걀을 뒤적거려준다.

7) 완전히 식힌 후 한 번에 먹기 좋은 양만큼 나누어 냉동 보관한다.

식재료

사실 기름기가 아주 많은 부위만 아니면 모든 쇠고기 부위로 요리를 할 수 있다. 부드러운 장조림을 원한다면 flank steak(양지), 쫄깃하고 진한 고기 맛의 장조림을 원한다면 brisket(양지머리)이나 bottom round(홍두깨살)가 적당하다.

음식 소개

할라피뇨 : 남미 고추로 멕시코 음식에 많이 사용되지만, 한국 음식 등 매운맛을 내는 곳에 잘 어울리며 다양하게 사용할 수 있다. 청양고추와 매운맛이 비슷하며 장아찌를 해먹어도 맛이 좋다. 된장찌개를 끓일 때 넣으면 매콤한 맛이 난다.

살사(salsa) : 남미 음식에 주로 얹는 샐러드로 토마토, 향초, 양파, 할라피뇨가 들어간다. 매콤하고 개운한 맛으로 느끼한 음식을 먹을 때 곁들여 먹기 좋으며, 토르티야 칩tortilla chip에 찍어 먹어도 맛있다. 친구들이 모이는 날 집에서 함께 만들어 먹기도 쉽고 재료비도 사먹는 것보다 저렴하다.

토르티야(tortilla) : 멕시코 음식으로, 얇은 밀전병처럼 생겼으며 밀가루나 옥수수로 만든다. 주로 부리토burritos나 퀘사디야quesadilla 같은 남미 음식을 만들 때 사용하는데, 미국에서 많이 보편화되어 샌드위치를 만들 때 빵 대신 사용하기도 한다. 간편한 아침으로 토르티야 두 장 사이에 치즈를 넣어 프라이팬에 녹여 먹으면 치즈 퀘사디야cheese quesadilla가 된다. 여기에 살사를 얹어 먹어도 맛있다.

타바스코 소스(tabasco sauce) : 톡 쏘는 매콤한 맛의 핫 소스다. 느끼한 음식을 먹을 때 곁들여 먹기 위해 한국 사람들이 많이 찾는다. 고기나 남미 음식에 잘 어울리며 의외로 파스타, 피자 등에도 잘 어울린다. 케첩에 섞으면 톡 쏘는 매운맛을 더해준다.

블루치즈(blue cheese) : 푸르스름한 곰팡이가 보이고 향이 진하다. 처음 먹을 때는 거부감이 들 수도 있으나 짭짤한 맛이 여러 음식에 잘 어울리고, 특히 샐러드 등에 자주 들어간다. 맛이 진하므로 한 번에 너무 많은 양을 넣지는 말 것.

아스파라거스(asparagus) : 칼로리가 낮고 엽산이 풍부한 채소다. 고기 요리에 곁들이기 좋으며, 식당에서 곁들이는 음식side dish으로 자주 나온다. 뿌리의 질긴 부분은 잘라내고 살짝 데쳐 먹거나 오븐에 구워 먹으면 담백한 맛이 좋다. 아스파라거스는 마켓에서 한 묶음bunch 단위로 판다.

베이글(bagel) : 미국인들이 아침으로 많이 먹는 쫀득한 빵이다. 도넛처럼 생겼으며 가운데를 갈라 토스트해서 크림치즈와 함께 먹는다. 건포도, 블루베리, 치즈 등 여러 가지 맛의 베이글이 있어 기호대로 골라 먹을 수 있다. 가운데에 달걀프라이나 햄을 끼워 먹으면 아침이나 점심식사로 든든하다.

루트비어(root beer): 카페인이 없는 탄산음료로, 이름과는 달리 알코올 성분이 들어 있지 않다. 콜라와는 다른 독특한 맛이 있으며 약간 쌉싸래하다. 대표적인 브랜드로 A&W와 머그Mug가 있다. 여기에 아이스크림을 넣어 여름에 루트비어 플로트root beer float라는 이름으로 팔기도 한다.

아보카도(avocado): 멕시코와 캘리포니아에서 많이 나는 과일로 영양가가 높으며 식물성 지방과 단백질, 비타민이 많이 들어 있다. 만져봐서 딱딱하면 실온에 놓아두어 약간 말랑하게 해야 먹기 좋다. 딱딱한 껍질을 벗겨 안에 있는 큰 씨를 빼내고 부드러운 부분을 먹는다. 반으로 잘라 씨를 빼고 소금을 약간 뿌려 먹어도 좋고 샐러드, 샌드위치 등 다른 음식에 넣어도 맛이 잘 어울린다. 의외로 초밥에 많이 들어간다.

● 명절 음식

● 추수감사절(Thanksgiving): 11월 네 번째 주 목요일

미국에서는 추수감사절에 가족과 친지들이 모여 저녁을 함께 먹으면서 감사를 나눈다. 이날의 주식은 말린 빵조각과 채소를 채운stuffing 칠면조 고기로, 크랜베리 소스와 칠면조 육수로 만든 그레이비gravy 소스를 얹어 먹는다. 으깬 감자, 고구마, 각종 채소가 곁들여지며 후식으로 호박파이를 먹는다. 디너에 초대받는다면 와인을 선물로 들고 가는 것이 좋다.

● 크리스마스와 새해

에그노그eggnog라는 음료수를 마신다. 시나몬 향을 넣은 달짝지근하고 걸쭉한 우유로 만든 음료수다. 파티에 따라서는 술을 섞기도 한다. 개인적으로 별로 맛있지는 않지만 예의상 한 모금 정도 마실 만하다.

● 독립기념일(Independence Day): 7월 4일

여름의 시작이기도 한 날이며, 바비큐BBQ 파티를 하면서 불꽃놀이를 즐긴다. 햄버거, 돼지갈비, 소시지 등 야외 그릴에서 구워 먹는 음식이 메인이며 주로 남자가 그릴을 담당한다. 옥수수와 채소도 구워 먹고 수박 같은 여름 과일도 함께 먹는다. 주로 바닷가나 집 뒷마당에서 파티를 하는데, 캐주얼한 분위기여서 와인보다는 맥주가 더 잘 어울린다.

8. 미용실 · 이발소 이용하기

미국의 미용실과 이발소는 우리나라와는 여러모로 다르다. 미국의 대도시에서는 한국 사람이 운영하는 미용실을 쉽게 찾을 수 있지만, 소도시의 경우는 그렇지 못하기 때문에 미용실이나 이발소에 가기 전에 미리 몇 가지 정보를 확인하고 가는 것이 좋다.

미국의 서비스 직종이 대부분 그렇듯이 미용실이나 이발소 역시 우리나라에 비해 비싼 편이다. 미용실마다 가격이 제각기 다르지만 보통 두 배에서 세 배 이상까지 차이가 날 수 있으므로 미리 가격을 알아보고 가는 것이 좋다. 한국 사람이 경영하는 미용실은 우리나라에 있는 미용실처럼 커트나 파마, 염색 시 샴푸와 드라이가 포함되어 있는 경우가 많지만 그 외에는 샴푸나 드라이 비용을 별도로 지불하는 경우가 많으므로 미리 알아두도록 하자.

제시된 가격 이외에 15~20% 정도의 팁을 남기는 것도 필수다. 서비스 업종에 종사하는 미용사들의 주된 수입원이 봉사료tip이기 때문에 특별히 서비스가 아주 마음에 들었다면 전체 가격의 20% 정도를 주는 것이 좋다. 봉사료를 지불할 때는 자신의 머리를 담당했던 미용사에게 직접 건네주거나, 계산할 때 그 미용사를 지목해서 지불할 수도 있다. 샴푸해준 사람, 드라이해준 사람이 모두 다를 경우 그 사람들에게도 각각 조금

씩의 봉사료를 나누어줘야 하는 것이 원칙이지만, 손님이 직접 주는 곳이 있고 계산 시 한꺼번에 지불하면 나누어서 전해주는 미용실도 있으니 계산할 때 물어보면 된다. 간혹 봉사료를 주는 것이 아까워 적게 주거나 안 주는 사람들이 있는데, 전체 가격에 포함되어 있는 금액이라 생각하고 지불하도록 하자.

미용실에 가기 전에 미리 예약appointment을 하고 가면 기다리는 시간을 줄일 수 있다. 또 원하는 헤어스타일이 있다면 미용사에게 자세히 설명해주고, 자세한 설명이 어렵다면 원하는 스타일의 사진을 보여주는 것도 좋은 방법이다. 하지만 자세한 설명을 하고 사진을 가져가도 우리나라의 미용실에서 머리를 하는 것과 차이가 있을 수 있는데, 기본적으로 한국 사람들이 좋아하는 스타일과 미국의 스타일이 다르기 때문이다. 그래서 나는 다소 멀더라도 한국 사람이 운영하는 미용실에 찾아가곤 하는데, 한국인 미용실이 동양인의 헤어스타일에 대한 이해가 더 빠르고 가격 면에서도 더 저렴하기 때문이다.

미용실 가격

미용실이 위치한 쇼핑몰, 미용사의 인지도, 그 도시의 물가 등에 따라 서비스 가격은 천차만별이지만 고급 미용실이 아닌 중저가 미용실의 경우 평균 가격(팁이 포함되지 않은 가격임)은 오른쪽과 같다.

커트(남자): 15~40달러
커트(여자): 25~60달러
웨이브 파마: 80~200달러
염색: 40~150달러
하이라이트: 35~200달러
드라이: 25~45달러
올림머리: 40~100달러

hairdresser	How would you like to have your hair done?
미용사	어떻게 해드릴까요?
Emmy	I'd like to get my hair colored please.
에미	염색하려고 하는데요.
hairdresser	What color do you have in mind?
미용사	어떤 색을 생각하고 계시나요?
Emmy	I wanted to go darker. Do you have a color chart?
에미	조금 진하게 하고 싶은데, 색상표 있나요?
hairdresser	Of course we do. Let me show it to you. (pointing at the chart) What about this shade?
미용사	물론 있지요. 보여 드릴게요. (색상표를 가리키며) 이 색은 어떠신가요?

Emmy	That looks good.
에미	괜찮을 것 같아요.
hairdresser	Would you like to have a haircut too? Or would you like to leave it the way it is?
미용사	커트도 하실 건가요? 아니면 그냥 놔두실 생각이신가요?
Emmy	I just want to get a trim please.
에미	조금 다듬어주세요.

I'd like to get(have) my hair trimmed/colored/permed/straightened.

머리를 다듬고/염색하고/파마하고/펴고 싶습니다.

I'd like to get a haircut please.

머리를 자르고 싶습니다.

I want it angled up on the sides please.

옆머리를 평평하지 않게 위로 올라가면서 길어지도록 자르고 싶습니다.

남자의 경우, 미용실 대신 이발소에 가는 경우도 있는데 이발소에서는 머리뿐 아니라 수염도 정리해준다. 머리를 자를 때 필요한 자세한 영어 표현이 부담스러울 수도 있지만 몇 가지 표현만 익히면 본인이 원하는 스타일에 대해 설명하는 데 크게 어려움이 없을 것이다. 머리와 가격이 마음에 든다면 단골 이발사로 만드는 것도 좋은 방법이다.

긴 머리를 자를 계획이라면 자른 머리를 기부하는 것도 보람 있는 일이 될 수 있다. 조금 이상하게 들릴 수도 있지만 미국에서는 상태가 좋은 긴 머리카락일 경우에는 잘라서 기부하거나 판매하기도 하는데, 기부를 하는 경우 커트 비용을 무료로 해주는 곳도 있으니 알아보자. 기부 단체는 여러 곳이 있으며 원하는 곳에 기부하면 된다. 대표적으로 사랑의 머리 나눔 locks of love이라는 봉사단체 www.locksoflove.org는 머리카락을 기부 받아 저소득층 아이들을 돕는다.

9. 공공도서관 이용하기

미국의 공립도서관public library은 동네마다 하나씩 있다고 해도 과언이 아닐 정도로 어느 도시에서나 쉽게 찾아볼 수 있는 공공시설이다. 공립 도서관은 책을 소장하고 빌려주는 것 이외에도 튜터링tutoring 서비스를 제공하거나 연구research에 가이드가 되어주는 역할도 한다. 많은 도서 관들이 튜터링 서비스를 제공하여 숙제를 도와주거나 영어로 의사소통 하는 데 도움이 필요한 사람들에게는 자원봉사자volunteer들과 연결해준 다. 각 도서관마다 차이는 있지만 대부분의 도서관은 영화를 상영하거나 어린이를 위한 프로그램을 운영하는 등 다양한 이용자들에게 문을 열어 놓고 있다.

도서관은 소장되어 있는 책을 빌려보거나 공부하고 싶어 하는 모든 사람에게 열려 있는 공공기관이다. 다만, 도서관의 컴퓨터를 쓰거나 책을 대출받고 싶다면 도서관 카드library card가 있어야 한다. 해당 도시에 거주하고 있는 주민이라면 누구나 도서관 카드를 신청할 수 있다. 거주하는 주민이 아니라도 회비membership fee를 내고 가입할 수 있는 도서관들도 있다. 도서관마다 규정은 조금씩 다르지만 해당 도시에서 일하거나 학교에 다니는 사람도 도서관 카드를 받을 수 있다. 현재 거주하고 있는 도시의 주소가 적힌 운전면허증과 자신의 이름으로

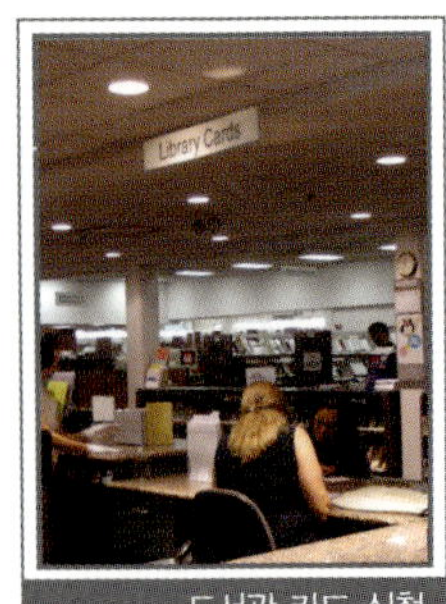

도서관 카드 신청

수취한 우편봉투를 가져가면 된다. 하지만 도서관 카드를 다른 사람과 같이 돌려쓰는 것은 금하고 있다.

카드를 이용하면 도서 대출은 물론 영화DVD, VHS와 음악CD도 빌릴 수 있다. 도서관에 따라 한국 책을 소장하고 있는 곳도 있고 젊은 청소년을 겨냥해 만화책comic book을 소장하고 있는 곳도 있다. 대부분의 도서관은 홈페이지를 통해 소장하고 있는 도서를 검색할 수 있으므로 미리 관심 있는 책이나 자료에 대한 정보를 가지고 방문하면 편리하다. 그 외에도 대출 연장renew이나 대출 중인 자료에 대해 대기자 명단waiting list에 이름을 올려놓는 절차도 인터넷을 통해 할 수 있다. 대여 기간은 책은 3~4주, 영화는 1~2주 정도이며 한 번의 연장renewal이 가능하다. 책은 하루 연체료late fee가 15~20센트로 저렴하지만, 영화의 경우에는 하루 연체료가 2달러 정도로 비싼 편이다. 도서관이 폐관한 후에도 도서관 주위에 무인반납기가 만들어져 있어 시간에 관계없이 반납이 가능하다.

도서관에서는 무료 무선 인터넷free Wi-Fi도 제공하고 있어서 노트북을 가져와 공부하는 사람들을 많이 볼 수 있다. 컴퓨터도 무료로 사용할 수 있으며 프린터, 스캐너, 복사기 등도 저렴하게 사용할 수 있다. 그 외에도 작은 스터디 룸study room을 미리 예약하면 여러 사람이 모여서 공부하기 좋다. 정기 간행물periodicals인 잡지, 신문 등이나 참고 서적reference material인 사전과 백과사전 등은 도서관 안에서는 볼 수 있지만 대출할 수는 없다. 보통은 대출창구circulation desk에서 책을 빌리지만 요즘은 무인대출창구self check out station를 도입한 도서관도 있다.

도서관은 각 도시의 정보를 얻기에 좋은 곳이기도 하다. 도시의 각종 행사와 도시에서 지원하는 여러 가지 혜택에 관한 내용이 담긴 소책자를 찾을 수도 있고 버스 노선표와 여권 신청

서 등도 구할 수 있다. 튜터를 구하는 사람과 튜터를 하고자 하는 사람들의 광고도 도서관에 있는 게시판bulletin board에서 쉽게 찾을 수 있다.

Jamie	Hi, I'd like to apply for a library card.
제이미	안녕하세요? 도서관 카드를 신청하고 싶은데요.
library clerk	Sure. Here is an application. Please fill it out for me.
도서관 서기	네, 여기 신청서가 있습니다. 기입해주세요.
library clerk	Everything looks good. Did you bring your ID with you?
도서관 서기	다 채워진 것 같네요. 신분증 가져오셨나요?
Jamie	Yes, I did. Is this OK?
제이미	네, 가져왔어요. 이거면 될까요?
library clerk	Yes, this will do. Please sign here. This is your temporary library card. With your temporary library card, you can start checking out books and DVDs today. Your permanent library card will be mailed to you within 5 days.
도서관 서기	네, 그거면 될 것 같네요. 여기 서명해주시고요. 이건 임시 도서관 카드예요. 이 임시 카드로 오늘부터 책과 DVD를 빌리실 수 있습니다. 정식 카드는 5일 안에 집으로 배송될 거예요.
Jamie	Thanks. Can I use the computer today?
제이미	감사합니다. 오늘부터 컴퓨터를 사용할 수 있을까요?
library clerk	Yes, you can. Our computer room is on your right. Any other questions?

overdue material
연체된 책이나 영화
photocopy machine
복사기
printer 프린터/출력기
bulletin board 게시판
librarian 사서
non transferable
양도 불가
fine 벌금
late fee 연체료
check out 대출하다

TiP

도서관에서 책을 빌리는 것은 rent가 아니라 borrow라는 표현을 쓴다. rent는 주로 돈을 주고 빌릴 때 사용하는 표현으로, 돈을 주고 DVD를 빌리거나 집을 세낼 때 사용하는 표현이다.

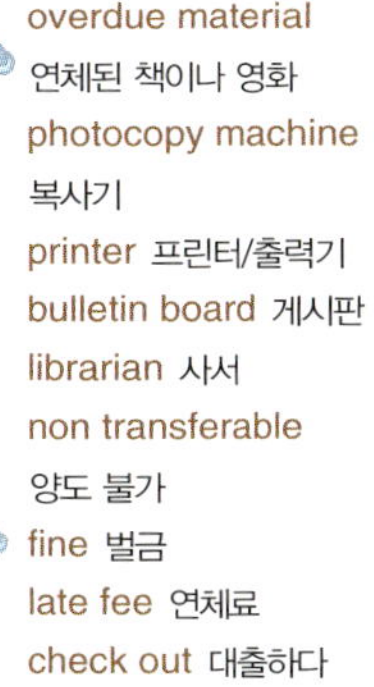

도서관 서기	네, 그러세요. 저희 컴퓨터실은 오른쪽에 위치해 있습니다. 다른 질문 있으세요?
Jamie	No, I think I'm good. Thanks a lot.
제이미	아니요. 다 된 거 같네요. 감사합니다.
library clerk	You're welcome. Bye.
도서관 서기	천만에요. 안녕히 가세요.

I borrowed this cook book from the library.

전 이 요리책을 도서관에서 빌렸습니다.

Where can I find books on Asian history?

동양 역사에 관련된 책은 어디서 찾을 수 있을까요?

I'd like to put a hold on the 'Kite Runner' by Hosseini.

호세이니의 「연을 쫓는 아이」를 예약하고 싶습니다.

How do I reserve a study room?

공부방은 어떻게 예약하나요?

Can I extend the due date on this book?/I'd like to renew this book please.

이 책의 대출 기한을 연장할 수 있을까요?

Can I have an application for the library card?

도서관 카드 신청서를 받을 수 있을까요?

Do you have the bus schedules?

버스 시간표를 구할 수 있을까요?

How do I access the Wi-Fi network?

무선 인터넷은 어떻게 연결해 쓰나요?

10. 자동차 구입 및 미국에서의 운전

운전면허증 만들기

미국에 가서 우선적으로 해야 할 일 중의 하나는 운전면허증을 만드는 것이다. 미국에서는 차를 운전하지 않는 사람이 거의 없기 때문에 운전면허증이 곧 신분증 역할을 한다. 신분증으로 여권을 가지고 다니다가 분실하면 재발급 절차가 복잡하기 때문에 공인된 운전면허증을 신분증으로 사용하면 여러모로 편리하고 안전하다.

미국을 단기간 방문하는 것이라면 한국에서 발급받아 온 국제운전면허증으로 1년간 운전할 수 있다. 국제운전면허증은 잠깐의 방문이나 출장 시에는 유용하지만 유학이나 어학연수, 주재원, 취업비자 등으로 장기 거주를 할 경우에는 국제면허증의 유효기간과 상관없이 미국 운전면허를 따야 한다.

미국에서 운전면허증을 따려면 필기시험과 주행시험을 통과해야 한다. 주마다 다르지만 한국에서 국제면허증을 받아오면 주행시험을 면제해주는 곳이 많다. 필기시험을 준비하기 위해서는 그 주의 교통법 등을 안내해주는 책자 Driver's Manual/Driver's Handbook를 차량국 Department of Motor Vehicle: DMV에서 받아 공부하거나 한인 업소록 전화번호부 뒷면에 있는 필기시험 예문들을

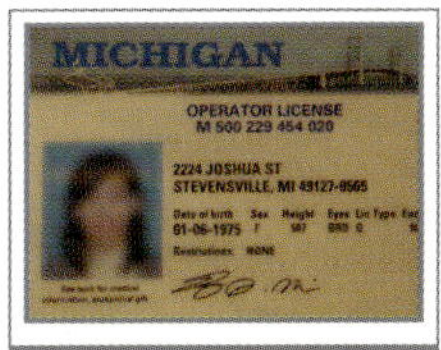
운전면허증

TiP

★ 국제운전면허증은 한국의 운전면허시험장에서 발급받을 수 있는데, 이것은 그 자체로 운전면허증이 되는 것이 아니라 국내 운전면허증의 번역본 같은 개념이기 때문에 국제운전면허증과 함께 한국에서 취득한 면허증, 여권을 같이 소지해야 한다.

참고하자. 도시에 따라 한국어로 된 시험지도 있으므로 시험을 보기 전에 확인하고 준비하도록 한다. 시험을 볼 준비가 되었으면 관련서류를 준비하여 차량국으로 가서 시험을 보면 되는데, 합격 여부는 그 자리에서 알려준다. 관련서류는 주마다 다르지만 보통 사회보장카드social security card나 여권, 거주지를 증명할 수 있는 두 종류의 서류전기세, 관리비 납부 서류 등다.

필기시험을 통과하면 운전연습을 할 수 있는 허가증permit을 내주는데, 혼자서는 할 수 없고 옆자리에 1년 이상 된 면허증을 소지한 성인이 동승한 경우에만 운전이 가능하다. 18세 이상의 성인인 경우 실기시험을 위해 특별히 학원을 다니거나 교육을 받아야 할 필요는 없고 개인적으로 연습하면 된다. 단, 18세 미만인 경우는 대부분의 주에서 의무적으로 필기와 실기 교육 과정을 인가된 기관에서 이수해야만 시험을 치를 자격을 준다. 실기시험을 위해서는 차량국에 예약을 해야 하고, 예약된 날짜에 차를 가지고 가야 한다. 주의할 점은 차를 가지고 갈 때 혼자 가서는 안 되며 반드시 면허를 가지고 있는 사람과 같이 가야 한다는 것이다. 면허가 있는 상태가 아니기 때문에 혼자 운전했다는 것이 밝혀지면 면허시험을 치를 자격을 박탈당할 수도 있다.

미국에서의 주행시험은 우리나라에서처럼 시험장에서 하거나 실제 도로에서 한다. 출발하기 전에 보통 시력 검사를 하고 수신호 시험을 본 후 시험관이 옆자리에 동석해서 운전하는 태도 하나하나까지 점수를 매긴다. 운전 경력이 있어서 자신이 있더라도 미국에서 주행시험을 볼 때는 기본에 충실해야 한다. 운전대는 두 손으로 잡고, 차선을 옮길 때는 고개를 확실히 돌려서 안전한지 확인하는 것이 중요하다. 한국에서 운전경력이 오래된 사람들도 이런 기본적인 안전운전 수칙을 지키지 않아 시험에 떨어지는 일이 종종 있다.

자동차 구입

대중교통이 발달한 몇몇 대도시를 제외하면 미국에서는 자동차 없이 생활하기가 매우 어렵다. 뉴욕이나 시카고는 비교적 대중교통망이 잘 발달되어 있지만 다른 도시에서는 차가 없이는 움직이기도 힘들어 식구 수대로 자동차를 가지고 있는 집도 많이 볼 수 있다. 이렇듯 미국에서는 자동차를 필요에 의해 구입하지만, 비용도 고가인데다가 구입 방법도 우리나라와 차이가 있기 때문에 미리 여러 가지를 알아보고 신중히 결정해야 한다.

자동차를 구입할 때는 일단 모델을 결정하고 새 차를 살 것인지 중고차를 살 것인지를 결정하게 되는데, 이때 고려해야 할 사항 중 하나는 되팔 때의 가치resale value다. 같은 연식과 거리를 주행했더라도 차종마다 가치가 다르므로 이 사항을 고려해서 자동차 구입 계획을 세우는 것이 좋다. 새 차를 사는 경우에도 나중에 되팔 때의 중고차 가치를 고려해서 자동차 모델을 결정해야 한다. 이렇게 미리 알아본 가격을 토대로 자동차를 구매할 때 흥정할 수도 있고, 나중에 되팔 때 기준으로 삼을 수도 있다. 자동차 고유번호VIN number를 알고 있다면 그 차의 사고 기록 등도 조회해볼 수 있는데 기록조회는 Kelly's Blue Book을 이용해도 되고 carfax.com을 이용해도 된다.

새 차를 구매할 때는 각각의 자동차 브랜드 딜러 숍을 방문해서 주행을 해보고 나서 직접 흥정을 하거나 이메일로 견적을 받아서 비교해보고 구매를 결정하도록 한다. 우리나라와 달리 미국의 딜러 숍은 직영이 아니라 각각의 딜러 숍이 공장으로부터 미리 차를 구입해서 소비자에게 되파는 시스템이므로 딜러 숍마다 가격이 다를 수 있다. 각 딜러 숍의 재고에 따라 원하는 옵션이나 자동차 색이 없을 수도 있고, 특정 모델의 재고가 많다면 할인율이 높아지기도 한다. 전시되어 있는 자동차마다 가격이 붙어 있는데, 윈도 프라이스window price라는 가격은 딜러 숍들

대표적인 자동차 정보 사이트인 Kelly's Blue Bookwww.kbb.com에 들어가 원하는 차종과 주행 거리, 연식을 입력하면 보상판매 기준 가치trade in value, 개인판매 기준 가치private party value, 소매 기준 가치suggested retail value와 자동차 딜러 숍에서 인증한 진단 차량 기준 가치certified pre-owned[CPO] value로 나누어서 조회해볼 수 있다.

의 희망가격이고, 소비자들은 이 가격에서 좀 더 흥정하여 할인을 받아 자동차를 사게 된다. 반대로 인기 모델이어서 대기자 명단에 올려야 하거나 재고가 부족한 경우에는 할인이 아닌 윈도 프라이스에서 프리미엄 premium을 더 붙여 판매하기도 한다. 흥정할 때는 윈도 프라이스뿐만 아니라 도매가격invoice price을 기준으로 하는 것이 좋다. 인보이스 프라이스invoice price란 딜러 숍이 공장에서 구매해 온 가격으로, 윈도 프라이스와 함께 공지되는 경우가 많다. 하지만 인보이스 프라이스보다 딜러 숍들이 구매한 가격이 좀 더 저렴한 경우가 많기 때문에 잘만 흥정하면 인보이스 프라이스보다 더 저렴하게 구입할 수도 있다. 요즈음은 직접 인터넷을 통해 새 차를 구매하는 경우도 많아졌다.

미국에서 새 차를 구입하기 좋은 시기는 7월에서 10월 사이다. 이 시기에는 보통 다음해의 모델이 나오기 때문에 딜러 숍들은 가지고 있는 그 해의 재고들을 처리해야 한다. 따라서 더 많은 할인율을 적용한다. 딜러 숍뿐만 아니라 브랜드별로 시행하는 할인 프로그램factory rebate도 이 시기에 많이 적용된다. 이 시기가 지나면 재고 보유율이 떨어지기 때문에 당해 모델이라도 큰 할인율을 기대하기 어렵다.

미국에 처음 도착하여 사정이 여의치 않다면 중고차를 구입하는 것도 추천한다. 중고차를 구매할 때는 딜러 숍이나 중고차 매매상, 인터넷 또는 개인을 통해 구매할 수 있는데 새 차보다 더욱 꼼꼼하게 구매 결정을 해야 한다. 미국에서는 차가 없으면 슈퍼마켓조차 갈 수 없는 경우가 많기 때문에 고장이 발생하면 그만큼 더 불편을 감수해야 하므로 사고와 고장 유무, 품질보증 기간warranty 등을 따

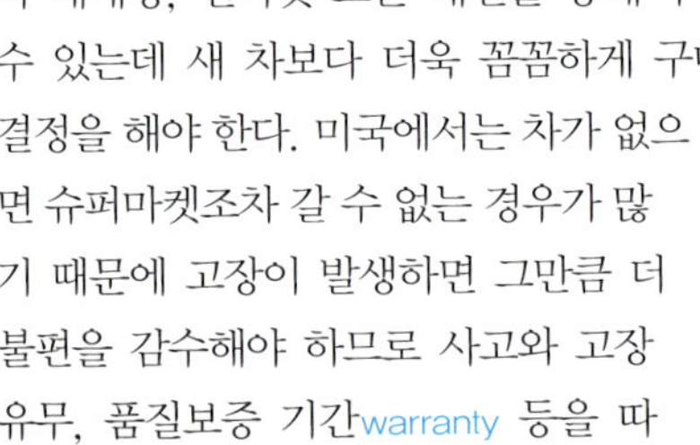

져 구매 결정을 해야 한다.

한국 사람들이 많은 대도시의 한국 신문을 보면 개인이 판매하는 중고차 광고가 많으며, 인터넷이나 딜러 숍, 중고차 매매상 등을 통해서도 중고차를 살 수 있다. 나는 개인적으로 중고차의 경우 Kelly's Blue Book 등의 사이트를 통해 대략의 가격을 숙지한 후 야후 같은 큰 사이트에 등록되어 있는 자동차들을 검색해서 구매 결정을 하는 편이다. 이런 사이트는 개인과 중고차 매매상이 공동으로 올려놓은 자동차들을 한꺼번에 검색할 수 있어 편리하다. 마음에 드는 차가 있다면 전화를 걸어서 차 상태를 확인하고 직접 방문해서 최종적으로 마음에 들면 구매한다. 판매하는 사람에게 전화로 직접 차의 사고 유무 등을 확인할 수 있고, 더 정확하게 알고 싶으면 이미 언급했듯이 차량 고유번호로 조회해볼 수도 있다. 보통 개인에게 직접 구매하는 경우보다 중고차 매매상이나 딜러 숍을 통하는 것이 비싼 경우가 많지만 차량 상태에 대해서는 좀 더 안심하고 살 수 있다.

또 개인이 아닌 자동차 매매상이나 딜러 숍을 통해 중고차를 구매하는 경우에는 할부로 구매할 수 있는데, 이자율은 새 차를 구매할 때보다 높은 편이다. 중고차를 구매할 때도 중고차 매매상이나 딜러 숍을 통하면 대리로 차량 등록 및 이전을 해주지만, 개인에게 구매하는 경우는 직접 가까운 차량국Department of Motor Vehicle에 가서 해야 한다.

요즘은 소비자들도 정보가 많아 사정이 달라졌지만, 자동차 딜러 숍 영업사원들이 흥정하는 과정에서 소비자들에게 바가지를 씌우는 경우도 종종 있다. 오죽하면 이런 점들 때문에 미국에서는 자동차 영업사원들에 대한 조소 섞인 유머가 있을 정도다. 나도 예전에 딜러 숍에서 자동차를 구입하면서 오랜 시간 흥정해 가격과 이자율까지 모두 다 합의를 보았다고 생각했는데 집에 와서 계약서를 보니 엉뚱하게 되어 있던 적도 있었다. 다음날 가서 따져보았지만 딜러 숍에서는 자기 쪽 주장만 되풀이할 뿐이어서 낭패를 봤다. 그 다음부터는 미리 여러 딜러 숍에 내가 원하는 차량의 사양을 이메일로 적어 보내고 견적을 미리 요구한다. 그런 다음 가장 좋은 가격을 제시한 딜러 숍을 방문해서 구매하거나, 다른 딜러 숍에서 그 가격을 기준으로 흥정할 수 있다. 개인적으로 직접 방문해서 지루한 흥정 과정을 거치는 것보다 시간이나 비용 측면에서 훨씬 효율적이었다.

보증서

요즘 우리나라에서도 각광을 받고 있는 자동차 리스lease 프로그램은 이미 미국에 정착된 지 오래다. 리스의 장점은 목돈이 필요치 않고 적은 할부 금액으로 새 차를 탈 수 있다는 것이다. 물론 차를 빌리는 개념이므로 약정 기간이 지나면 반환해야 하기 때문에 낭비로 여겨질 수 있지만 신차 가격과 그동안 지불했던 리스 할부 금액, 반환한 중고차 가격 등을 계산해보면 그리 큰 차이가 나지 않는다. 차를 반환할 때 미리 약정했던 주행거리보다 더 많이 주행했을 경우나 차에 손상이 있는 경우는 보상을 해야 한다. 보통 리스차인 경우 의무적으로 들어야 하는 보험이 있다는 것이 단점이지만, 신차를 2~5년에 한 번씩 바꾸어 탈 수 있다는 점과 리스 차를 반환하지 않고 그 차를 살 수도 있다는 것이 장점이다. 하지만 이 역시 미국에 오래 체류하지 않은 사람들은 신용등급이 없어 리스 프로그램을 이용하기 어렵다. 신용등급이 없는 경우 신용이 있는 사람이 보증 개념인 co-sign을 해주거나 많은 선금을 내고 이용해야 한다.

 내 인생을 바꾸는 미국에서 홀로서기

보험

미국에서의 자동차 보험은 의무사항이다. 자동차 등록증과 함께 항상 차에 보험증을 소지해야 하며, 보험에 들지 않았다는 사실만으로도 단속의 대상이 될 수 있다. 교통위반으로 단속되었을 때도 경찰이 가장 먼저 요구하는 것이 운전면허증, 자동차 등록증, 보험증이다. 보험에 들었지만 보험증을 분실했을 때는 벌금이나 주의조치 등으로 끝날 수 있지만, 보험에 들지 않았을 경우에는 운전면허 취소나 정지, 자동차 압수 등의 중징계를 받을 수 있으므로 보험은 꼭 들어야 한다.

우리나라와 비교해볼 때 미국은 보험료가 상당히 비싸다. 사람이 다쳤을 경우 의료비용이 비싸 보상비용도 상당하고 크고 작은 소송이 많기 때문인데, 사소한 접촉사고일 경우는 크게 문제가 되지 않지만 자칫 큰 사고를 당했을 경우 보험 한도액을 초과하는 경우도 종종 있고 소송으로 이어질 경우는 금전적으로 막대한 손해를 볼 수도 있다. 이렇게 자신의 잘못으로 사고가 났을 때 보험 한도를 초과하여 보상을 해주어야 하는 경우를 대비해서 보험의 한도액을 늘리는 것도 대비책이 될 수 있다. 미국에서는 보험료가 비싼 편이지만 보험의 한도액을 늘리는 것은 상대적으로 비용 차이가 크지 않기 때문에 만일을 대비해 한도액을 상향 조정하는 것도 고려해볼 일이다.

★ 미국의 대부분의 주에서 의무적으로 들어야 하는 보험은 책임보험liability이다. 책임보험은 사고가 났을 때 책임 한도 내에서 상대방에 대한 대인·대물 손실을 모두 보상해주지만 본인의 손실에 대해서는 보상을 받지 못한다. 본인의 손실에 대해 보상을 받기 위해서는 차량 피해 보상 보험physical damage coverage과 개인상해 보험personal injury protection coverage을 들어야 한다. 상대방이 보험에 들지 않은 경우를 대비해서 무보험 보상 보험uninsured motorist coverage도 들어놓는 것이 좋다.

미국에서의 운전도 우리나라에서의 운전과 크게 다르지 않다. 오히려 도심지가 아닐 경우 한적하고 도로도 넓어서 우리나라보다 운전하기가 쉬울 수도 있다. 하지만 미국에서는 가까운 곳에 갈 때도 고속도로freeway or highway를 이용하게 되므로 안전에 주의를 요한다.

미국에서의 운전 상식

- 앞좌석과 뒷좌석 모두 안전벨트를 의무적으로 착용해야 한다. 동승자가 안전벨트를 착용하지 않았을 때는 운전자가 우선적으로 처벌된다.

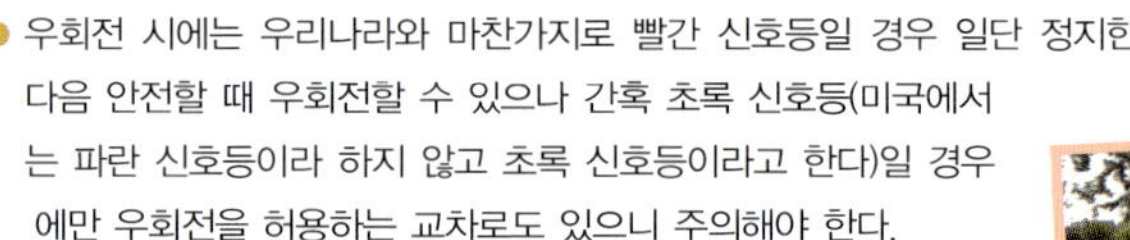

- 아기나 체중이 많이 나가지 않는 어린이의 경우 별도의 의자를 장착해야 한다.
- 우리나라와 달리 미국은 좌회전 신호가 없는 비보호 좌회전 교차로가 많이 있는데, 이런 경우에는 직진 신호가 켜졌을 때 교차로에 진입해서 마주 오는 차가 없을 때 좌회전을 할 수 있다.
  - 우회전 시에는 우리나라와 마찬가지로 빨간 신호등일 경우 일단 정지한 다음 안전할 때 우회전할 수 있으나 간혹 초록 신호등(미국에서는 파란 신호등이라 하지 않고 초록 신호등이라고 한다)일 경우에만 우회전을 허용하는 교차로도 있으니 주의해야 한다.
  - 보통 유턴이 가능하지 않다는 표지판이 없는 이상 신호등이 있는 교차로에서 좌회전 신호 시 유턴이 가능하다.
- 앰뷸런스나 경찰차가 사이렌을 울리고 질주할 때는 맨 오른쪽 차선이나 갓길에 차를 세운다. 만약 여의치 않을 경우 그 자리에 정차한다. 어느 방향에서 사이렌이 울리더라도 차를 세워야 하며 사이렌 소리가 사라질 때까지 정차해 있어야 한다.
  - 학교 주변에서는 속도를 줄여야 한다. 스쿨존 표지판이 보이면 그에 따른 제한속도를 지키도록 한다.
- 많은 주에서 운전 시 차 안에서 휴대폰 사용을 금하고 있다.
- 4 Way Stop: 비보호 교차로에서 주행하는 모든 방향의 차들은 정지선에서 일단 정지해야 하며, 앞서 온 차가 먼저 출발할 수 있다.
- 2 Way Stop: 비보호 교차로에서 일단 정지한 후, 가로지르는 방향의 차가 오지 않을 때 진행한다.
- 미국에서는 주유를 직접 해야 하는 경우가 대부분이다. 차를 주유기 앞에 세우고 주유기에 있는 카드기에 신용카드를 입력해 사용해도 되고, 직접 주유소에 들어가서 주유기 번호를 말하고 돈을 지불해도 된다. 주유기를 열고 원하는 등급의 연료를 선택한 후 주유를 시작하면 된다.

경찰이 차를 세웠을 때

미국에서는 경찰에게 협조하지 않을 경우 큰 불이익을 당할 수 있다. 운전 도중에 자신의 차 뒤에서 경찰이 헤드라이트를 켜고 따라오면 속도를 줄이고 차를 갓길이나 안전한 곳에 세워야 한다. 그렇지 않고 속도를 높이거나 피해가면 나중에 더 큰 처벌을 받을 수 있으니 주의하도록 한다. 일단 차를 세웠으면 두 손을 경찰이 볼 수 있게 핸들에 올려놓고 경찰이 오기를 기다린다. 창문을 열면 경찰이 차를 세운 이유를 설명하고 보통 운전면허증, 보험증, 자동차 등록증을 요구한다.

우리나라에서도 그렇듯 미국 역시 음주운전을 중범죄로 여기기 때문에 처벌이 매우 무겁다. 음주운전이 의심되는 경우에도 경찰이 차를 세울 수 있는데, 이 경우 음주를 했느냐고 물은 후 몇 가지 테스트를 하게 된다. 차 밖으로 나와서 숫자를 세거나 똑바로 걸어보거나 하는 테스트를 하기도 하고 필요한 경우 입김 테스트 breath test, 혈액검사 blood test 또는 소변검사 urine test를 하기도 하는데, 이때 어떤 검사를 받을 것인지 선택할 수 있다. 혈중 알코올 농도가 0.08% 이상이면 음주운전으로 간주되고 처벌을 받게 되는데 벌금과 면허정지, 교육과 사회봉사뿐만 아니라 자동차를 압수당하거나 감옥에 갈 수도 있다. 음주운전으로 단속이 되었을 경우의 처벌은 주마다 다르지만 대부분의 경우 초범일 경우와 그렇지 않을 경우에 차이가 난다. 재범일 경우 교육기간과 수감생활이 더 길어진다. 음주운전으로 판명이 났을 경우 미국 내에서의 처벌뿐만 아니라 심하면 추방도 당할 수 있으므로 절대로 음주운전을 하지 않도록 한다.

Part V

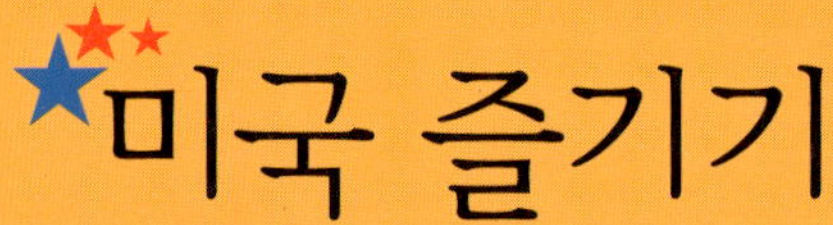

미국 즐기기

1. 미국의 다양한 식당
2. 영화·공연 관람하기
3. 미국인의 인기 스포츠

1. 미국의 다양한 식당

다민족 국가이며 이민자들로 구성된 미국은 사실 내세울 만한 음식이 별로 없다. 하지만 전 세계의 음식들과 미국화된 음식들이 많이 있으니 한국 음식만 고집하지 말고 남미, 중국, 일본, 태국, 베트남, 인도, 이탈리아, 그리스 등 여러 나라 음식을 먹어보도록 하자. 대체적으로 한국 음식은 비싼 편이며 한인이 적은 곳일수록 싸고 맛있는 한식당을 찾기 어렵다.

간편하고 저렴5~6달러하게 점심식사를 하려면 패스트푸드 체인인 맥도널드, 웬디스Wendy's, KFC나 쇼핑몰 안에 있는 푸드 코트를 이용해보자. 푸드 코트에서는 샌드위치, 피자, 햄버거, 중국 음식 등을 6~7달러 정도에 살 수 있다. 좀 더 비싼 레스토랑에서도 주중의 점심때는 런치 스페셜lunch special 메뉴를 제공하고 있어 저녁때보다 할인된 가격으로 식사를 할 수 있다. 베트남 음식, 멕시코 음식, 중국 음식 등은 양에 비해 가격이 저렴한 편으로, 저녁식사가 8달러 정도 한다. 또 보통 끼니보다 조금 일찍 먹는 경우 조조할인early bird special을 해주는 식당도 있고 보통 이른 저녁시간이나 늦은 저녁시간에는 특별할인 시간대happy hour라 하여 안주와 술을 싸게 팔기도 한다.

레스토랑에서 저녁을 먹는다면 보통 애피타이저appetizer가

대표적인 외국 음식

●멕시코 음식Mexican

토르티야에 싸먹는 부리토burritos나 타코스tacos 등이 점심으로 간편하게 먹기 좋고, 저녁 메뉴로는 뜨거운 돌판에 구워 나오는 고기와 볶은 채소를 토르티야에 함께 싸먹는 파히타fajita가 푸짐하고 좋다. 대표적인 체인: Taco Bell, 티 Pollo Loco, Chipotle

●인도 음식Indian

우리가 흔히 먹는 일본식 커리curry와는 달리 향이 진한 인도식 커리는 인도의 전통 빵인 난nan과 잘 어울린다. 인도 음식은 채소를 이용한 음식이 많아 채식주의자들이 선호하는데, 가격이 좀 비싼 편이다.

●중국 음식Chinese

한국에서 먹던 자장면과 짬뽕은 메뉴에서 찾아보기 어렵다. 미국 사람들의 입맛에 맞춘 중국 음식들이라서 대체로 단맛이 강하다. 패스트 푸드점에서는 오렌지 치킨orange chicken이나 깐풍기kung pao chicken 등이 인기 있고 저렴하며, 레스토랑에서 식사를 한다면 산라탕hot and sour soup이나 무슈 포크mushu pork를 추천하고 싶다. 대표적인 체인: Panda Express

●일본 음식Japanese

인기 있는 캘리포니아 롤California roll이나 데리야키 치킨/비프teriyaki chicken/beef덮밥, 우동은 어디에서나 간편하고 저렴하게 먹을 수 있다.

●태국 음식Thai

코코넛 밀크가 들어가 맛이 시큼하고 부드러운 커리, 처음에는 적응하기 어려우나 한번 먹기 시작하면 계속 찾게 되는 돔양꿍Tom Yum Kung 수프, 숙주와 쌀국수를 볶은 팟타이pad thai 등이 찾기 쉽고 저렴하게 먹을 수 있는 대표적인 음식이다.

●베트남 음식Vietnamese

저렴하고 양이 푸짐해서 한국 사람들에게도 인기가 많다. 처음 먹는 사람은 고수 잎cilantro의 향이 강해서 싫어할 수도 있는데, 고수 잎은 주문할 때 빼달라고 말하면 된다. 국물 있는 쌀국수pho, 국물 없는 쌀국수bún, 라이스페이퍼rice paper에 말아놓은 스프링 롤spring roll 등이 인기가 있고 베트남식 바게트와 샌드위치도 맛있다. 의외로 커피가 맛있는데 연유condensed milk를 넣기 때문이다.

●이탈리아 음식Italian

흔히 먹는 스파게티 소스로는 토마토 페이스트로 만든 마리나라 소스marinara sauce와 고기가 든 미트 소스meat sauce가 있다. 그 외에 파르메산 치즈를 뿌린 치킨 파르미쟈나Chicken Parmigiana, 미트 소스와 치즈를 겹겹이 쌓아놓은 라자냐lasagna, 하얀 크림소스를 얹은 페투치니 알프레도Fettuccine Alfredo, 쌀을 뭉근히 끓여 만든 리소토risotto 등이 흔히 즐겨 먹는 이탈리아 음식이다. 피자는 저렴하게 푸드 코트에서 사먹거나 배달시켜 먹을 수 있다. 대표적인 체인: Olive Garden

●그리스 음식Greek

올리브가 들어간 샐러드, 안이 비어 있는 납작한 빵pita bread, '꼬챙이에 끼워 불에 구운 고기'라는 뜻의 케밥kebab, 큰 덩어리의 고기를 돌려가며 얇게 썰어 파는 기로gyro 등이 대표적인 그리스 음식이다. 대표적인 체인: Daphne's

나오고 수프나 샐러드가 나온 후 메인 코스, 마지막으로 디저트가 나온다. 양이 적은 사람이라면 애피타이저만으로 식사를 하는 것도 한 방법이다.

한국에서 관광을 온 사람들은 미국 레스토랑에 가면 서비스가 느리다고 불평을 많이 한다. 주문 받는 것도 오래 걸리고 애피타이저를 먹고 한참을 기다려야 수프를 가져오고, 또 수프를 먹고 한참을 기다려야 메인 요리를 내오기 때문이다. 게다가 계산서마저 늦게 가져다준다. 미국 식당에서는 손님을 재촉하는 것을 결례라 생각해 메뉴 보는 시간을 오래 주고 식사가 끝나도 대화를 끊지 않기 위해 계산서도 늦게 가져온다. 이제부터는 식사 패턴을 약간 바꾸어 천천히 즐기는 식사를 해보도록 하자. 식사를 할 수 있는 시간이 충분하지 않다면 레스토랑보다는 패스트푸드점이나 푸드 코트를 이용하는 것이 더 편하다.

미국 사람들은 평일 아침은 커피와 베이글, 시리얼, 과일 등으로 가볍게 먹는 편이지만 주말에는 여유롭게 아침 겸 점심식사brunch를 즐긴다. 대부분 식당에서 아침 메뉴는 아침에만, 점심 메뉴는 점심에만 제공하나 브런치는 예외다. 주말 오전 11시쯤 인기 있는 레스토랑에 가보면 가족 단위로 늦은 아침을 즐기는 사람들을 많이 볼 수 있다. 다른 때보다 푸짐하게 먹는데 주말에 인기 있는 곳을 찾아다니는 것도 재미있다. 24시간 영업을 하고 값도 비교적 저렴한 데니스Denny's는 밤늦게까지 공부하기에도 좋아 대학가 학생들에게 인기가 많다.

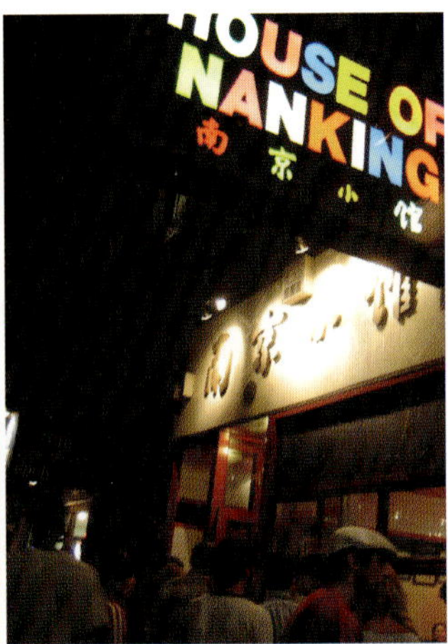

hostess	Good evening. Welcome to Sunset Grill.
호스티스	안녕하세요? 선셋 그릴에 오신 걸 환영합니다.
Jamie	Hello. Can we get a table for three?
제이미	안녕하세요? 세 사람 자리가 있을까요?
hostess	Nothing is available right now. Would you like to leave your name on the waiting list?
호스티스	지금 자리가 없는데 웨이팅 리스트에 이름을 남기시겠어요?
Jamie	How long should I wait?
제이미	얼마나 기다려야 하나요?
hostess	About 30 minutes for inside tables and 20 minutes for patio tables.
호스티스	식당 안쪽 자리는 30분 정도, 야외 자리는 20분 정도 기다리셔야 해요.
Jamie	OK. I will wait. My name is Jamie.
제이미	그러죠. 제 이름은 제이미입니다.
hostess	Would you prefer inside or outside?
호스티스	식당 안 자리와 야외 자리 중 어디가 좋으세요?
Jamie	Whichever becomes available first. Thanks.
제이미	아무거나 먼저 나는 자리로 주세요. 감사합니다.

레스토랑에서 음식을 주문할 때 메뉴에 있는 그대로 주문해야 한다고 생각하지 말고 원하는 바가 있으면 요구사항을 자세히 표현해보자. 무엇을 먹어야 할지 모르겠으면 웨이터에게 추천해달라고 하면 선택할 때 도움이 된다. 저녁시간에는 메뉴에 있는 음식 외에도 주문하기 전에 그날의 스페셜을 물어보자. 흔히 쓰는 요구 사항은 다음과 같다.

*소스를 너무 많이 얹어서 나오는 게 싫은 경우

Please go easy on the sauce/dressing/mayo.

소스/드레싱/마요네즈를 (원래 양보다) 적게 넣어주세요.

*싫어하는 재료를 빼고 주문하고 싶은 경우

Hold the onion/cilantro/cheese.

양파/고수 잎/치즈를 빼고 만들어주세요.

*소스나 드레싱을 음식 위에 얹지 않고 따로 먹고 싶은 경우

I will have sauce/dressing on the side.

소스/드레싱을 뿌리지 말고 따로 담아주세요.

*메인 메뉴에 따라 나오는 채소를 바꾸고 싶은 경우

Can I substitute mashed potato for the glazed carrots?

따라 나오는 으깬 감자 대신 익힌 당근으로 바꿔주시겠어요?

식사 중 필요한 것이 있으면 지나가는 웨이터나 웨이트리스를 불러서 부탁하도록 한다. 레스토랑에서 식사할 경우 팁은 음식 값의 15~20% 정도를 주면 된다. 신용카드로 결제할 경우 음식 가격에 팁도 더해서 결제할 수 있다. 현찰로 테이블 위에 팁을 놓아둘 경우에는 동전은 놓지 않도록 한다.

waiter	What can I get for you?
웨이터	무엇으로 하시겠어요?
Jamie	I'd like tonight's special, NY steak with grilled asparagus.
제이미	오늘의 스페셜인 뉴욕 스테이크로 할게요.
waiter	Great choice. How would you like to have your steak?
웨이터	잘 고르셨네요. 스테이크는 어떻게 해드릴까요?
Jamie	I'd like to have it medium well-done.
제이미	중간으로 잘 익혀주세요.
waiter	The steak comes with soup or salad.
웨이터	스테이크는 수프나 샐러드 중 한 가지가 함께 나옵니다.
Jamie	I will have the salad with Ranch dressing on the side. Can I get mashed potatoes instead of grilled asparagus?
제이미	전 샐러드로 할게요. 랜치 드레싱은 뿌리지 말고 따로 주세요. 구운 아스파라거스 대신 으깬 감자를 주실 수 있나요?
waiter	Of course. And for you?
웨이터	물론이지요. 손님은요?
Emmy	I will have the eggplant lasagna.
에미	가지 라자냐로 할게요.

집에 배달되는 전단leaflet 중에 종종 근처의 식당 쿠폰이 들어 있기도 하니 눈여겨보자. 피자 쿠폰은 항상 끼어 있는 편이니 자주 시켜 먹는 사람은 미리 오려놓으면 좋다. 집 주변의 식당에 갈 때는 www.yelp.com이나 www.citysearch.com에서 식당의 영업시간, 가격대, 손님들의 평가 등을 참고해보자. 종종 식당 입구에 'Zagat Rated'라고 씌어 있는 곳이 있다.

피자는 배달시켜 먹을 경우 팁20%을 줘야 하며 어떤 곳은 배달비delivery fee를 따로 받기도 한다. 전화로 미리 주문해서 직접 픽업pick up하면 훨씬 저렴하다. 보통 피자를 주문할 때는 사이즈large, medium, small, 빵의 두께thick, pan, thin, 토핑을 골라 주문하면 된다. 예를 들어 피자를 주문할 때 토핑의 절반은 햄과 파인애플, 나머지 절반은 소시지와 버섯으로 하여 여러 사람의 입맛에 맞게 주문할 수도 있다. 피자 쿠폰은 전단에 많이 들어 있으며 요즘은 인터넷 쿠폰도 쉽게 찾을 수 있다. 쿠폰을 쓸 때는 미리 말하고 주문해야 한다.

clerk	Old Town pizza. This is James, how can I help you?
점원	올드타운 피자입니다. 제 이름은 제임스입니다. 무엇을 도와드릴까요?
Jamie	Hi, I'd like to order pizza and have a coupon for one large pizza with two toppings for five dollars.
제이미	피자를 주문하려고 합니다. 토핑 두 개를 얹은 큰 피자를 5달러에 판다는 쿠폰을 가지고 있는데요.
clerk	Can I have your address?
점원	손님 주소를 불러주세요.
Jamie	My address is eleven hundred campus drive in Glendale. Do you deliver to this address?
제이미	제 주소는 글렌데일 시의 1100 캠퍼스입니다. 이 주소로도 배달이 되나요?
clerk	Yes, we do. What would you like to have?
점원	네. 무엇을 주문하시겠어요?
Jamie	I'd like to have one large thin crust pizza. For the toppings, pineapple and ham on half and pepperoni and mushroom on the other half.

제이미	라지 사이즈 얇은 크러스트 피자 하나 주문할게요. 피자 반쪽에는 파인애플과 햄, 나머지 반쪽에는 페퍼로니와 버섯을 넣어주세요.
clerk	Anything else, ma'am?
점원	주문하실 게 더 있나요?
Jamie	No, that will be all.
제이미	아니요. 그거면 될 것 같네요.
clerk	The pizza should be there within 30 minutes. Thank you.
점원	30분 안에 배달이 갈 겁니다. 감사합니다.
Jamie	Thanks. Bye.
제이미	감사합니다. 수고하세요.

술을 파는 가게에서 병맥주는 bottled beer, 생맥주는 draft beer, 수입 맥주는 imported beer, 미국 맥주는 domestic beer라고 한다. 생맥주는 500cc인 pint파인트를 한 잔으로 한다. 와인을 주문할 때는 메뉴의 가격이 와인 한 병 값인지 한 잔by glass 가격인지 확인하고 주문하자. 칵테일은 원하면 술을 넣지 않고virgin 만들어주기도 한다.

커피 전문점이 유행하면서 스타벅스Starbucks, 커피빈Coffee Bean & Tea Leaf, 피츠 커피Peet's Coffee 외에 요즘은 맥도널드나 던킨 도넛Dunkin' Donuts에서도 원두커피와 에스프레소 커피를 좀 더 저렴하게 판매한다. 원두커피는 1달러 정도, 라테나 모카 등은 3

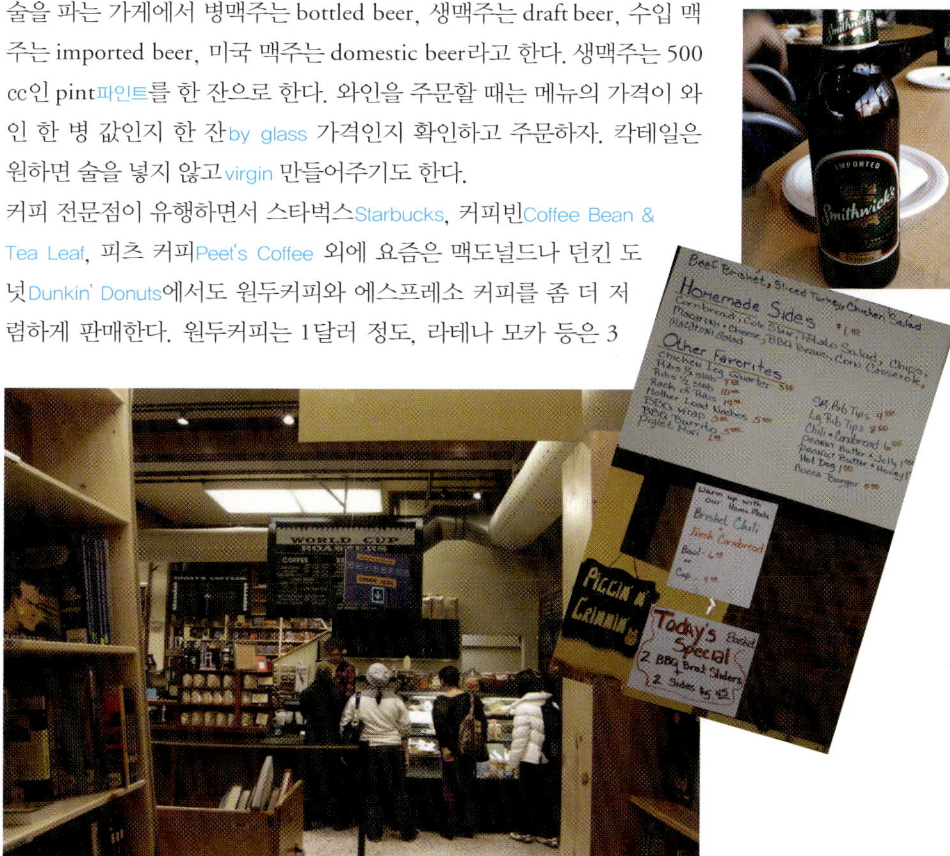

달러 정도 하지만 큰 사이즈venti로 주문할 경우 6~7달러 정도로 밥값보다 비쌀 수 있다. 커피 전문점의 매력은 자신의 취향대로 주문할 수 있다는 점이다.

대부분의 미국 음식이 그렇듯 미국에서는 커피도 큰 단위로 판다. 한국의 스타벅스에서 파는 숏 단위는 없고 톨tall부터 시작하며, 식당에서 마시는 잔에 따라주는 커피는 무제한 리필이 가능하다. 한국에서 먹던 커피보다 쓰고 진하다고 느껴지면 바리스타에게 부드러운 맛flavor의 커피를 추천해달라고 하자.

영어로 주문하기 어려운 관광객들은 보통 메뉴에 적혀 있는 것 중 하나를 골라 주문하게 되지만, 커피 전문점인 만큼 자신의 입맛에 꼭 맞는 음료로 주문하자. 우선 사이즈를 정하고 원하는 음료에 우유가 들어가면 어떤 우유soy milk, non fat milk, 2% fat milk를 원하는지 말하자. 생크림whip cream, 초코 시럽, 코코아 가루 등 추가로 원하는 것을 부탁하거나, 두 배로 넣어달라고 하거나, 빼달라고 하면 된다. 그 외에도 컵이 너무 뜨겁다면 두 겹으로 싸달라고 하거나, 크림cream을 빼달라고 하거나, 차를 주문했다면 티백tea bag을 몇 개 넣어달라고 하는 등 원하는 것을 자세히 요구하면 된다. 커피 전문점인 만큼 이런 요구사항은 절대 민폐가 아니며, 자주 다니는 커피 전문점이 생기면 바리스타가 자신이 주문하는 커피를 기억해주는 단골손님이 되기도 한다.

I will have extra large Mocha with soy milk without whip cream and extra chocolate syrup. Please double cup my Mocha.

모카 큰 사이즈로 두유를 넣어 만들어주세요. 생크림은 빼고 시럽은 두 배로 넣어주시고요. 컵도 두 겹으로 싸주세요.

Can I have small Americano with room for cream?

작은 사이즈 아메리카노로 주시고 컵을 너무 가득 채우지는 마세요.

I will have regular size iced coffee but no ice.

레귤러 사이즈로 얼음을 뺀 아이스커피 주세요.

로스앤젤레스

Pinks Hot Dogs

(www.pinkshollywood.com)

709 North La Brea Avenue

LosAngeles, CA 90038-3338

(323) 931-4223

할리우드 멜로즈Melrose 거
리에 있는 오래된 핫도그
집으로, 허름하지만 하루
종일 사람들이 줄을 서서
기다리는 곳이다. 특히
밤늦게까지 문을 열기 때
문에 밤에 클럽이나 극
장에서 나온 젊은이들이 많

이 찾는다. 가게가 눈에 잘 띄지는 않지만 늘어선 줄
을 보면 쉽게 찾을 수 있다. 핫도그 전문점답게 핫도
그 메뉴가 매우 다양하고 창의적인 이름들이 많다.

In-N-Out Burger

(www.in-n-out.com)

캘리포니아에만 있는 햄버거 체인점이
다. 신선한 재료로 즉석에서 만들어주
기 때문에 다른 패스트푸드점보다 신
선하고 맛있는데, 가격은 오히려 다른
곳보다 저렴하다. 고집스럽게 메뉴도
늘리지 않고 세 가지 햄버거만 판매
하고 있으며, 점심시간에는 손님들
로 북적거린다.

Yamashiro

(www.thepagodabar.com)

1999 North Sycamore Avenue

Los Angeles, CA 90068

(323) 466-5125

할리우드가 훤히 내려다보이는 언덕 위에 있는 일식
레스토랑으로, 퓨전 일식부터 스테이크까지 메뉴가 다
양하다. 음식을 먹지 않더라도 와인이나 칵테일을 즐
길 수 있는 분위기 좋은 바bar가 있어 인기 있는 데이
트 코스다. 가격은 좀 비싼 편이다.

Las Brisas Mexican Restaurant

(www.lasbrisaslagunabeach.com)

361 Cliff Drive

Laguna Beach, CA 92651-1623

(949) 497-5434

LA 남쪽에 있는 바닷가 도시인 라구
나Laguna에 있는 멕시코 레스토랑
으로, 바닷가가 내려다보이는 절벽
끝에 위치하고 있어 경치가 좋아
주말에 바닷바람을 쐬러 나오는
사람들과 데이트하는 연인들에게 인

기가 좋다. 그중에서도 사람들이 줄을 서서 기다렸다
가 먹는 일요일 샴페인 브런치일요일 오전 9시부터 오후
3시까지가 유명한데, 33달러로 샴페인, 과일, 수프나
샐러드, 메인 디시, 디저트를 모두 먹을 수 있다.

Shik Do Rak

(식도락, http://www.dukbosam.co.kr)

2501 West Olympic Boulevard, Los Angeles

(213) 384-4148

떡보쌈의 원조인 이곳은 LA 한인 타
운 안에 있는 고깃집으로, 허름해 보
이지만 저녁 손님이 많이 찾는 곳이
다. 생고기구이에 야채를 곁들여 얇은

쌀절편으로 싸먹는 떡보쌈은 LA에서
시작한 메뉴로 한국 사람들에게 인기가
있지만 미국인들도 많이 즐긴다.

샌프란시스코

House of Nanking

919 Kearny St

San Francisco, CA 94133

(415) 421-1429

차이나타운 쪽에 있는 퓨전 중국 레스
토랑으로, 음식 값이 저렴하다. 허름하
고 작지만 기다리는 손님들로 항상 북
적거리며 중국 손님보다 외국 손님들
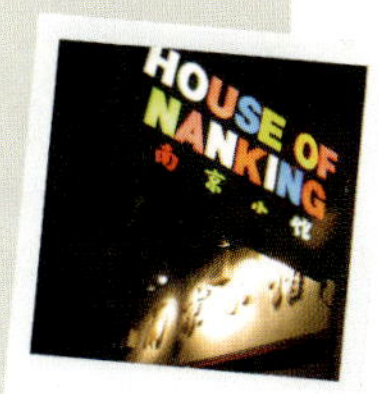
이 많은 편이다. 음식도 맛있지만 웨이
터들과 주인장의 무뚝뚝함도 인기에
한몫하는 것 같다. "무엇을 시키면 좋

을까요?” 하고 요리사에게 물어보면 무엇을 좋아하는
지 몇 가지 물어본 후 메뉴에도 없는 음식을 만들어준
다.

House of Prime Rib

(houseofprimerib.net)

1906 Van Ness Avenue

San Francisco, CA 94109-3008

(415) 885-4605

프라임 립prime rib: 오븐에 구워낸, 양념하지 않은 안심 고
기을 좋아하는 사람이라면 한 번쯤 꼭 가봐야 하는 유
명한 식당으로, 일찍 자리가 차기 때문에 반드시 예약
을 해야 한다. 양이 푸짐하고 서비스가 좋으며 곁들여
나오는 빵과 샐러드도 맛있다. 가격은 35달러 정도로
싸지는 않지만 맛있는 프라임 립을 먹고 싶다면 추천
한다.

Katana-Ya

430 Geary St

San Francisco, CA 94102

(415) 771-1280

자그마한 일본 식당으로, 일본식 라면이 인기 있는 곳
이다. 쌀쌀한 샌프란시스코 바람을 쏘이며 20~30분
정도 기다렸다가 먹는 라면 맛은 기다림 때문인지 더
맛있게 느껴진다. 8~9달러 정도로 라면을 먹을 수 있
으며, 가게가 작기 때문에 단체로 여럿이 가는 것보다
는 두 명씩 가야 기다리는 시간을 줄일 수 있다. 라면
이 유명하지만 스시 등 다른 일식 메뉴도 있다.

시카고

시카고에서 유명한 음식 중 하나는 시카고 스타일 딥
디시 피자Chicago style deep dish pizza다. 얇은 피자
나 뉴욕의 쫀득한 피자와는 달리 한 입만 먹어도 속이
든든하며 두꺼운 토핑이 특징으로,
시카고를 방문하는 사람이라면
꼭 먹어봐야 하는 음식이다.
시카고 피자만큼 유명한 시
카고 음식이 있는데, 바로 시
카고식 핫도그다. 뉴욕 핫도
그와 달리 시카고 핫도그에는

케첩을 뿌리지 않는다. 양파, 피클, 토마토, 겨자, 후추
등 여러 채소가 들어 있어 한 입에 먹기 버거울 정도
로 크다.

Gino’s East of Chicago(www.ginoseast.com)

2801 North Lincoln Avenue, Chicago (773) 327-373

Giordano’s(www.giordanos.com)

730 North Rush Street, Chicago (312) 951-0747

Pizzeria Uno(www.unos.com)

29 East Ohio Street, Chicago (312) 280-5120

Portillo’s Hot Dogs Inc

(www.portillos.com)

100 W Ontario St, Chicago (312) 587-8910

Fogo De Chao Churrascaria

(www. fogodechao.com)

661 N La Salle St

Chicago, IL 60654

(312) 932-9330

브라질리안 바비큐 뷔페로 돼지
고기, 쇠고기, 닭고기를 부위별로
먹을 수 있으며, 샐러드 바도 깔
끔하고 종류가 다양하다. 고기 뷔
페치고는 32달러라는 저렴한 가격
으로 푸짐히 먹을 수 있다. 웨이터
들이 큼지막한 스테이크를 들고 다
니면서 잘라주는데, 원할 때까지 종
류별로 먹을 수 있으며 서비스도 좋다.

뉴욕

Gray’s Papaya

2090 Broadway #1, New York (212) 799-0243

402 6 Avenue, New York (212) 260-3532

539 8th Avenue, New York (212) 904-1588

밤늦은 시간이나 추운 겨울철에도 앉을 자리가 없을
정도로 손님이 붐비는 뉴욕식 핫도그 집이다. 가느다
란 핫도그 소시지에 익힌 양파를 얹어주는데, 서비스
속도가 엄청나게 빠르다. 핫도그 두 개와 음료수를 4
달러 미만으로 먹을 수 있어 점심 손님이 끊이지 않으

며, 파파야주스 맛도 일품이다. 현재 뉴욕에 세 개의
분점이 있다.

Serendipity 3 icecream

(www.serendipity3.com)

225 East 60th Street, New York (212) 838-3531

영화 「세렌디피티Serendipity」로 유명해진 레스토랑인
데, 사실 식사보다는 디저트로 더 많이 알려진 곳이
다. 관광객들이 많아 적어도 30분
이상 기다려야 자리에 앉을 수 있
다. 아기자기하게 꾸며놓은 가게여
서인지 여성들과 '초콜릿 러버'들에
게 인기가 있다. 유명한 프로즌 핫
초콜릿frozen hot chocolate은 어른
두 명이 먹기에도 벅찰 정도로 크며
가격은 약 9달러다.

Bahn Mi Saigon Bakery

138 Mott Street New York, NY 10013-4709 (212)
941-1541

차이나타운에 있는 보석가게 내부에 위치한 식당으로,
큰길에서는 잘 보이지 않아 찾기 어렵
다. 싸고 맛있는 베트남식 샌드위치가
유명한데, 4달러 정도에 제법 큰 샌드
위치를 살 수 있다. 쌀로 만든 바게트
빵에 숯불에 구운 돼지고기나 쇠고기,
당근과 무, 오이, 고수 잎으로 만든
초절임을 넣어주는데 한국 사람들 입
맛에도 잘 맞는다.

Dinosaur Barbecue

(www.dinosaurbarbque.com)

646 West 131 Street

New York, NY 10027-7948

(212) 694-1777

뉴욕 할렘가에 있으며, 저녁때 가면 적어도 30분은
기다려야 한다. 서부영화에나 나올 법한 인테리어가
특징인 레스토랑으로, 달짝지근하고 연한 폭립pork rib
과 남부 음식인 프라이드 그린 토마토fried green
tomato가 유명하다. 폭립이 15달러 정도 하고 시끌벅
적한 분위기가 재미있는 곳이다.

Bartley's Burger Cottage

1246 Massachusetts Avenue Cambridge, MA
02138-3820

(617) 354-6559

오래된 햄버거 집으로, 밖에서 보면 허름해 보이지만
항상 손님들로 붐빈다. 오바마, 케네디, 클린턴 등 대
통령의 이름을 딴 햄버거, 비아그라 버거viagra burger
등 재미있는 이름을 가진 햄버거가 많다. 고구마튀김
sweet potato fries과 양파 링onion ring도 양이 푸짐하
여 햄버거만큼이나 인기가 좋다. 햄버거가 9달러 정도
하지만 사이즈가 엄청나게 커서 많이 먹는 사람에게
좋을 듯하다.

Buon Appetito

(www.buonappetito.signonsandiego.com)

1609 India Street

San Diego, CA 92101-2515

(619) 238-9880

리틀 이탈리아little italy 지역에 있는 식당으로, 서비스
가 친절하며 음식이 다양하고 맛있어 추천하고 싶은
곳이다. 저녁은 약 20달러 정도 하며 식
사에 곁들여 나오는 빵과
토마토소스가 유난히 맛
있다. 캘리포니아 와인
과 다양한 이탈리아 와
인도 맛볼 수 있다.

2. 영화 · 공연 관람하기

▌영화

가장 보편화되고 저렴한 문화행사라고 할 수 있는 영화 관람은 영어가 능숙하지 않더라도 쉽게 즐길 수 있다. 매주 새로 개봉하는 영화는 특별한 경우나 연휴를 제외하고는 보통 금요일에 개봉한다.

영화표는 9~12달러이고, 낮 시간matinee인 경우 2달러 정도 더 싸게 볼 수 있다. 학생증이 있으면 2달러 정도 할인해주는 극장도 있으니 표를 살 때 물어보자. 아이맥스IMAX에서 상영하는 영화는 다른 영화보다 3~5달러 정도 더 비싸다. 영화관에서 표를 파는 곳은 박스오피스box office, 간식을 파는 곳은 컨세션 스탠드concession stand라고 한다. 작은 사이즈의 팝콘과 음료수는 약 8~10달러, 사탕 한 봉지는 4~6달러 정도이며 커피를 파는 영화관도 있다. 몇몇 극장은 핫도그, 나초nachos, 조각 피자 등을 팔기도 하는데 그다지 맛있지도 않은데 가격5~10달러 정도은 비싸다. 대표적인 영화관 체인으로는 AMC, 리걸 시네마Regal Cinemas, 에드워드 극장Edward Theatres, 유나이티드 아티스츠 시어터스United

영화 시간표와 영화평 사이트
www.movies.yahoo.com
www.imdb.com

Artists Theatres 등이 있다. 영화 등급rating이 R Restricted인 영화의 경우 17세 이하의 미성년자는 부모나 보호자와 함께 관람해야 하고 G General Audiences는 아무런 제약이 없다.

Is this seat taken?

이 자리 맡아놓으신 건가요?

Do you offer student discounts?

학생 할인이 되나요?

Can I have 2 adult tickets for "Avatar" at six?

6시 영화 「아바타」 성인표 두 장 주세요.

How long is the movie?

영화 상영 시간이 얼마나 되나요?

I'd like to have one large popcorn and two small drinks.

큰 팝콘 한 통하고 작은 음료수 두 잔 주세요.

공연

영어를 잘하지 못하더라도 오케스트라 공연, 콘서트, 발레, 현대무용, 자막이 있는 오페라 등에 도전해보자. 영어가 어느 정도 익숙해졌다면 뮤지컬이나 연극, 미국 문화가 어느 정도 익숙해졌다면 스탠드업 코미디 쇼를 하는 코미디 클럽comedy club을 추천하고 싶다. 유명한 코미디언 출신이 많은 Improv www.improv.com가 대표적인 클럽이다.
전반적으로 오케스트라 공연, 발레, 오페라 등은 가장

싼 자리라도 50달러가 훌쩍 넘지만 가끔 낮에 하는 공연이나 연습공연 표가 저렴하게 나올 때가 있으니 머무는 지역의 예술센터performing art center나 뮤직센터music center의 웹사이트를 눈여겨보자. 때로는 러시 티켓rush ticket이라고 해서 공연 한두 시간 전부터 극장 창구에서 판매하는 할인티켓도 있다.

그 외에도 여름철에 도시에서 개최하는 야외 공연들은 싸거나 무료인 경우가 있으니 챙겨 보자. 야외 공연인 경우 대부분 음식이나 음료를 싸가지고 가도 되므로 저렴한 비용으로 친구들과 함께 낭만적인 저녁과 음악을 즐길 수 있다. 특히 공휴일인 독립기념일7월 4일에는 음악과 불꽃놀이를 즐길 수 있는 행사가 도시 곳곳에서 많이 벌어진다.

뉴욕의 브로드웨이에서 뮤지컬이나 공연을 저렴한 가격에 보고 싶다면 TKTShttp://www.tdf.org/TDF_ServicePage.aspx?id=56를 이용하자. TKTS 부스는 뉴욕에 세 군데가 있는데, 그중 타임스퀘어 부스는 타임스퀘어 한가운데에서 표를 사기 위해 줄이 길게 늘어서는 곳이다. 다른 두 곳의 부스에서는 다음날 조조 표를 싸게 팔지만 타임스퀘어 부스에서는 당일 표만 판매한다.

 내 인생을 바꾸는 미국에서 홀로서기

시카고에서는 Hottix http://www.hottix.org 라는 부스에서 당일 표를 반값에 구입할 수 있다. 미시간 애비뉴 Michigan Avenue에 두 개의 부스가 있으며, 판매하는 표가 매일 바뀌므로 원하는 공연이 있는지 수시로 확인해보자.

주변에 있는 대학교 안에서 하는 공연도 눈여겨보자. 연극, 음악, 댄스 등 학교 안에서 벌어지는 행사는 저렴하고 편리하게 볼 수 있고 학생이라면 더 많은 할인 혜택도 받을 수 있다.

야외 공연을 제외한 대부분의 실내 공연에서는 카메라나 캠코더를 사용하지 못하게 되어 있으니 사진을 찍고자 한다면 미리 안내원에게 물어보자. 극장 주위에서 암표를 사는 것은 불법이므로 매진된 공연의 표를 구해야 한다면 옥션 사이트를 이용하자.

공연과 관련된 단어 / 표현

- **matinee** 주간 상영
- **usher** 좌석 안내원
- **playbill** 연극이나 뮤지컬 공연에서 나누어주는 행사에 관한 무료 안내 잡지로, 기념으로 받아두면 좋다.
- **will-call** 미리 예매한 표를 찾는 곳으로, 매표소 옆에서 이름을 말하거나 신분증을 보여주면 예매한 표를 건네받을 수 있다. 연극, 뮤지컬, 오페라, 발레 등의 공연과 스포츠 티켓에 쓰는 표현이다. 표를 예매할 때는 인터넷이나 전화로 픽업 옵션을 구입한 후 당일 윌콜부스에서 표를 찾거나 시간적인 여유가 있다면 경기/공연 당일까지 배송시킬 수 있다.
- **intermission** 공연 사이의 휴식시간으로, 2시간 이상의 공연이면 보통 중간에 한 번 있다. 관객들이 화장실을 이용할 수도 있으며 간단한 간식과 음료 등을 먹을 수 있다.
- **performance** 공연
- **understudy** 대역 배우
- **curtain call** 공연이 끝난 뒤 출연진이 관객들의 박수를 받으며 무대 위로 나와 인사를 하는 것
- **limited view** 무대를 완전하게 볼 수 없는(약 70% 정도 보인다) 저렴한 자리

3. 미국인의 인기 스포츠

▌풋볼

미국인들이 가장 열광하는 스포츠는 뭐니 뭐니 해도 풋볼/미식축구다. NFLNational Football League의 챔피언 결정전인 슈퍼볼super bowl은 매년 1월 마지막 일요일에 열리며, 미국 텔레비전 프로그램 중 최고의 시청률을 기록한다. 경기 중간에 나오는 30초짜리 텔레비전 광고가 25억이 넘는 것만 보아도 미국 문화에서 큰 부분을 차지하는 이벤트라고 볼 수 있다.

NFL 프로경기는 매주 일요일, 각 대학의 경기는 토요일 그리고 각 고등학교의 경기는 금요일에 할 만큼 풋볼은 쉽게 접할 수 있는 경기다. 경기가 있기 전에는 테일게이트 파티tailgate party라고 하여 주차장에서 자동차 뒤에 작은 그릴을 놓고 음식을 해먹으며 맥주를 마시는 사람들을 많이 볼 수 있다.

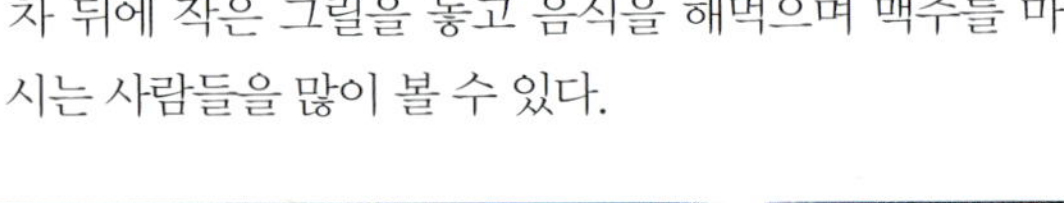

학생이라면 자신이 다니는 학교의 경기를 관람하는 것이 응원하는 재미도 있고 표도 쉽게 구할 수 있다. 경기마다 학생석이 따로 배정되어 있으므로 그곳의 표를 구하면 같은 학교 학생들과 함께 응원하며 볼 수 있다. 실수로 상대편 학교의 응원석에 앉았다가는 기도 못 펴고 심한 텃세 때문에 경기 내내 불편할 수도 있다. 처음 보는 학생들과 함께 목이 터져라 응원을 하면서 보는 것도 학생일 때 즐길 수 있는 재미다. 경기장에 가보면 학생들뿐만 아니라 그 학교 출신의 나이 많은 선배 할머니, 할아버지들도 경기를 즐기는 모습을 볼 수 있다. 풋볼에 대한 지식이 많지 않더라도 한번 따라가 보면 규칙이 그다지 어렵지 않아서 같이 어울려 흥겹게 볼 수 있다.

대형 풋볼구장은 계단이 많고 주차장이 넓기 때문에 걸어 다닐 일이 많으므로 편안한 신발을 신고, 야간 경기일 경우에는 따뜻한 옷을 챙겨가자. www.nfl.com

█ 야구

미국 프로야구 MLB, Major League Baseball에는 현재 30개의 팀이 있으며, 각 팀은 매년 4월부터 이듬해 10월까지 약 162경기를 한다. 다른 프로 스포츠에 비해 가격이 저렴하고 경기가 많아 부담 없이 즐기기 좋다. 야구는 순위 결정전 playoff과 챔피언 결정전 World Series을 제외하고는 전체적으로 느긋하고 여유가 있으며, 다른 스포츠에 비해 가족적인 분위기다.

미국 야구에서는 seventh-inning stretch라 해서 7회와 8회 사이에 모든 관중이 일어나 몸을 풀며 「Take me out to the

ball game」이라는 노래를 부르며 쉬는 시간이 있다. 전광판에 나오는 가
사를 같이 흥얼거리며 피크닉 같은 야구장 분위기를 느낄 수 있다. 야구
장에서 많이 먹는 먹을거리로는 핫도그, 땅콩, 맥주가 대표적이다. 유명
한 야구장 핫도그로는 뉴욕 양키즈Yankees의 Nathan dog와 LA 다저스
Dodgers의 Dodgers dog로, 약 5달러 정도 한다. 특히 LA 다저스 홈구장
에서 파는 핫도그는 맛이 좋기로 유명하다.

순위 결정전과 챔피언 결정전은 10월부터 시작되는데, 이때는 표
를 구하기도 어렵고 구한다고 해도 엄청 비싸다. 뉴욕 양키즈, 보
스턴 레드 삭스Red Sox, 시카고 컵스Cubs, LA 다저스처럼 고정
팬이 많은 경기는 기회가 된다면 꼭 한번 보러 갈만하다. 홈팀을
응원하는 것이 아니라 원정팀을 응원하거나, 특히 원정팀의 로고
가 있는 옷이나 모자를 쓰고 있다면
어느 정도 홈팀 팬들의 장난스러운
텃세를 당할 수 있으나 대부분 가
벼운 수준이니 웃어넘기는 여유
를 갖자. www.mlb.com

농구

프로농구인 NBANational Basketball Association는 우리나라 농구보다 화려하고 창의적인 플레이로, 미국 경기에서만 볼 수 있는 재미가 있다. 11월부터 이듬해 4월까지가 한 시즌으로, 야구나 풋볼보다 경기장이 작기 때문에 티켓 가격이 많이 비싸다. 가격이 가장 싼 자리nosebleed seat도 기본 50달러는 하며, 순위 결정전이나 챔피언 결정전은 몇백 달러가 훌쩍 넘는다. 농구장에 갈 때는 뒷자리에 앉게 될 때를 대비해서 망원경binocular을 가져가는 것도 도움이 된다. www.nba.com

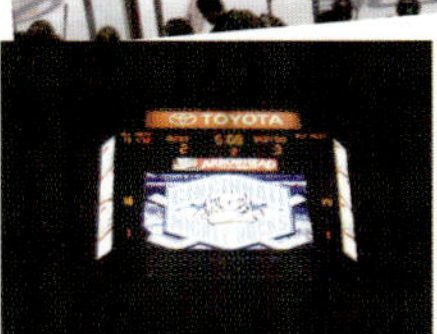

▌아이스하키

프로하키인 NHL_{National Hockey League}에서 가장 유명한 팀은 디트로이트의 레드 윙스_{Red Wings}다. 디트로이트는 하키의 고장_{hockey town}이라 불릴 만큼 하키가 인기 있는 곳이지만, 아쉽게도 미국 전역에서는 몇몇 큰 도시와 캐나다 도시 팀을 빼고는 하키의 인기가 떨어지고 있다. 하키는 직접 경기장을 찾아가서 봐야 재미가 있는 경기 중 하나다. 빠른 스피드의 경기 진행, 긴장감 그리고 다소 거친 플레이가 하키의 매력이다. 챔피언 결정전은 Stanley Cup Final이라고 한다. 하키에서 공과 같은 역할을 하는 납작한 고무를 퍽_{puck}이라 하고, 골문을 지키는 사람을 골리_{goalie}라고 한다. 하키 경기에서 선수들 사이에 벌어지는 싸움은 경기의 일부로 어느 정도 인정해주기 때문에 주먹이 오가는 모습과 앞니 없는 선수들의 모습을 흔히 볼 수 있다. www.nhl.com

스포츠와 관련된 표현/단어

· season ticket 한 시즌의 모든 홈경기를 관람할 수 있는 티켓으로, 경기별로 파는 표보다 더 좋은 자리를 확보할 수 있다.

· touch down (풋볼에서) 상대 진영의 끝인 엔드 존_{end zone}에 공을 가지고 들어가거나 패스를 받으면 터치다운이라 하고, 6점을 얻는다.

· quarterback (풋볼에서) 팀의 주장으로, 작전을 결정하고 공을 던지는 역할을 한다. 각 팀에서 가장 중요한 선수로 여긴다.

· underdog/upset 질 가능성이 높은 팀이나 선수를 underdog이라 하고, 예상외로 약팀이 강팀을 이겼을 때 upset이라 한다.

4. 박물관·놀이공원

워싱턴

● Smithsonian Institute(www.si.edu)

영국의 화학자인 스미스슨James Smithson의 유산을 기금으로 설립된 학술기관인 스미스소니언 협회는 미국 전역에 열다섯 개의 박물관, 미술관, 동물원을 보유하고 있다. 그중 아홉 개의 박물관은 워싱턴 D.C.의 중심부인 내셔널 몰National Mall에 백악관White House, 링컨 기념관 Lincoln Memorial, 워싱턴 기념탑 Washington Monument, 국회의사당Capitol Hill, 한국전쟁 기념관Korean War Veterans Memorial과 함께 위치하고 있다. 자연사, 미국 역사, 우주항공, 미술, 조각 등 여러 분야를 공부할 수 있는 곳으로, 하루 종일 보아도 시간이 부족할 정도의 방대한 자료를 소장하고 있다. 내셔널 몰에 있는 모든 스미스소니언 박물관은 무료이며, 10시부터 5시 30분까지 개장한다. 시간 여유가 있다면 박물관에서 하는 투어 tour를 이용하면 좀 더 자세한 설명을 들을 수 있다. 그중 대표적인 박물관을 소개한다.

National Air and Space Museum(www.nasm.si.edu)

항공우주 박물관으로, 인류가 지금까지 항공우주 분야에서 축적해 온 기술과 역사가 담겨 있다. 나사NASA에서 사용했던 항공기와 우주선, 천체망원경, 처음 하늘을 날았던 라이트 형제의 비행기를 볼 수 있다.

National Museum of American History(www.americanhistory.si.edu)

미국 역사 박물관으로 최초의 성조기, 남북전쟁 때 사용되었던 무기와 지도, 증기 기관차, 역대 대통령들의 유물과 편지들뿐 아니라 미국 대중

문화의 아이콘icon인 영화 「오즈의 마법사」에 나오는 도로시의 빨간 구
두나 디즈니랜드에 있던 덤보Dumbo 놀이기구 등이 전시되어 있다.

National Museum of Natural History(www.mnh.si.edu)
자연사 박물관으로 거대한 코끼리 박제, 공룡 화석, 세계 최대의 블루 다
이아몬드Hope Diamond 등이 인기 있는 전시물이다. 그 외에도 동식물
자료들과 보석, 광물이 전시되어 있다. 영화 「박물관이 살아 있다 2」의
촬영 장소이기도 하다.

뉴욕

● The Metropolitan Museum of Art(www.metmuseum.org)
The Met라고도 불리며, 센트럴파크 동쪽에 위치하고 있다. 200만 점이
넘는 방대한 소장품을 자랑하는 미술관으로, 하루에 다 보기 벅찰 정도
로 많은 전시물을 보유하고 있다. 관람할 시간이 하루밖에 없다면 안내
데스크Information desk에서 보고 싶은 전시물 위주로 동선을 짠 뒤에 관
람하는 것이 좋다. 수집품은 이집트, 그리스, 중세 미술, 유럽, 미국의
회화 외에도 조각, 공예, 판화, 무기류, 가구 등 다양한 장르의 미술
품과 공예품 등으로 미술 애호가들에게는 빼놓을 수 없는 뉴욕의 명

소다. 관람료는 성인은 20달러, 학생은 10달러이며 매주 월요일은 휴관한다.

● Solomon R. Guggenheim Museum(www.guggenheim.org)

구겐하임 미술관The Guggenheim이라고도 불리며, 세계적인 건축가 프랭크 로이드 라이트Frank Lloyd Wright가 설계한 빌딩으로 미술관 외관이 달팽이의 모습을 한 것으로 더 유명하다. 소장품은 피카소Picasso, 샤갈Chagall, 모딜리아니Modigliani, 칸딘스키Kandinsky의 작품이 유명하다. 관람료는 성인은 18달러, 학생은 15달러이며 매주 목요일은 휴관한다.

● Museum of Modern Art(www.moma.org)

줄여서 모마MoMA라고 하며, 15만 점이 넘는 작품을 소장하고 있어 미국 최고의 현대 미술관으로 일컬어진다. 유명한 작품으로는 고흐Gogh의 「별이 빛나는 밤The Starry Night」, 프랑스 화가 루소Rousseau의 「잠자는 집시 여인The Sleeping Gypsy」, 피카소Picasso의 「아비뇽의 아가씨들Les Demoiselles d'Avignon」 등의 회화 작품이 있고 그 외에도 달리Dali, 워홀Warhol, 고갱Gauguin, 마티스Matisse, 세잔Cezanne, 폴록Pollock 등의 걸작을 볼 수 있다. 야외 조각공원은 도시 한가운데에 있는 오아시스 같은 느낌을 주며, 여가를 즐기기 좋은 곳이기도 하다. 관람료는 성인은 20달러, 학생은 12달러이며 매주 화요일은 휴관한다.

● American Museum of Natural History(www.amnh.org)

세계적으로 손꼽히는 규모와 방대한 소장품을 자랑하는 미국 자연사 박물관으로, 자연 생태를 보여주는 박제와 모형 등이 전시되어 있으며 식물학, 지질학, 인류학, 천문학, 어류학, 조류학 등 분야가 광범위하다. 3,000만 점 이상의 소장품을 보유하고 있으며, 공룡관에 전시되어 있는 어마어마한 크기의 공룡 표본과 해양관ocean life hall에 걸려 있는 실물 크기의 흰긴수염고래blue whale 모델이 박물관의 규모를 여지없이 보여준다. 그 외에도 아프리카 동물 전시실에 있는 마치 살아 있는 듯한 동물 박제와 우주 극장space theater에서 하는 천체의 과거·현재·미래의 운행을 보여주는 planetarium show가 흥미로운 볼거리다. 관람료는 성인은 16달러, 학생은 12달러다.

▌보스턴

● **Museum of Fine Arts, Boston**(www.mfa.org)

뉴욕의 The Met에 버금가는 미술관으로 이집트 미술품, 유럽 회화, 동양 미술품, 중세기 미술품과 현대 미술품을 다량 소장하고 있다. 유명한 소장품으로는 이집트 석관, 조각품, 장신구 등이 있고 중국 미술과 서예 작품, 일본 미술품 등이 있다. 특히 일본 미술품은 일본을 제외하면 전 세계에서 가장 많이 소장하고 있다. 회화로는 고갱Gauguin의 「우리는 어디서 와서 어디로 가는가Where Do We Come From? What Are We? Where Are We Going?」, 르누아르Renoir의 「부지발의 무도회Dance at Bougival」 등이 있다. 관람료는 성인은 20달러, 학생은 18달러다.

▌시카고

● **The Field Museum of Natural History**(www.fieldmuseum.org)

미시간 호수에 위치한 자연사 박물관으로, 2,000만 점 이상의 동식물, 광물 등 생물학과 인류학 관련 소장품을 보유하고 있다. 대표적인 전시물로는 수Sue라는 이름을 가진 가장 완벽한 형태의 티라노사우루스Tyrannosaurus 화석, 이집트에서 티베트에 이르기까지 다양한 인류학 관련 유물들, 아프리카 코끼리 박제 등이 있다. 성인은 28달러, 학생은 23달러이며 시카고 시민은 4달러를 더 할인해준다.

▌샌프란시스코

● **California Academy of Sciences**(www.calacademy.org)

샌프란시스코 중심가인 골든게이트 공원Golden Gate Park 안에 있는 자연사 박물관으로 자연사관, 수족관, 천문관planetarium으로 구성되어 있다. 1989년에 일어난 지진으로 인해 건물의 대부분이 파괴된 것을 계기로 신축 공사에 들어가 2008년에 재개관하였다. 새로 개관한 건물의 친환경적인 디자인과 기술만으로도 많은 관심을 끌고 있다. 건물의 지붕은 living roof라 하여 태양열 같은 재생 에너지를 사용하며, 잔디 지붕이 빗물을 흡수하고 걸러낼 수 있는 유리 구조로 되어 있어 에너지를 효율적으로 사용할 수 있다. 새로 개관한 지 얼마 되지 않아 사람들이 많이 찾는 박물관이므로 관람하려면 미리 표를 구입할 것을 권한다. 관람료는 성인은 25달러, 학생은 20달러이며 매달 세 번째 수요일은 무료다.

● Monterey Bay Aquarium (www.montereybayaquarium.org)

샌프란시스코 남쪽 해변도시인 몬터레이 시에 있는 수족관으로, 바다를 보호하는 운동에 앞장서고 있어 단순히 전시하는 것 이상으로 많은 교육 프로그램을 운영하고 있다. 623종의 해양 동물을 사육하고 있으며, 매년 180만 명이 넘는 관광객이 다녀간다. 10미터가 넘는 높이의 해초 수족관과 100만 갤런이 들어가는 전면 유리 탱크가 마치 바다 속에 들어가 있는 듯한 장관을 보여준다. 해파리, 가오리, 수달, 50살이 넘은 바다가재 등이 큰 인기를 누리고 있다. 관람료는 성인은 30달러, 학생은 28달러다.

▌로스앤젤레스

● Getty Center (www.getty.edu)

게티 센터는 산타 모니카 해변이 내려다보이는 언덕에 있으며, 야외정원이 있고 건물이 하얀 대리석으로 지어져 있어 조경과 건축물 자체만으로도 많은 방문객이 찾는 곳이다. 중세부터 현재까지의 서양 미술품, 조각품, 공예품 등을 소장하고 있으며 유명한 작품으로는 고흐의 「아이리스 Irises」가 있다. 입장료는 무료이며 주차비는 15달러다. 주차를 하면 트램tram: 무인 모노레일을 타고 박물관이 있는 언덕을 올라가게 되어 있다. 5시 이후에는 주차도 무료이며 매주 월요일은 휴관한다.

● The Huntington Library(www.huntington.org)

헌팅턴 도서관은 철도 사업가였던 헨리 헌팅턴Henry Huntington의 사택
에 위치한 문화시설로 도서관, 미술관, 식물원으로 이루어진 종합 박물
관이다. LA 동북쪽에 있는 산마리노San Marino 시에 위치하고 있으며, 할
리우드 영화의 배경으로 자주 등장하기도 했다. 주요 소장품으로는 벤저
민 프랭클린Benjamin Franklin의 자서전 원고, 초서Chaucer의 『캔터베리
이야기Canterbury Tales』의 초기 원고와 셰익스피어Shakespeare의 원고
등이 보관되어 있다. 그 외에도 16~18세기에 걸친 유럽의 회화와 초상화
등이 전시되어 있다. 입장료는 성인은 15달러주중/20달러주말이며 학생
은 10달러다. 매주 화요일은 휴관하며 매달 첫 번째 목요일은 무료다.

● Universal Studio Hollywood(www.universalstudioshollywood.com)

실제로 영화와 텔레비전 프로그램을 촬영하는 스튜디오이자 테마공원
이다. 트램을 타고 스튜디오를 돌며 영화의 역사와 영화 촬영 효과 등을
구경할 수 있다. 영화를 주제로 한 스턴트 쇼, 서부영화 쇼, 동물 쇼 등을

볼 수 있고 놀이기구로는 시뮬레이션 라이더와 3D 극장 등이 있다. 관광객이 많이 몰리는 곳으로 주말은 피하는 게 좋으며, 입장료는 성인이 69달러다. 올랜도Orlando에 있는 유니버설과 비슷하며, 스튜디오 옆에 위치한 유니버설 시티 워크Universal City Walk에는 식당, 쇼핑가, 영화관 등이 입점해 있어 주말에는 가족이나 데이트를 나온 사람들로 붐빈다.

샌디에이고

● San Diego Zoo(www.sandiegozoo.org)

800종 이상의 4,000마리가 넘는 동물이 서식하고 있는 세계적으로 유명한 동물원으로, 트램을 타고 설명을 들으면서 동물에 관해 배울 수 있다. 아시아와 아프리카 원숭이, 북극곰, 아프리카 버펄로와 새로 선보인 코끼리가 인기를 끌고 있다. 하지만 최고의 관심을 끄는 것은 역시 판다panda다. 미국에서 태어나 자란 두 마리의 판다는 샌디에이고 동물원의 자랑이다.

● San Diego Wild Animal Park(www.sandiegozoo.org)

샌디에이고 동물원과는 다른 느낌이 드는 야생 동물원으로, 흔히 우리에 갇혀 있는 동물들과 달리 이곳에는 400여 종, 3,500마리의 동물들이 서식하고 있다. 마치 사파리에 있는 야생동물을 직접 보는 것과 같은 동물원으로, 멸종위기에 처한 동물들을 보호하고 번식시키는 일도 하고 있다. 면적이 1,800에이커에 이르는 방대한 공원으로 매년 200만 명 이상이 다녀간다.

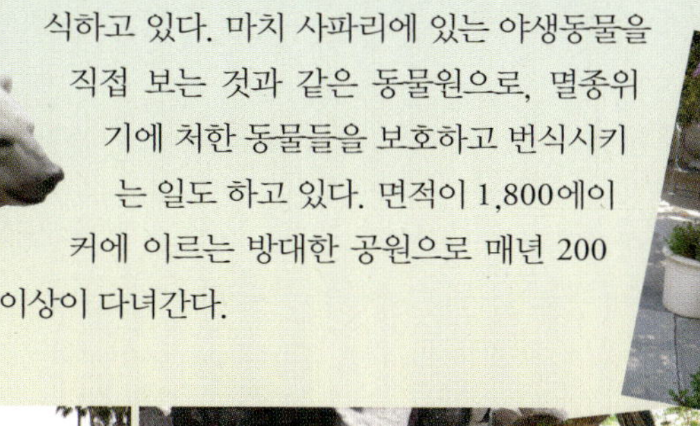

● Sea World(www.seaworld.com)

미국에 있는 세 개의 시 월드 중 1964년에 문을 연 첫 번째 해양공원으로, 다른 두 곳은 올랜도와 샌안토니오San Antonio에 있다. 가장 인기 있는 볼거리로는 샤무Shamu 쇼와 돌고래 쇼, 물개 쇼 등이 있고, 펭귄과 산호초 등 세계 각지의 해양 동식물을 볼 수 있다. 시간에 맞춰 가면 수달과 돌고래에게 직접 먹이를 줄 수도 있다. 대부분의 쇼가 물을 관중에게 뿌리는 등의 장난을 하기 때문에 갈아입을 상의 한 벌 정도는 챙겨 가는 것이 좋다. 여름에 가면 수영복만 입고 돌아다니는 아이들도 흔히 볼 수 있다. 입장료는 성인이 69달러다.

올랜도

● Walt Disney World(disneyworld.disney.go.com)

플로리다 주 올랜도에 있는 디즈니월드는 세계에서 가장 크고 가장 많은 방문객이 찾는 종합 놀이공원으로, 제대로 구경하려면 최소 4일이 필요하다고 한다.

● Magic Kingdom(disneyworld.disney.go.com/parks/magic-kingdom)

캘리포니아 주 애너하임Anaheim에 있는 디즈니랜드와 비슷한 놀이공원으로, 디즈니사의 아이콘인 신데렐라 성과 불꽃놀이를 볼 수 있다. 크게 메인 스트리트Main Street, Adventure Land모험의 나라, Frontier Land개척의 나라, Liberty Square자유의 광장, Fantasy Land환상의 나라, Tomorrow Land미래의 나라로 나누어져 있으며 각종 퍼레이드와 쇼를 볼 수 있다.

● Disney's Hollywood Studios(disneyworld.disney.go.com/parks/hollywood-studios)

디즈니와 MGM 영화사가 합작하여 설립한 곳으로 텔레비전과 영화, 애니메이션 제작 과정을 볼 수 있다. 할리우드와 뉴욕을 재현한 거리가 있고 3D 머핏Muppet 쇼와 레이저, 불꽃놀이, 분수 쇼가 어우러진 판타스믹fantasmic 쇼를 볼 수 있다. 최근 들어 놀이기구인 타워 오브 테러Tower of Terror가 인기를 끌고 있는데, 자이로드롭과 비슷하지만 높은 빌딩에서 떨어지는 엘리베이터라는 설정이 독특하다.

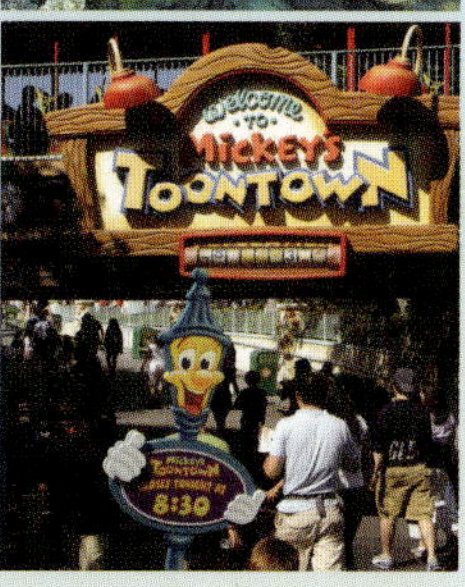

● **Disney's Animal Kingdom**(disneyworld.disney.go.com/parks/animal-kingdom)

1998년에 문을 연 테마공원으로, 자연과 동물을 주제로 한다. 아프리카, 아시아, 오아시스, 공룡의 나라 등 일곱 개의 주제로 나뉘어 있다. 가장 유명한 생명의 나무는 14층 건물 높이의 조형물로, 325종의 동물 모습이 새겨져 있다. 사파리 차를 타고 초원을 지나며 야생동물을 볼 수 있고 디노랜드Dinoland에 가면 실제 공룡의 뼈도 볼 수 있다.

관람 팁

대형 박물관과 미술관은 하루에 다 보기에 벅찰 정도로 방대한 양의 소장품을 보유하고 있다. 만약 하루밖에 시간이 없다면 안내 데스크 information desk에서 미리 알아보고 반드시 보고 싶은 전시물 위주로 계획을 세워 관람하는 것이 좋다. 물론 시간적 여유가 있다면 며칠에 걸쳐 자세히 보는 것이 기억에도 오래 남는다. 박물관에서 주관하는 투어를 따라다니면 자세한 설명을 들을 수 있고 질문을 할 수 있어 더 효과적이다. 투어가 여의치 않으면 오디오 투어audio tour를 이용하는 것도 자신이 원하는 속도에 맞춰 관람을 여유 있게 즐기는 방법이다. 대형 박물관이나 미술관은 한국어 팸플릿과 오디오 투어를 제공하고 있으니 안내 데스크에서 확인하자. 오랫동안 머무는 도시에 있는 문화시설이라면 그곳의 회원이 되는 것도 고려해보자. 일 년 내내 무료로 이용할 수 있으며 자신이 즐기는 문화를 후원하는 방법이기도 하다. 미국의 문화시설은 무료인 곳이 많다. 기부donation를 하지 않는다고 눈치를 주는 사람은 없지만 유익하고 즐거운 관람이었다면 조금이라도 기부하자.

5. 축제 (Festival/Parade)

1월

● Tournament of Roses Parade - Pasadena (California)

http://www.tournamentofroses.com

로즈 퍼레이드Rose Parade라고도 불리며, LA 동북쪽에 있는 패서디나Pasadena 시에서 매년 1월 1일 오전에 하는 퍼레이드로 전날 밤부터 길에서 자리를 잡고 기다리는 사람들을 볼 수 있다. 40여 개의 꽃차float와 학교 밴드band, 기마단 equestrian이 벌이는 퍼레이드가 장관이다. 집채만 한 꽃차는 모든 장식이 꽃과 식물로 이루어져 있는데, 40여 대의 꽃차를 장식하는 데 무려 1,800만 송이의 꽃이 사용된다. 퍼레이드를 관람하기 좋은 장소의 표는 따로 판매하며 퍼레이드 이후에는 로즈 볼Rose Bowl에 진열되어 있는 꽃차를 구경할 수도 있다.

3월

● Mardi Gras - New Orleans (Louisiana)

www.mardigrasneworleans.com

프랑스어로 '기름진 화요일Fat Tuesday'이라는 의미를 가진 날로, 1월 6일부터 시작하는 카니발 행사다. 부활절 46일 전인 마디그라스 날, 축제의 절정을 이룬다

2011년 마디그라스는 3월 8일. 도시 곳곳에서 파티가 열리고 퍼레이드가 펼쳐지며, 화려한 옷을 입고 한껏 치장한 사람들이 축제에 참가한다. 재즈와 케이준Cajun 음식으로 유명한 뉴올리언스를 방문하기에 가장 좋은 기회이기도 하다. 적어도 일년 전에는 예약을 해야 할 만큼 인기 있는 큰 축제로, 2005년에 허리케인 카트리나가 남부 지역을 휩쓸고 지나갔을 때에도 2006년 마디그라스는 취소되지 않아 뉴올리언스 주민의 자부심을 보여주기도 했다.

● St. Patrick's Day Parade - Boston

http://www.boston.com/thingstodo/special/stpatricksday

아일랜드인 최대의 축제로, 성 패트릭이 사망한 3월 17일을 St. Patrick's Day라 한다. 클로버shamrock와 초록색이 이날의 상징으로, 꼭 아일랜드인Irish이 아니더라도 온 미국인들이 같이 즐기는 날이다. 아일랜드 이민자가 많은 보스턴에서 1737년에 시작된 퍼레이드로, 이날 미국 곳곳에서 퍼레이드가 열리고 시카고에서는 강에 염료를 풀어 초록색 강을 만들기도 한다. 이날 사람들은 초록색 옷을 입고 아일랜드 맥주집Irish pub에서 초록색 맥주를 즐기며, 퍼레이드에서는 아일랜드식 킬트 kilt: 남자용 치마를 입고 백파이프bag pipe를 부는 밴드를 볼 수 있다.

● National Cherry Blossom Festival - Washington D.C.

http://www.nationalcherryblossomfestival.org

1912년에 맺어진 도쿄와 워싱턴의 우정을 상징하기 위해 일본이 미국에 벚나무 3,000그루를 보낸 것을 시작으로 일본과의 우정을 다지며 봄을 즐기는 축제로, 매년 3~4월 봄에 2주에 걸쳐 열리는 페스티벌이다. 미국의 수도 워싱턴에서 퍼레이드와 함께 공연이 열리며 일본 문화를 알리는 스시 만들기, 기모노 진열, 등

불을 켜는 행사도 함께 벌어진다. 또 불꽃놀이와 연 날리기 페스티벌도 열린다. 만개하는 벚꽃을 감상하면서 제퍼슨 기념관Jefferson Memorial과 워싱턴 기념비 Washington Monument 같은 기념 건축물을 둘러볼 수 있는 기회다.

6월

● San Francisco Pride - San Francisco(California)

http://www.sfpride.org

레즈비언, 게이, 바이섹슈얼, 트랜스젠더가 벌이는 퍼레이드다. 1972년부터 이어져 온 축제로, 동성애자들뿐 아니라 그들의 친구와 가족, 동성연애자들의 권리를 옹호하는 시민과 종교단체 정치인들이 참가한다. 최근 미국에서 동성애자들의 결혼을 인정하는 도시가 늘어나면서 논란이 되고 있는데, 웨딩드레스를 입고 참가하는 커플들의 모습을 흔히 볼 수 있다. 화려하고 다소 노골적이며 과감한 복장을 쉽게 볼 수 있으며, 매년 레즈비언 오토바이족과 아이들을 입양한 동성애자 가족들이 참가한다.

6~7월

● Taste of Chicago - Chicago(Illinois)

http://www.explorechicago.org/city/en/things_see_do/event_landing/special_ events/ mose/taste_of_chicago.html

독립기념일7월 4일에 열흘 동안 열리며, 미국에서 가장 큰 음식 축제다. 미시간 강가에 있는 그랜트Grant 공원에서 열리는 축제로, 매년 300만 명이 넘는 인파가 모이는 행사다. 70개가 넘는 부스에서 다양한 음식을 맛볼 수 있으며, 특히 유명한 시카고 식당의 음식들이 큰 인기를 누린다. 독립기념일 전날7월 3일은 미시간 강위에서 불꽃놀이를 하는데 강 위에 비치는 모습이 장관을 연출한다.

10월

● New York's Village Halloween Parade - New York(New York)

http://www.halloween-nyc.com

10월 30일에 죽은 자의 영혼과 마녀가 집을 방문한다고 믿었던 고대 켈트인Celts의 전통에서 유래된 할로윈이다. 미국에서는 주로 아이들이 변장을 하고 이웃을 돌며 "Trick or Treat" 하고 외치면서 사탕을 받아내는 날로 자리 잡았다. 각 도시마다 할로윈에 열리는 크고 작은 행사가 있지만, 가장 큰 규모는 뉴욕의 그리니치 빌리지Greenwich Village에서 열리는 퍼레이드다. 어른들을 위한 이 행사에는 창의적인 변장을 한 시민과 연주자, 서커스, 여러 사람이 지고 가는 커다란 puppet

꼭두각시 조형물 등 흥미로운 볼거리가 많다. 저녁 6시부터 시작하며, 분장을 한 사
람이라면 누구나 참가할 수 있다.

● Macy's Thanksgiving Day Parade - New York (New York)

http://social.macys.com/parade2009

메이시백화점Macy's에서 주최하는 추수감사절Thanksgiving 퍼레이드로, 뉴욕의
맨해튼에서 벌어지는 전통적인 행사다. 아침 9시부터 시작하는 퍼레이드를 보기
위해 추운 새벽부터 나와 자리를 잡는 가족들을 볼 수 있다. 퍼레이드
에는 친숙한 캐릭터스누피, 피카추, 슈렉 등들을 형상
화한 대형 풍선과 여러 대학의 밴드부가 참
여하며 미국 전역에 실황 중계된다.

미국에서 홀로서기
SURVIVAL ENGLISH

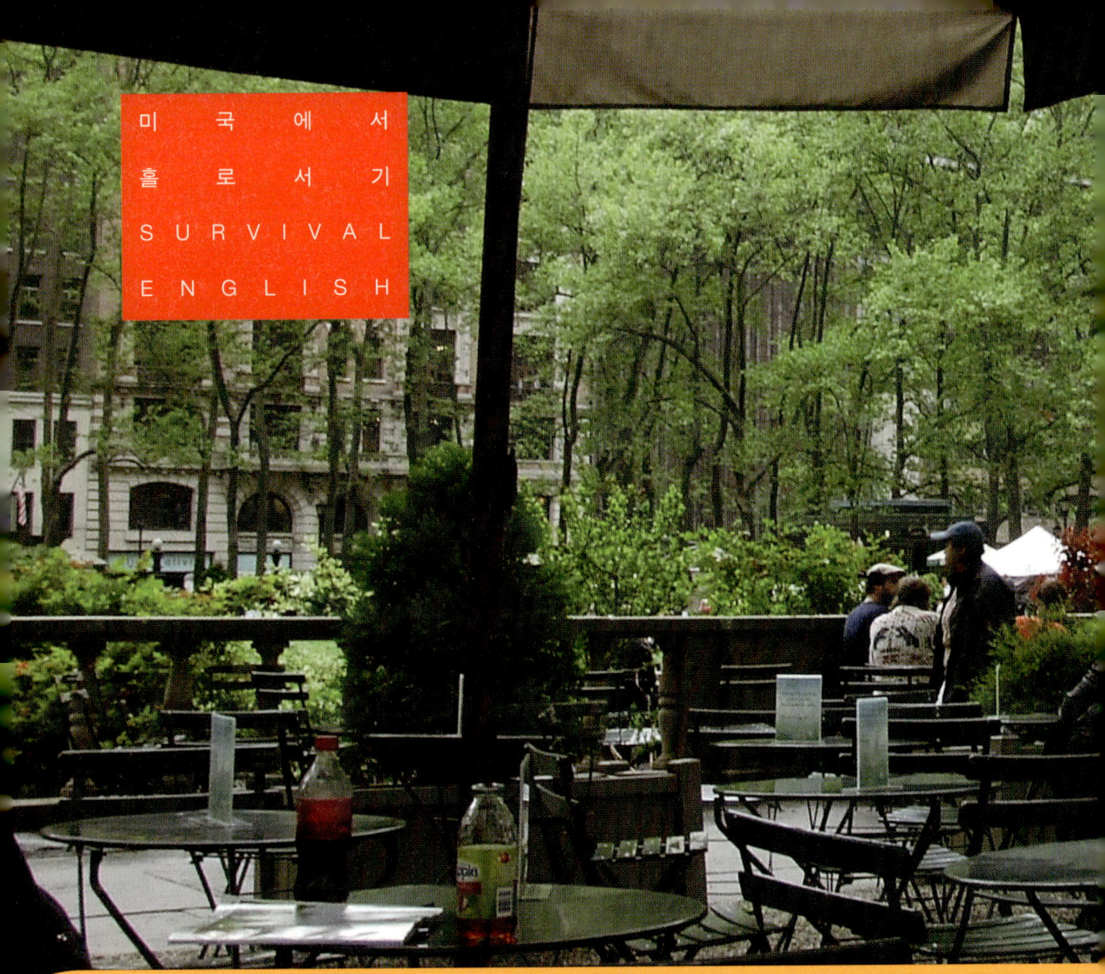

Part VI

미국 생활 성공비법

1. 친구 사귀기

미국에서는 나이와 상관없이 친구가 될 수 있기 때문에 친구의 범위가 한국보다 넓다고 할 수 있다. 나이가 많다고 해서 특별히 대접해줘야 한다고 생각하지 않으며, 나이가 적다고 해서 무시하지도 않는다. 미국에 와서 다양한 문화권과 다양한 연령대의 친구들을 사귀다 보면 인간관계가 넓어질 뿐만 아니라 생활 자체가 즐거워진다.

미국에서는 처음 만났을 때 나이나 가족관계를 묻지 않는 것이 예의다. 친한 사이가 되었거나 상대방이 먼저 말해주는 경우가 아니라면 개인적인 질문은 삼가자. 또 상대방의 말을 경청하지 않고 혼자서만 말하거나 너무 자주 연락을 해서 상대방이 부담을 느낀다면 친구 사이로 발전하기 어렵다. 이런 몇 가지 에티켓을 지킨다면 영어가 부족하더라도 미국에서 친구를 사귀는 것이 어렵지 않을 것이다.

적극적으로 모임에 참석하기

어학연수생이나 학생이라면 과외활동을 통해 친구를 사귈 수 있다. 학교나 지역에 있는 여러 과외활동 모임에서 공통의 관심사를 가진 사람들을 만날 수 있다. 스포츠를 좋아한다면 같이 스포츠를 즐기면서, 영화를 좋

아한다면 같이 영화를 보면서 친해질 수 있다.

학교의 행사를 통해서도 친구를 만들 수 있다. 학교에서는 보통 문화의 날culture day 행사가 있는데, 이날은 각 나라별로 공연을 하거나 음식을 준비해서 같이 나눈다. 행사 준비를 돕거나 행사에 참여하면서 서로의 문화에 대해 이야기하다 보면 더 깊이 이해하면서 가까워질 수 있다. 예전에 내가 다니던 학교의 문화의 날 행사에서 여러 나라의 음식을 만들어 팔았는데, 한국 음식이 너무 맛있다는 한 친구에게 요리 방법을 알려주며 친구가 된 적이 있다. 그 이후에도 그 친구와 함께 한국 식당에 가서 같이 한국 음식을 먹으면서 친분을 나누었다. 그뿐만 아니라 맛있는 식당을 발견할 때마다 그 친구에게 연락해서 함께 음식을 먹으러 다녔다. 음식은 분위기를 부드럽게 해주는 효과가 있고 식사를 하는 자리에서는 유창한 영어가 필요 없기 때문에 친해지고 싶은 사람이 있다면 기회를 놓치지 말고 이렇게 한마디 해보자. "We're going to a Korean restaurant. Do you want to join us?한국 식당에 가려고 하는데 같이 갈래?"

주말 저녁 혹은 시험이 끝나서 해방감이 들 때 바bar나 클럽club에 가는 친구들이 많다. 나는 친구들과 더 친해지기 위해 주말이면 함께 바에도 가고 클럽에도 가서 종종 함께 어울렸다.

미국인 친구들은 평상시 학교에서는 청바지에 티셔츠를 즐겨 입다가도 주말 저녁에 외출할 때는 몰라보게 단장을 하고 나오는 경우가 많은데, 이때 멋있다고 칭찬도 해주고 함께 즐거운 시간을 보내고 나면 한층 더 친해진다.

친구를 만드는 또 다른 좋은 방법은 힘든 일을 함께하는 것이다. 영어가 잘 통하지 않아 평상시에 깊은 대화를 나눌 상대가 없어 친한 친구를 사귀지 못했더라도 함께 고생을 하면서 뜻 깊은 일을 하다 보면 저절로 친해지는 경우가 많다. 개인적으로는 학교 동아리에서 편집부 일을 할 때 여러 학생들의 글이 들어간 문집을 완성하기 위해 밤을 새는 일이 많았는데, 그때마다 함께 일하던 친구들을 더 잘 알게 되었고 동료의식도 갖

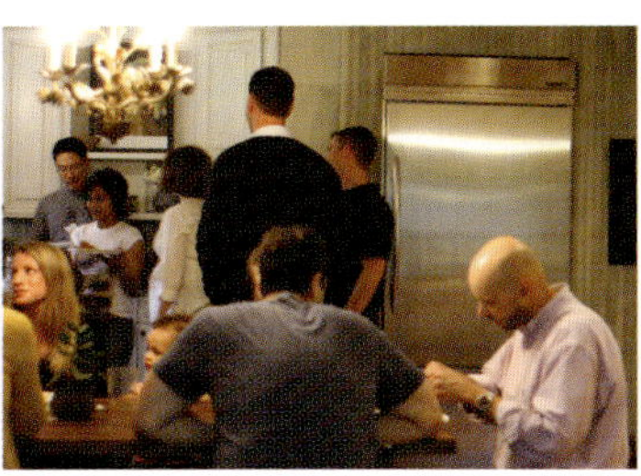

게 되었다. 같이 문집을 만들면서 틈틈이 자신의 이야기와 고민을 나누면서 더 친해지게 되었고, 학교를 졸업한 지금도 종종 그 친구들과 그때 이야기를 하곤 한다.

소수의 친한 친구부터 시작하기

처음부터 많은 친구를 사귀지 못했다고 조급해할 필요는 없다. 한두 명이라도 마음이 통하는 친구들이 있다면 오래도록 지속되는 평생의 친구가 될 수 있다. 친구를 통해 다른 친구들을 만나는 일도 많다. 미국에서는 자신의 친구들을 소개시켜주면서 같이 어울리는 일이 많기 때문에 좋은 친구 하나를 만나면 그의 친구들도 소개받아 친구가 될 수 있다. 이때, 소개받은 친구들의 이름을 다 기억하려고 노력하는 것이 중요하다. 이름을 기억하는 것이 새로운 사람을 만났을 때의 예의이며, 이름을 잘 듣지 못했을 때는 그냥 지나치지 말고 다시 물어보는 것이 좋다. 나중에 때를 놓쳐 직접 물어보지 못해서 말을 걸기도 애매한 경우가 종종 있기 때문이다. 호스트 패밀리와 함께 산다면 호스트 패밀리 집에 방문하는 친구들을 소개시켜줄 것이다. 이때 그들과 대화를 이어가며 좋은 관계를 유지할 수 있다.

What do you do for a living?

직업이 무엇입니까?

Nice to meet you.

만나서 반갑습니다.

Good to see you again.

다시 만나서 반갑습니다.

How are you?/How are you doing?/How is it going?

잘 지내요?

How have you been?

그동안 어떻게 지냈나요?

Long time no see.

오랜만입니다.

만난 지 얼마 되지 않은 친구들과 좀 더 친해지고 싶다면 집으로 초대하거나 같이 할 수 있는 활동을 제안하는 것도 좋은 방법이다. 이를테면 영화를 같이 보거나 운동을 같이 하거나 식당에 함께 가자고 해보자. 집으로 초대를 하고 싶다면 한국 음식을 준비하는 것이 좋고, 한국 영화나 스포츠를 보자고 하거나 각자가 음식을 조금씩 가져와서 같이 먹는 포틀럭 potluck 파티를 제안해보는 것도 좋다.

의외로 한국 음식이나 한국 영화에 관심을 가진 친구들이 많다. 같은 동양계 친구들은 한류의 영향으로 한국 영화나 드라마를 우리보다 더 잘 알고 있는 경우가 많고, 그 외의 친구들도 좋은 한국 영화를 한 번 같이 보고 나서 한국 영화 마니아가 되는 경우도 있다. 한국 음식도 불고기, 갈비, 잡채, 만두 등은 싫어하는 사람이 거의 없을 만큼 인기가 높다. 초대받기만을 기다리는 것보다는 자신이 먼저 초대해서 친구들과 좋은 시간을 가져보도록 하자.

미국에서는 대개 이웃들과도 좋은 관계를 유지한다. 옆집에 가서 새로이사 온 사람이라고 인사하고, 나중에 좀 더 친해지면 초대를 하거나 한국 음식을 만들어서 가져가면 다들 좋아한다.

I'm going to the gym. Do you want to come with me?

헬스장에 가는데 같이 갈래?

I plan to have a potluck in my place this weekend.

이번 주말에 우리 집에서 포틀럭 파티를 하려고 해.

I'll prepare Korean barbecue.

난 갈비를 준비할게.

Please RSVP.

참석 여부를 알려주세요.

Can you make it to my party?

내 파티에 올 수 있겠니?

Let's watch a Korean movie in my place tonight.

우리 집에서 오늘 저녁에 한국 영화 보자.

It would be wonderful if you come.

네가 오면 좋겠어.

I'd like you to come.

네가 와주면 좋겠어.

2. 영어 공부하기

미국에 머문다고 해서 누구나 영어를 잘하게 되는 것은 아니다. 물론 한국에서 영어를 공부하는 것과 미국에서 공부하는 것은 분명히 차이는 있지만, 막연히 미국에서 생활하기만 하면 영어 실력이 늘 것이라고 생각하는 것은 오산이다. 외국어를 습득하는 데 있어 가장 중요한 부분은 그 언어 환경에 자신을 얼마나 드러내느냐는 것이다.

한국에서 학생들을 가르칠 때 외국에 한 번도 나가 본 적이 없다는 학생들 중에도 영어 실력이 수준급인 친구들을 만난 경우가 종종 있었다. 이들은 한국에서도 미국 드라마나 영화, 책, 외국인 친구들을 만나면서 영어를 사용하는 환경에 노출시킨 것이다. 자신의 영어 실력을 향상시키겠다는 목적을 가지고 실천한다면 굳이 유학이나 어학연수를 가지 않더라도 영어 실력을 향상시킬 수 있다. 다만 좀 더 자기 자신을 영어 환경에 쉽게 노출하는 것이 목적이라면, 미국 유학이나 어학연수를 통해 도움을 받을 수 있다. 공부가 목적이 아니더라도 미국행이 결정된 이상, 영어 실력을 향상시키는 것이 체류 기간 동안의 시간을 좀 더 생산적으로 사용하는 것이고 미국 생활의 보람을 찾는 일일 것이다.

학교나 어학연수 프로그램을 통한 공부뿐만 아니라 일상생활의 모든 면에서 영어를 사용하는 것에 초점을 맞춰야 한다. 어학연수 가서 학원 수

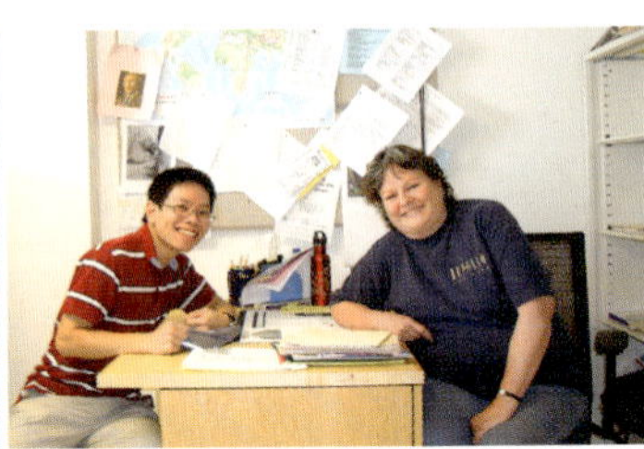

업에만 의존해서는 안 된다. 학원 수업이라면 한국에도 훌륭한 프로그램이 많고, 미국의 어학연수 프로그램 또한 기초적인 실력을 다지는 것 이상을 기대하기는 어렵기 때문이다. 학원은 다양한 외국인 친구들을 사귀는 공간으로 활용하고 따로 공부하는 시간을 가져야 한다. 또 학원 강사들에게 적극적인 도움을 요청하는 것이 좋다. 강사들은 대부분 학생들의 도움 요청에 친절하게 답해주고 기꺼이 도움을 주고 싶어 한다. 평소에 공부하다 모르는 것이 있으면 주저하지 말고 도움을 구하자.

영어 공부를 위한 학습 태도

영어 실력을 향상시키기 위해서는 무엇보다 자신감을 갖는 것이 중요하다. 자신의 성격이 내성적이고 사람들과 친해지는 시간이 오래 걸리는 타입이라면 더더욱 틀리는 것에 대해 부끄러워하지 말고 당당해지는 연습을 해야 한다. 사람들에게 먼저 다가가고 상대방이 자신의 말을 알아듣지 못하더라도 적극적으로 의사를 전달하려고 하다 보면 어느새 자유롭게 의사소통을 하고 있는 자신을 발견하게 될 것이다. 언어의 궁극적인 목적 역시 자신의 의사를 상대방에게 전달하는 것이므로 발음이 정확하지 않고 문법이 좀 틀린다 하더라도 당당하게 의사를 전달하려는 태도가 중요하다.

미국에 간 이상 영어를 마스터하겠다고 독한 각오로 시작했다 하더라도, 어느 정도 기간이 지나면 처음의 각오는 조금 느슨해질 수 있다. 영어 공부에서 가장 중요한 것은 자신과의 싸움이다.

하루 중 대부분의 시간을 영어 공부에 할애하더라도 영어에 능통해지기까지는 오랜 시간이 걸린다. 또, 상대방의 말을 알아듣지 못해 꿀먹은 벙어리처럼 있어야 하거나 다시 말해달라고 부탁해야 할 때, 어렵게 말을 했는데 상대방이 알아듣지 못하고 다시 물어올 때 좌절감이 밀려온다. 자존심이 상하는 일도 부지기수다. 하지만 이런 좌절감과 실망감은 영어를 공부하는 사람이라면 누구나 겪는 것이므로 그럴수록 더 열심히 의지를 다지도록 하자.

미국 교육은 자신의 의사를 자유롭게 표현하고, 자신 있게 말하는 것에 큰 점수를 주고 그런 사람을 좀 더 인정해주는 경향이 있다.

●튜터(tutor) 활용하기

학교나 학원에서 공부하는 것 외에 1 : 1 학습이 필요한 경우나 회화 연습이 필요하다고 생각되는 경우, 또는 배운 것을 활용해보고 싶은 경우에는 1 : 1 개인교사인 튜터와 공부할 수 있다. 튜터는 학원이나 학교의 알림 게시판이나 도서관 게시판을 통해 알아볼 수 있으며, 주위의 친구들을 통해 소개받을 수도 있다. 가능하면 주변의 평판이 좋은 튜터를 소개받아 공부할 것을 권한다. 아무런 체계도 없이 대충 대화하면서 시간만 때우려는 사람도 제법 있기 때문에 신중하게 선택하라는 뜻이다. 비용은 튜터가 학생인 경우 보통 시간당 20달러 이상이고 경험이 많은 튜터일수록 수업료가 비싸진다. 회화를 하기 위해서 튜터와 공부를 한다면 다양한 주제를 가지고 얘기를 나누도록 하고, 미리 주제에 대해 준비하도록 하자. 어색한 표현과 단어, 발음에 대해 적극적으로 고쳐달라고 부탁하고 메모를 해서 나중에 복습하는 것이 좋다. 작문에 대한 지도를 받아야 하는 경우라면 미리 쓴 작문에 대해 꼼꼼한 지도를 부탁하자. 단지 문법적인 지도뿐만 아니라 단어 선택과 구성, 전체적인 흐름까지 지도받는 것이 영어 작문에 접근하는 유익한 방법이다.

튜터 비용이 부담이 된다면 언어 교환language exchange을 시도해보는 것도 좋다. 간혹 학교의 알림 게시판에 언어 교환을 원하는 사람의 광고가 올라오기도 하는데, 만약 광고를 찾을 수 없다면 자신이 직접 광고를 내볼 수도 있다. '나에게 영어를 가르쳐준다면 내가 한국어를 가르쳐주겠다'고 광고를 내고 친구를 사귄다는 마음으로 언어 교환을 시도해보자. 요즘에는 검색엔진에 language exchange만 입력해도 많은 종류의 온라인 언어 교환 커뮤니티를 찾을 수 있다.

Emmy	Hello. I am calling about the advertisement on the school board about English tutoring.
에미	안녕하세요? 학교 게시판에서 본 영어 개인교사 광고를 보고 전화 드립니다.
tutor	Oh good. Is there anything particular you want to learn?
튜터	네, 좋습니다. 특별히 공부하기를 원하는 것이 있으신가요?
Emmy	I mainly want to improve my speaking skills.
에미	저는 주로 말하기 능력을 향상시키고 싶습니다.
tutor	Okay. I can help you with that. I charge $25 an hour. How often would you like to study?

튜터	알겠습니다. 도와드릴 수 있습니다. 한 시간에 25달러입니다. 얼마나 자주 공부하기 원하십니까?
Emmy	I'd like to study twice a week for one hour each session. Is that okay with you?
에미	일주일에 두 번, 한 번에 한 시간씩 공부하고 싶습니다. 괜찮으신지요?
tutor	It's okay with me. What about Monday and Wednesday evenings?
튜터	좋습니다. 월요일과 수요일 저녁 어떠신가요?
Emmy	Sounds good.
에미	좋습니다.

> **How much do you charge an hour?**
>
> 시간당 얼마인가요?
>
> **I want to study once/twice/three times a week.**
>
> 일주일에 한 번/두 번/세 번 공부하고 싶습니다.
>
> **I'm calling about/regarding the advertisement.**
>
> 그 광고에 관해서 전화 드립니다.

●도서관 이용하기

도서관에서는 각종 DVD나 책을 빌릴 수 있으므로 다양한 방법으로 영어 공부를 할 수 있다. 도서관에 마련되어 있는 스터디 룸은 누구나 예약만 하면 무료로 사용할 수 있으므로 함께 공부하고 토론하는 스터디 그룹이나 혼자 조용히 공부하는 장소로 활용하면 좋다.

●학교에서

학교나 학원에서 외국인 친구들과 이야기할 기회를 많이 만드는 것도 중요하다. 학교나 학원에서 공부하다 보면 친구들이 관심을 가지고 있는 주제를 알 수 있기 때문이다. 우리가 미처 알지 못했던 각 나라 고유의 문화나 사회 문제들이 수업시간에 화두가 되게 마련이다. 이런 주제들에 대해 관심을 가지고 대화하다 보면 그들과 더 깊은 대화를 나눌 수 있다. 그들의 나라에 대해 궁금했던 점을 질문한다면 그들도 반가워하며 대화를 나누고 싶어 할 것이다. 유럽이나 남미에서 온 학생들의 경우, 그들에게도 영어가 외국어이기는 하지만 회화에는 능통한 경우가 많다. 미국 학생들에 비해 발음도 좀 더 알아듣기 쉽고 같이 영어를 배우는 입장이

●발음

개인적으로 영어를 배우는 데 있어서 원어민 같은 유창한 발음이 필요하다고 생각하지 않는다. 영어가 세계 공용어로 자리 잡으면서 여러 나라 사람들이 영어를 구사하다 보니 딱히 어디 발음이 표준이라는 개념도 점점 사라져 가고 있다. 더군다나 성인이 된 후 영어를 접하면서 원어민 같은 발음을 구사하는 것은 쉬운 일이 아니다. 의사를 올바르게 전달하는 것이 언어의 궁극적인 목적이니만큼 네이티브 발음에 대한 욕심은 일단 접어두자.

발음보다 더 중요한 것은 각 단어의 악센트accent 위치를 아는 것이다. 발음이 조금 달라도 영어를 이해하는 데는 별다른 문제가 없지만, 악센트가 틀리면 상대방이 자신의 말을 쉽게 알아듣지 못한다. 단어를 공부할 때는 첫 번째 음절에 악센트가 있는지, 두 번째 혹은 세 번째 음절에 있는지 악센트의 위치까지 숙지해야 한다.

●듣기와 말하기

말하기를 잘하기 위해서는 반드시 듣기와 말하기를 같이 학습해야 한다. 보통 자신이 알아듣는 어휘보다 말할 수 있는 어휘가 더 적기 때문이다. 수업시간에 듣는 것뿐만 아니라 따로 미국 드라마나 영화, 뉴스, 라디오 등 여러 매체를 활용해서 듣기 연습을 하도록 하자. 그냥 막연히 듣고 보는 것보다 일단 영상을 먼저 본 후 자막이나 대본 등을 이용해 공부를 하고 난 후 다시 보면 처음 봤을 때 들리지 않았던 표현들이 귀에 들어올 것이다. 미디어를 통해 공부를 하면 자연스럽게 억양이나 발음을 같이 공부할 수 있다.

말하기 공부를 위해서는 말을 할 수 있는 상황을 많이 만들어야 한다. 학교나 강의실에서 선생님이 질문을 던졌을 때 머릿속에서 미리 문장을 만들다 보면 어느새 답변할 기회가 사라진다. 문장이 머릿속에서 다 만들어질 때까지 기다리지 말고 일단 떠오르는 대로 손을 들어서 말을 해보도록 하자. 어차피 영어는 자신에게 외국어인 만큼 부끄러워하거나 주저할 필요가 없다.

미국에서 영어를 배울 때의 장점은 학교 말고도 영어를 듣고 말할 수 있는 기회가 많다는 것이다. 쇼핑을 하거나 식당에 갈 때와 같이 일상생활을 통해 영어를 할 기회가 있을 때 기본적인 대화 이외에 더 많은 질문을 해서 대화를 좀 더 지속해보자. 예를 들어 상점의 직원들은 영업이 목적이기 때문에 질문에 친절히 답해주고 참을성 있게 들어준다.

제품에 대해서 이것저것 물어보다가 세일이나 기타 여러 정보에 대해서 추가로 물어가며 대화를 이어가보자. 식당에 가서는 주문하기 전에 재료에 대해서 물어보거나 음식 맛에 대해 얘기를 나눌 수도 있다. 동네 사람들이나 커피숍 종업원과도 날씨에 대한 얘기로 시작해 상대방의 옷이나 장신구에 대해 칭찬도 하면서 대화를 자연스럽게 이끌어나가자. 또, 어떤 장소를 방문하기 전에 그 상황에 맞는 예문을 미리 숙지하면 대화를 이끌어가는 데 도움이 된다.

가끔은 박물관이나 미술관 또는 역사나 철학을 배울 수 있는 가까운 여행지를 방문하면 이야깃거리가 생기고 다른 각도에서 영어를 접할 수 있어서 좋다. 박물관에서 투어를 신청해서 영어로 설명을 들을 수도 있다. 나아가 여행을 통해 새로운 문화를 접하다 보면 학습 성취도도 높아진다.

●읽기와 쓰기

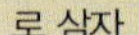

읽기를 위해서도 어휘를 공부하는 것이 중요하다. 어휘를 공부할 때는 책이나 기사를 읽으면서 모르는 단어를 적어 공부하되, 그 단어가 포함되어 있는 문장을 같이 적으면 더 오래 기억하는 데 도움이 된다. 책을 고를 때는 처음에는 쉬운 책으로 시작해서 난이도를 조금씩 높이는 것이 좋다. 신문이나 잡지도 본인이 관심 있는 분야부터 시작해보도록 하자. 자신이 좋아하는 내용부터 읽어 나가되, 일주일에 한두 권 이상의 책을 읽도록 하자. 가끔은 큰 소리로 책을 읽는 것도 유익하다. 눈으로만 읽는 것보다 집중이 잘되고 자신의 발음을 듣고 교정할 수도 있다.

쓰기 또한 읽기를 병행하지 않고서는 향상될 수 없다. 영어 일기를 꾸준히 쓰는 것을 습관화하고, 영어로 이메일을 보내는 것을 영어 쓰기 학습 방법으로 활용한다. 학교나 학원에서 리포트나 에세이를 쓸 때도 선생님이 고쳐주는 부분들을 그냥 넘어가지 말고 무엇이 잘못되었는지 꼼꼼히 확인하고 이해함으로써 또 다른 학습의 기회로 삼자.

라는 공통점 때문에 한결 마음 편히 그들과 대화할 수 있을 것이다. 학교에서 어떤 주제를 놓고 토론하는 것뿐만 아니라 실생활 영어를 익히기 위해서는 학교나 학원 친구들이 여는 파티에 참석하고 학교 밖에서도 같이 어울리면서 대화를 나눌 기회를 많이 만들도록 하자. 집에 초대도 하고 한국 음식을 만들어주면서 대화를 나눌 수도 있다.

● **학교의 라이팅 센터(writing center) 활용하기**
비교적 규모가 큰 학교라면 학교 안에 라이팅 센터나 비슷한 이름의 작문 교정 센터가 있다. 그 학교 학생이라면 누구나 무료로 예약을 하고 작문을 교정 받을 수 있다. 작문 교정은 전문가들이 담당하며 보통 그 자리에서 미흡한 점을 알려주고 직접 교정을 해준다. 어떤 종류의 작문이라도 상관없이 도움을 준다.

문화와 영어

언어를 배울 때는 그 나라의 문화를 함께 습득해야 한다. 언어는 그 나라의 문화와 철학, 역사와 관습을 반영하기 때문에 이것들을 함께 배우지 않는다면 깊이 있는 언어를 구사할 수 없다. 같은 영어라도 미국에서의 표현과 영국에서의 표현이 다를 수 있듯이 상황에 맞는 언어를 구사하기 위해서라도 그 지역의 문화를 함께 배우는 노력을 해야 한다. 일례로 한 학생이 미국인 선생님에게 김치를 담가서 선물했다고 한다. 선물하면서 "제가 담갔는데 별로 맛은 없지만 많이 드세요."라고 겸손하게 말하면서 김치를 전달했다. 선생님은 선물을 받긴 했지만 나중에 그 김치를 맛도 보지 않고 버렸다고 한다. 맛이 없다고 하면서 왜 자신한테 주는지 모르겠다고 하면서 말이다. 이렇게 문화를 모르고 언어만 배우게 되면 상황이나 예의에 맞지 않거나 원하지 않은 뉘앙스를 전하는 결과를 낳을 수 있다.
미국에서 영어를 배울 때는 이런 문화와 관습, 작은 뉘앙스까지 습득할 수 있다. 친구들을 많이 만들고 여러 종류의 모임에 많이 참석해서 문화를 체험하고 언어를 익히는 것이 좋다. 같은 뜻을 가진 표현이라도 자주 쓰이는 표현이 있고 그렇지 않은 표현이 있게 마련이다. 자주 쓰이는 표현들을 실생활에서 익히고, 상황에 따라 다른 언어의 톤tone을 사용할 수 있도록 공부해야 한다. 교실에서 쓰이는 영어는 학구적인 영어 academic English이지만, 친구들과의 구어체는 덜 형식적이다. 뉴스에 나오는 영어와 시트콤에서 나오는 영어의 톤이 다르듯, 상황이나 문화에 맞는 적절한 언어를 구사할 수 있도록 공부하자.

3. 미국에서 대학 가기

미국의 학제와 대학 입학 방법

미국의 학제는 우리나라와 마찬가지로 1학년부터 12학년까지 초·중·고등학교 과정초등 6년, 중등 3년, 고등 3년과 2년제, 4년제 대학으로 이루어져 있다. 법학이나 약학, 의학 전공은 학부 과정이 없고 전문대학원 과정만 있다. 학기는 보통 8월이나 9월에 첫 학기인 가을 학기가 시작되어 5월이나 6월에 봄 학기가 끝나면서 한 학년이 마무리된다. 여름방학은 우리나라보다 긴 3개월 정도이지만, 그 대신 겨울방학은 2주에서 한 달 남짓으로 짧은 편이다.

미국 대학의 학생 선발방법은 학교마다 다르다. 우수한 학생을 유치하고자 하는 입장은 학교마다 같겠지만, 학생을 평가하고 선발하는 기준이 학교마다 다르고 그 기준도 지원자들에게 모두 공개하지는 않는다. 미국의 대학은 자율적이고 독립된 기관으로서 설립 목적과 사명에 맞게 학생들을 선발하기 때문에 입학 기준이 각기 다를 수밖에 없다. 부모나 가까운 친척이 그 학교 출신이면 상속학생legacy student이라고 해서 특혜를 주고, 대학 입학 기회가 비교적 적은 인종의 학생에게도 상대적으로 입학 기회를 더 많이 준다. 소수민족에게 특혜를 주는 차별 철폐 조처affirmative action 제도에 따라 흑인이나 대학 입학률이 저조한 다른 인종

의 학생들에게 특혜를 줌으로써, 학구열이 높고 상대적으로 뛰어난 동양인 학생의 경우 다른 소수 인종에 비해 대학 입학이 더 어려울 수 있다. 인종뿐만 아니라 여러 명문대학에서는 내국인과 외국인 비율, 빈부나 지역적인 비율도 고려한다. 따라서 학교 성적이 더 뛰어나고 시험을 더 잘 본 학생이 불합격하고 그렇지 못한 학생이 합격하는 사례도 많다. 어떤 학생이 자신이 지원한 학교들 중에서 랭킹이 높은 학교에는 합격을 했지만 랭킹이 낮은 학교에서 불합격한 경우가 종종 있는 것도 바로 이런 이유 때문이다.

이렇게 학교마다 학생 선발 기준이 다르므로 원하는 학교가 있다면 그 학교의 모집요강에 맞춰 미리부터 준비해야 한다. 학생 선발 기준은 학교마다 다르지만 보통 학업성적GPA, 수능시험SAT 또는 ACT, 과외활동, 봉사활동, 자기소개서 및 에세이, 추천서, 면접, 수상경력 등을 총체적으로 심사해서 합격 여부를 결정한다.

학업성적은 단지 학점만 보는 것이 아니라 얼마나 어려운 수업을 선택했는지, 학교생활 동안 성적이 얼마나 향상되었는지도 본다. 미국에서는 같은 수업이라도 좀 더 상급자 과정인 우등 과정honors course이 개설되어 있고, 대학 수업을 고등학교에서 받을 수 있는 Advance PlacementAP

과정들도 많이 개설되어 있어 이런 수업을 얼마나 많이 수강했는지도 중요한 변수로 작용한다.

수능시험의 경우 SAT나 ACT를 선택해서 볼 수 있는데 우리나라와 달리 원하는 만큼 여러 번 볼 수 있고, 지원한 학교의 기준에 따라 그중에 가장 좋은 점수를 입학 사정에 포함시키거나 최근에 본 시험 점수의 평균으로 계산한다. 자기소개서 및 에세이는 학교별로 주제가 다르므로 그에 맞게 써야 한다. 학교별로 두세 가지의 질문에 맞추어 써야 하는 경우가 대부분인데 우리나라와 달리 학생의 작문이나 논술 능력을 보는 것이 아니라 그 학생에 대해 좀 더 알기 위한 목적이 대부분이므로 내용에 신경을 써야 한다. 성적이 좀 낮더라도 에세이에 따라 입학이 결정되는 일도 많으므로 자신이 지원하고자 하는 대학에서 제시하는 주제에 대해 오랜 시간 연구해야 한다.

학창시절의 봉사활동이나 과외활동도 대학 입학에 큰 영향을 미친다. 여러 가지를 폭넓게 경험하는 것도 중요하지만 목적 없이 단지 다양한 경험을 하는 것보다는 특정한 목표를 가지고 그에 맞는 활동을 계획하는 것이 나중에 에세이를 쓸 때나 원서를 쓸 때 훨씬 유리하다.

★ 여러 가지 사례들 ★

●사례 1: 어떤 학생은 한국에서 고등학교를 마치고 미국 유학을 준비하던 중에 나와 같이 고등학교 멀티미디어 사용에 대한 교육학 연구를 진행했고, 고등학생으로서는 이례적으로 미국의 학회 발표에 참석했다. 이 활동을 주제로 앞으로 자신이 하고 싶은 분야인 음악치료music therapy 분야와 연계해 원서를 썼고, 가장 가고 싶어 했던 미국의 노스웨스턴 대학Northwestern University에 합격했다.

●사례 2: 한 학생은 의대를 가겠다는 목표를 가지고 고등학교 내내 병원에서 꾸준하게 봉사활동을 했다. 방학 때는 병원 말고도 의료시설이 전무한 다른 나라에 가서 봉사활동을 했다. 단지 봉사활동을 했다는 것에 그치지 않고 그때 겪었던 일들과 느낌을 에세이에 잘 표현해 원하는 대학에 합격했다.

●사례 3: 한 학생은 11학년 가을 학기의 성적이 좋지 못했다. 이때 부모님의 이혼을 경험하고 방황했던 시기임을 에세이에 솔직하게 밝히고 그때의 아픔을 자신이 어떻게 극복했고, 성적을 어떻게 향상시켰으며, 앞으로 그때의 경험을 바탕으로 학생들을 잘 지도하는 교사가 되고 싶다는 바람을 에세이에 써서 여러 학교에 합격했다.

미국에서 고등학교를 마치지 않았더라도 미국 대학의 문은 활짝 열려 있다. 한국의 고등학교 성적으로 시험을 준비해서 직접 4년제 대학에 지원해볼 수도 있지만 2년제 대학에 진학했다가 4년제 대학으로 편입하는 것도 좋은 방법이다. 꼭 2년제 대학이 아니더라도 기존에 다니던 4년제 학교에서 다른 4년제 학교로 편입하는 것도 가능하다. 미국에서는 뛰어난 학생이라도 경제적인 이유나 기타 다른 이유로 인해 2년제 대학 community college/junior college에서 2년을 마치고 다른 좋은 학교에 3학년으로 편입하는 경우가 생각보다 많다. 미국에서 이런 2년제 대학은 고등학교 졸업장만 있으면 누구나 들어갈 수 있을 뿐만 아니라 학비도 상대적으로 많이 저렴하다. 1학년이나 2학년을 다니다가 중도에 그만두는 학생들이 많은 미국 대학들은 3학년 편입생들에 대한 수요도 충분하므로 직접 4년제 대학에 가는 것보다 훨씬 쉽게 더 좋은 학교에 도전해볼 수 있는 방법이다.

편입에는 보통 수능시험 성적이 필요하지 않다. 1~2학년 때의 성적과 에세이, 추천서 등만 준비하면 된다. 역시 복수지원이 가능하므로 여러 대학에 중복지원해서 합격한 학교 중에 가고 싶은 학교를 선택하면 된다.

4. 아이비리그 8개 대학

하버드, 예일, 다트머스, 코넬, 브라운, 컬럼비아, 펜실베이니아, 프린스턴 대학을 통틀어 아이비리그 대학이라고 하며, 모두 동부에 위치해 있다.

● 하버드 대학 (Harvard University)

www.harvard.edu

우리나라에서 가장 유명한 미국의 명문대학으로, 매사추세츠 주 케임브리지에 위치해 있다. 역사와 전통이 오래된 대학 중 하나로, 전 세계에서 몰려드는 지원자들로 인해 입학 경쟁률이 가장 높은 학교다. 기부금의 액수도 세계 최고 수준이고 도서관의 규모 또한 세계 최고로 알려져 있다. 하버드가 원하는 인재는 학업성적만 우수한 것이 아니라 리더십과 다른 재능에서도 두각을 나타내는 학생이다. 이공계가 상대적으로 취약하다고 알려져 있지만 이공계를 제외한 기타 인문계열 전공은 수위를 다투며, 그중 대학원 과정인 의대와 경영대학원이 최고의 프로그램을 자랑한다. 기숙사 비용 등을 제외한 학비는 2009년을 기준으로 연간 3만 5천 달러 정도다.

● 예일 대학 (Yale University)

www.yale.edu

하버드와 함께 거론되는 예일 대학은 코네티컷Connecticut 주의 뉴헤이븐New Haven에 위치하고 있다. 특히 영어와 역사, 철학 등 문과대학이 유명하며 최근 여섯 명의 미국 대통령 중 네

명이 예일 대학 출신일 정도로 정계, 사회 전반에 졸업생들이 다수 포진해 있다. 종합대학이지만 거주 대학 residential college 시스템으로 운영한다. 거주 대학 시스템은 처음 옥스퍼드 대학에서 시작되어 미국의 많은 대학이 도입하고 있다. 기숙사와 교육시설이 함께 갖추어져 있는 형태의 대학으로, 교수와 학생이 함께 생활하면서 교육이 이루어지며 학생들은 전공과 상관없이 각 거주 대학에 속해서 정해진 커리큘럼대로 공부한다. 2009~2010학년도 학비는 연간 3만 7천 달러 정도이고, 기숙사 비용 등을 합치면 5만 4천 달러 정도다.

● 다트머스 대학 (Dartmouth College)

www.dartmouth.edu

최근에 한국계 미국인인 김용 박사를 학장으로 선출해서 화제를 불러일으켰다. 아이비리그 대학 중 가장 작은 규모이지만 유명한 사학 명문이다. 뉴햄프셔New Hampshire 주 하노버Hanover 시에 있으며, 전통적으로 학부 중심의 대학을 자랑하듯 university가 아닌 college란 명칭을 고수하고 있다. 2학년과 3학년은 본인의 의사에 따라 세계 여러 대학과 연계해서 외국어 훈련 프로그램Language Study Abroad으로 공부할 수 있다. 다트머스 대학은 외국어교육을 매우 중요시해서 졸업하기 전까지 하나의 외국어를 마스터하는 것이 커리큘럼에 포함되어 있다. 1년에 4학기 시스템으로, 여름도 정규 학기에 포함되어 있다. 2009년도 학비는 연간 3만 8천 달러 정도다.

● 브라운 대학(Brown University)

www.brown.edu

로드아일랜드Rhode Island 주 프로비던스Providence 시에 위치하고 있는 브라운 대학 또한 아이비리그 대학 중 비교적 규모가 작으나 학부 중심의 탄탄한 사학 명문이다. 전통적으로 유명 인사의 자제들이 많이 재학하고 있는 것으로 알려진 이 대학의 특징은 작문 수업 말고는 다른 필수 수강과목이 없다는 것이다. 자유롭게 교수와 상의해 자신의 커리큘럼을 스스로 만들어 공부할 수 있다. 컴퓨터나 응용수학 관련 전공이 유명하다. 순수 학비는 1년 기준 3만 8천 달러 정도다.

● 코넬 대학(Cornell University)

www.cornell.edu

뉴욕 주 이타카Ithaca 시에 위치한 코넬 대학은 아름다운 캠퍼스로 유명하다. 실제로 내가 방문한 여러 캠퍼스 중 미시간 호수를 끼고 있는 노스웨스턴 대학, 중후한 건물이 아름다운 프린스턴 대학과 함께 가장 아름다운 학교였다. 아름다운 캠퍼스를 자랑하지만 10월에서 이듬해 4월까지 이어지는 혹독한 겨울 날씨는 아이비리그 대학 중에서도 입학하기는 비교적 쉽지만 졸업이 어려운 학풍과 상통하는 면이 있다. 호텔경영학과와 공학부가 특히 유명하며, 비교적 많은 학부생들이 있음에도 서로의 유대관계가 돈독하기로 유명하다. 순수 학비는 1년 기준 3만 8천 달러 정도다.

● 프린스턴 대학(Princeton University)

www.princeton.edu

한국 사람들의 인식으로는 하버드나 예일 대학에 비해 지명도가 떨어지지만 미국 대학 순위에서는 하버드, 예일과 함께 1위를 다투는 명문대학이다. 전 분야에서 고루 훌륭한 교육 시스템을 제공하고 있고, 기초학문에 중점을 두고 있어 아이비리그 대학 중 프로페셔널 스쿨professional school, 즉 의대, 법대, 경영대학이 없는 유일한 대학이다. 아이비리

그 대학 중 다트머스 대학 다음으로 학생 수가 적지만, 입학 경쟁률과 학문적 명성이 높다. 보수적인 성향의 전통을 갖고 있는 학교이며, 뉴저지New Jersey 주 프린스턴Princeton 시에 위치해 있고 중후한 건물의 캠퍼스가 아름다운 대학이다. 순수 학비는 1년 기준 3만 5천 5백 달러 정도이고, 기숙사 비용 등 부대비용을 합치면 5만 달러 정도다.

● 펜실베이니아 대학(University of Pennsylvania)

www.upenn.edu

흔히 펜Penn 또는 유펜UPenn으로 줄여서 부르기도 하며, 펜실베이니아Pennsylvania 주 필라델피아Philadelphia 시에 위치하고 있다. 시가지와 캠퍼스의 경계가 뚜렷하지 않아 도시 전체가 학교의 분위기를 풍기고 있다. '와튼Wharton 스쿨'이라 불리는 경영대학이 특히 유명하다. 주로 성직자를 양성하기 위해 세워진 다른 아이비리그 대학들과는 달리 유펜은 필라델피아 주민들이 세운 자선학교에서 비롯되어서인지 지성인 교육을 위한 기초학문보다는 실용적인 학문을 강조하고 있다. 의대, 간호대, 법대, 치대 등의 전문대학원이 있고 경영학과 공과 학위를 같이 받을 수 있는 이중 학위 과정 등 다양한 커리큘럼이 마련되어 있다. 학비는 1년에 4만 달러 정도다.

● 컬럼비아 대학(Columbia University in the City of New York)

www.columbia.edu

뉴욕 시의 맨해튼Manhattan에 위치하고 있는 컬럼비아 대학은 인문사회과학과 자연과학의 여러 분야에서 상위권을 지키고 있는 사학 명문이다. 뉴욕의 중심부에 위치해 있어서 다양한 인종의 학생들이 수학하고 있으며, 두 개의 캠퍼스로 나누어져 있다. 현재까지 가장 많은 노벨상 수상자를 배출한 학교이며 매년 퓰리처상이 이 학교에서 시상된다. 학비는 기숙사 비용 등을 제외하고 1년에 2만 달러 정도다.

5. 분야별 유명 대학

미국에서는 사실 대학별 순위를 따지는 것이 무의미하다. 서열을 매기는 기준이 다를 뿐 아니라 전공마다 유명한 대학도 다르기 때문이다. 아이비리그와 주요 주립대학을 제외하고 분야별로 유명한 대학을 간단히 소개한다.

1 과학/공학(Science/Engineering)

● 매사추세츠 공과대학 MIT: Massachusetts Institute of Technology

www.mit.edu

우리나라에도 많이 알려져 있는 MIT는 인문 계열보다는 공학, 사회과학, 물리학, 경영학에 치중하고 있다. 매사추세츠 주 케임브리지에 하버드 대학과 이웃하고 있으며, 입학 경쟁률이 치열하고 학부생들도 학교에서 제공하는 최고의 시설과 장비를 사용해 독창적인 연구를 할 수 있다. 기숙사 비용 등을 제외한 순수 학비는 1년에 3만 8천 달러 정도다.

● 캘리포니아 공과대학 Caltech: California Institute of Technology

www.caltech.edu

흔히 '칼텍'이라고 부르는 캘리포니아 공과대학은 MIT와 쌍벽을 이루는 공과대학이다. 캘리포니아 주 패서디나 Pasadena에 위치하고 있으며 순수 및 응용과학, 공학 분야에서 탁월한 연구 성과를 내고 있다. 작은 대학이어서 훌륭한 교수와 학생들이 함께 연구하며 공부할 수 있다는 장점이 있다. 순수 학비는 1년에 3만 6천 달러 정도다.

● 조지아 공과대학 Georgia Tech: Georgia Institute of Technology

www.gatech.edu

MIT나 칼텍과 달리 조지아 공과대학은 공립 주립대학이다. '조지아 텍'이라고도 불리는 이 학교는 조지아 주립대학 시스템 산하에 있으며 애틀랜타 Atlanta에 위치하고 있다. 산업공학과는 미국에서 수위를 다투며, 그 외에도 자연과학, 전산학, 공학 분야에서 고루 유명하다. 순수 학비는 조지아 주 주민인 경우 1년에 1만 8천 달러, 타 지역 주민이나 유학생의 경우 3만 6천 5백 달러 정도다.

2 미술/디자인(Fine Art/Design)

● 아트센터 디자인학교 Art Center College of Design

www.artcenter.edu

산업디자인 분야, 특히 자동차 디자인 분야에서 독보적인 위치를 차지하고 있으며 보통 줄여서 '아트센터'라고 부르기도 한다. 캘리포니아 주 패서디나 Pasadena에 위치하고 있으며 광고 디자인, 제품 디자인 등 디자인 계통의 학위를 개설하고 있다.

실습 재료비를 포함하지 않은 순수 학비는 1년에 4만 7천 달러 정도다.

시카고 미술학교
School of the Art Institute Chicago
www.saic.edu

순수미술 분야로 유명한 이 학교는 일리노이 주 시카고 다운타운에 위치하고 있다. 회화, 인테리어, 사진, 세라믹, 필름, 판화 분야가 유명하며 최근에는 건축 커리큘럼이 신설되었다. 학비는 1학점당 1,140달러다.

로드아일랜드 디자인학교 RISD: Rhode Island School of Design
www.risd.edu

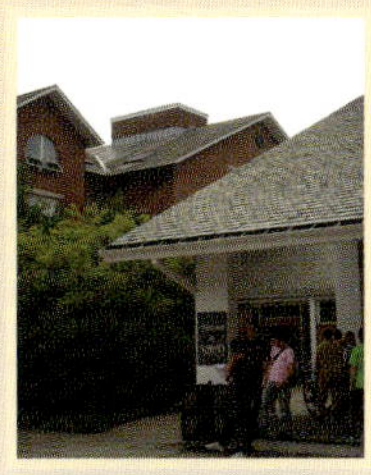

우리나라에서는 '리스디'로 알려져 있는 이 학교는 로드아일랜드 주 프로비던스 Providence에 있으며, 세계적으로 손꼽히는 미술대학 중 하나다. 디자인과 미술 계통의 다양한 전공이 개설되어 있으며 다양한 인문학 과목도 교양과목으로 제공하고 있다. RISD 학생들은 인근의 브라운 대학에서 수강할 수도 있다.

파슨스 대학 Parsons The New School for Design
www.parsons.edu

패션의 도시 뉴욕에 위치한 파슨스 대학은 뉴욕 주립 패션 공과대학 FIT과 함께 유명한 디자인 대학으로 알려져 있다. 패션 디자인이 특히 유명하며 다수의 유명 디자이너를 배출했다. 유학생들에게도 장학금의 기회가 많은 편이며, 연간 순수 학비는 3만 달러 정도다.

인디애나 주립대학 블루밍턴 Indiana University Bloomington
www.indiana.edu

인디애나 주 블루밍턴에 있는 인디애나 주립대학의 음악 프로그램은 미국에서 수위를 다툰다. 종합대학으로서 경영 등 다른 분야도 고루 유명하지만 음악 프로그램은 줄리아드와 견줄 만하며 다수의 한국 학생들이 재학하고 있다. 인디애나 주 주민의 경우 순수 학비는 1년에 9천 달러 정도이며, 타 지역 주민이나 유학생의 경우 2만 8천 달러 정도다. 대학원 과정의 경우 인디애나 주민인지 아닌지에 상관없이 연간 1만 1천 달러 정도다.

줄리아드 음대 Julliard School
www.julliard.edu

줄리아드 대학은 음악을 잘 모르는 사람이라도 한 번쯤은 들어봤을 것이다. 음악을 전문적으로 가르치며 뉴욕에 위치하고 있다. 외국인의 비율이 40%에 달하며 그중 상당수가 한국 학생들이다. 최고의 교수진이 1 : 1 레슨을 실시한다. 음악뿐만 아니라 무용과 연극 커리큘럼이 있다. 1년 학비는 3만 2천 달러 정도다.

이스트만 음대 Eastman School of Music
www.esm.rochester.edu

로체스터 대학 University of Rochester에 속해 있는 이스트만 음대는 미국에서 톱클래스에 드는 음대 중 하나다. 실기만 파고드는 연습벌레를 지양하며 창의적인 과목을 다양하게 개설해놓고 있다. 로체스터 대학에서 제공하는 다양한 학위를 복수 전공할 수도 있다. 1년 학비는 3만 8천 달러 정도다.

4 컴퓨터(Computer Science)

카네기멜론 대학 Carnegie Mellon University

www.cmu.edu

흔히 IT 대학이라고도 불리는 카네기멜론 대학은 펜실베이니아 주 피츠버그Pittsburgh에 위치하고 있다. 종합대학이지만 법대나 의대가 아닌 인지과학, 컴퓨터, 심리학 분야에 투자하여 현재는 이 분야에서 미국 내 최고의 프로그램을 운영하고 있다. 미술과 MBA 과정을 포함한 경영학부도 유명하며 팝 아트의 선구자인 앤디 워홀이 졸업한 학교이기도 하다. 학부생 기준 1년 학비는 4만 천 달러 정도다.

5 건축(Architecture)

라이스 대학 Rice University

www.rice.edu

텍사스 주 휴스턴Houston에 위치하고 있으며 저렴한 학비와 교수 1인당 학생 수가 적은 것이 특징이다. 종합대학으로서 여러 분야의 유명한 프로그램을 가지고 있는 남부 최고의 사립 명문이다. 건축 프로그램은 하버드, MIT, 프린스턴, 컬럼비아 대학과 함께 미국 최고를 자랑한다. 프랑스 분교에서도 학위 취득이 가능하다. 1년 학비는 3만 천 달러 정도다.

버지니아 대학 University of Virginia

www.virginia.edu

미국 독립선언서의 기초자이자 제3대 대통령이었던 토머스 제퍼슨이 설립했으며, 유네스코 세계문화유산으로 지정된 캠퍼스를 자랑한다. 버지니아 주립대학은 종합대학으로서 건축대학이 특히 유명하다. 미국 내에서 손꼽히는 주립대학인 버지니아 대학은 버지니아 주 샬러츠빌Charlottesville에 위치하고 있으며, 경영학과와 정치학과도 우수하다. 학비는 버지니아 주민일 경우 2009~2010학년도 기준으로 연간 9,870달러, 타 지역 주민이나 유학생일 경우 3만 2천 달러 정도다.

6 경영대학원(Business School‐MBA)

스탠퍼드 대학 Stanford University

www.stanford.edu

서부 캘리포니아 샌프란시스코 인근의 스탠퍼드 시에 위치하고 있다. 스탠퍼드 대학은 아이비리그 대학에 포함되어 있지는 않지만 그 명성은 아이비리그의 웬만한 대학을 넘어선다. 미국 최고의 MBA 프로그램으로 유명하며 여러 분야에서 고루 두각을 나타내고 있다. 특히 학부 과정에서는 경제, 정치, 심리학 등 사회과학 분야와 물리학, 철학, 영어 등이 알려져 있다. 유명 인사의 자제들이 많이 다니고 있는 학교로 유명하며, 많은 종려나무와 낮은 건물들이 넓은 캠퍼스에 질서 정연하게 늘어서 있다. MBA 학비는 1년에 5만 3천 달러 정도이며, 학부생의 경우 3만 8천 달러 정도다.

뉴욕 대학 New York University

www.nyu.edu

뉴욕 주 뉴욕 시에 위치하고 있는 진보적인 성향의 종합 사립대학교로, 미국 전역의 많은 학생들이 들어가고 싶어 하는 학교 순위 상위에 랭크될 정도로 인기가 높다. 뉴욕 시의 장점을 적극 활용하여 월가Wall Street와 메트로폴리탄 미술관, 뉴욕 시 종합병원과 연계해 인턴십과 수업을 진행한다. 영화와 연극, 경영대학원과 법과대학원이 유명하며 MBA의 경우 월가 출신들과 이미 여러 분야에서 두각을 나타낸 학생들이 많이 재학하고 있어 인맥 형성에 도움이 된다. 학부생의 학비는 대략 1년에 2만 달러 정도이고, MBA의 경우 2~3만 달러 정도다.

듀크 대학 Duke University

www.duke.edu

듀크 대학은 노스캐롤라이나 주 더럼Durham에 위치하고 있다. 경영 전공이 유명한데 스탠퍼드, 하버드, MIT

경영대학과 어깨를 나란히 한다. 법학대학원과 의학·약학대학원, 미술, 컴퓨터 분야도 상위에 랭크되어 있다. 대학 농구와 미식축구로도 잘 알려져 있는 대학이다. 가장 보편적인 MBA 과정인 주간과정 MBADaytime MBA, 간부들을 위한 글로벌 경영 MBAGlobal Executive MBA, Weekend Executive MBA 등 다양한 MBA 프로그램을 제공한다. 학비는 주간과정 학생의 경우 1년에 4만 8천 달러 정도이고, 경영 과정 MBA는 더 비싸다. 학부생들의 학비는 1년에 약 3만 9천 달러다.

국제관계학/외교 (International Relations/Foreign Service Studies)

조지타운 대학 Georgetown University
www.georgetown.edu

워싱턴 D.C.에 위치하는 조지타운 대학은 이 지역의 사립 명문이다. 미국의 수도에 위치하고 있어 지리적 여건상 외교대학Walsh School of Foreign Service이 유명하며 전 미국 대통령 빌 클린턴, 전 필리핀 대통령 글로리아 아로요 등 정치나 외교와 관련된 많은 전·현직 인사들이 이 학교에서 수학했다. 상당수의 재학생들에게 근처 정부기관에서 인턴십의 기회를 제공한다. MBA 과정과 대학 농구팀으로 유명한 대학이다. 학비는 학부의 경우 1년에 대략 3만 8천 달러, MBA의 경우 4만 3천 달러 정도다.

8 경제(Economics)

시카고 대학(The University of Chicago)
www.uchicago.edu

MIT, 하버드, 프린스턴, 스탠퍼드, 버클리 등과 함께 경제 분야에서 최고를 자랑하는 시카고 대학은 일리노이 주 시카고에 위치하고 있는 사립 종합대학이다. 시카고학파라는 말이 생겨났을 만큼 경제학 이론으로 역사에 한 획을 그었으며, 1970년 이후 총 25명이 노벨 경제학상을 수상했고 2007년에도 로저 마이어슨 교수가 노벨 경제학상을 공동 수상했다. 경제학을 위시하여 사회복지학과, 인류학과, 사회학과 등의 사회과학 분야가 유명하고 그 외에도 영문학과, 수학과 등의 기초 학문과 MBA 프로그램도 상위에 랭크되어 있다. 학부생의 경우 학비가 1년에 3만 8천 5백 달러 정도다.

9 커뮤니케이션/신문방송(Communication)

노스웨스턴 대학 Northwestern University
www.northwestern.edu

일리노이 주 에번스턴Evan-ston에 위치하고 있는 노스웨스턴 대학은 여러 분야에서 상위에 랭크되어 있는 사립 명문이다. 인문, 사회과학, 음악, 과학 분야에서 상위에 랭크되어 있는데, 이 중 언론학 및 커뮤니케이션학과는 미국 최고의 수준을 자랑하며, MBA 프로그램도 최상위권에 랭크되어 있다. 캠퍼스를 끼고 바다 같은 미시간 호수가 자리 잡고 있어서 아름다운 장관을 연출한다. 학비는 학부를 기준으로 1년에 3만 7천 달러 정도다.

남가주 대학USC: University of Southern California
www.usc.edu

노스웨스턴과 미시간 주립대학, 유펜과 함께 커뮤니케이션 및 언론학으로 유명한 남가주 대학은 캘리포니아 주 로스앤젤레스에 위치하고 있다. 줄여서 USC라고 부르며 커뮤니케이션학부는 에넌버그 스쿨Annenberg School이라고 부르는 단과대학 소속이다. 이 외에도 MBA와 교육대학원이 상위에 랭크되어 있다. 학비는 1년에 3만 9천 달러 정도다.

종합대학 중에도 인문계열이 강세인 대학들이 많지만 인문계열을 전공하고 싶다면 학부 중심 교양대학도 고려해볼 만하다. 우리나라에는 잘 알려져 있지 않지만 애머스트 대학Amherst College이나 윌리엄즈 대학Williams College은 최고의 경쟁률을 기록하는 명문대학이다. 학부 중심의 이들 대학은 기초교육에 힘쓰고 있으며, 교수들은 학부의 교양수업에 중점을 두고 강의를 진행한다. 학부생의 입장에서는 그만큼 교육의 질이 높아지며, 대학원에 갈 계획이 있는 경우 특히 탄탄한 기초를 다지고 네트워크를 형성하는 데 많은 도움을 받을 수 있다.

애머스트 대학 Amherst College
www.amherst.edu

매사추세츠 주 애머스트에 위치한 애머스트 대학은 2008년에 포브스Forbes가 선정한 대학 순위에서 7위를 했고, 인문계열 대학 순위에서는 윌리엄즈 대학과 1위를 다투는 대학이다. 인문학, 사회과학, 과학, 공학 분야가 있다. 「가지 않은 길」이라는 시로 유명한 시인 로버트 프로스트Robert Frost가 오랜 기간 동안 영문학을 가르친 학교이기도 하다. 다른 학교들과 컨소시엄을 구성하여 학점 교류가 활발하다. 학비는 기숙사 비용을 포함해서 4만 8천 달러 정도다.

윌리엄즈 대학 Williams College
www.williams.edu

매사추세츠 윌리엄즈타운Williamstown에 위치하고 있으며, 애머스트 대학과 함께 학부 중심 교양대학의 수위를 다투는 대학이다. 인문학 분야 외에도 사회과학과 과학 분야의 전공들이 있고, 여름에 약 200명가량의 학생들이 교수와 함께 연구하는 프로젝트가 있다. 입학 경쟁률이 매우 높은 학교 중 하나다. 학비는 기숙사 비용을 포함해서 4만 8천 달러 정도다.

대학의 서열과 명성을 중요하게 생각하는 우리나라 사람들은 쉽게 이해하기 힘들겠지만 미국은 지역이 넓고 그만큼 문화도 다양하므로 각자의 지역적 선호도, 가족의 전통, 교육의 질 혹은 경제적인 이유에 따라 대학을 선택하는 경우가 많다. 따라서 유명 아이비리그 대학에 합격 통지를 받아놓고도 주립대학을 선택하는 학생의 수도 상당하다. 취업을 할 때나 대학원에 진학할 때도 출신 학교의 순위나 서열이 우리나라만큼 많은 영향을 미치지도 않는다. 오히려 취업을 할 때는 그 지역 학교 출신을 선호하는 기업이 더 많다. 미국의 주립대학 중에는 그 주의 거주자들에게 파격적으로 학비를 인하해주는 곳이 많고, 명성이나 교육의 질적 측면에서 다른 사립대학에 비해 뒤지지 않는 곳이 많기 때문에 아이비리그 대학만을 추구하기보다 주립대학을 목표로 입학 준비를 하는 것도 하나의 방법이다.

캘리포니아 주립대학 University of California

줄여서 UC라고 부르는 캘리포니아 주립대학은 미국에서 가장 크고 유명한 주립대학이다. 우리나라에도 많이 알려진 UC 버클리나 UCLA가 캘리포니아 주립대학의 캠퍼스이며, 우리나라의 경우처럼 분교의 개념이 아닌 각각의 캠퍼스가 독립된 학교이다. 버클리UC Berkeley, UCLA, 데이비스UC Davis, 어바인UC Irvine, 샌디에이고UC San Diego, 산타바버라UC Santa Barbara, 리버사이드UC Riverside, 산타크루스UC Santa Cruz와 불과 몇 년 전에 세워진 머시드UC Merced, 의학·약학대학원으로 구성된 샌프란시스코UC San Francisco의 총 10개의 대학으로 이루어져 있다. 연구 중심의 UC 대학들은 학부 중심의 또 다른 캘리포니아 주립대학 계열인 California State University와는 구별된다.

UC 계열 대학 중 가장 오래된 UC 버클리와 UCLA는 더 이상 말이 필요 없는 명문대학이다. UC버클리는 가까이는 스탠퍼드 대학, 멀리는 동부의 아이비리그와 그 명성을 나란히 하고 있으며 UCLA 또한 전 분야에 걸쳐 고루 유명한 명문대학이다. 버클리의 경우 거의 모든 학부 과정이 최고 수준이며, 대학원과 MBA 과정 등 프로페셔널 스쿨도 최상위권이다. 하지만 UCLA, 어바인, 샌디에이고, 리버사이드, 데이비스, 샌프란시스코 캠퍼스가 의학대학원을 개설하고 있는 것과 달리 버클리 캠퍼스에는 의학대학원이 없다. UCLA의 경우 의학대학원, 교육대학원 및 정보학 관련 프로그램이 특히 우수한 것으로 알려져 있다.

상대적으로 우리나라에 많이 알려져 있지 않은 UC 샌디에이고, 어바인, 데이비스도 매우 우수한 대학들이다. UC 샌디에이고는 UC 계열 대학 중에서는 유일하게 여섯 개의 거주 대학 시스템을 채택해 각각의 대학에 따라 다른 교육철학과 교과 내용을 제공하므로 지원할 때 어느 거주 대학에 속할 것인지 정해야 한다. 특히 과학과 컴퓨터 분야가 강한 UC 어바인은 50년 남짓의 짧은 역사에도 불구하고 1995년에 물리학과 교수와 화학과 교수가 동시에 노벨상을 받기도 했다. UC 데이비스는 농업과학과 생물공학 분야에서 손꼽히는 연구센터로 유명하고, UC 산타바버라는 바다를 끼고 있어 아름다운 캠퍼스 때문에 인기가 높다. 캘리포니아에 사는 학생들은 명성과 수준 높은 교육의 질, 저렴한 학비 때문에 UC를 선호하는 편이다. 학비는 캘리포니아 주민의 경우 기숙사 비용을 제외하고 캠퍼스마다 조금씩 차이가 있지만 1년에 대략 1만 2천 달러 정도이고, 비거주자일 경우 3만 5천 달러 정도다.

UC Berkeley: www.berkeley.edu
UCLA: www.ucla.edu
UC Irvine: www.uci.edu
UC San Diego: www.ucsd.edu
UC Davis: www.ucdavis.edu
UC Santa Barbara: www.ucsb.edu
UC Santa Cruz: www.ucsc.edu
UC Riverside: www.ucr.edu
UC Merced: www.ucmerced.edu
UC San Francisco: www.ucsf.edu

미시간 주립대학 앤아버 캠퍼스 University of Michigan Ann Arbor

www.umich.edu

미시간 주 앤아버에 위치한 미시간 주립대학 또한 많은 분야에서 우수한 프로그램을 제공하는 명문대학이다. 많은 유학생이 재학하고 있으며 공대와 자연과학, 인문 분야와 MBA 프로그램도 상위에 랭크되어 있다. 거주 대학 시스템을 채택해 학생들 간의 소통과 교수들과의 협력이 용이하다. 앤아버는 작고 조용한 대학 도시로, 범죄율이 낮고 울창한 숲과 미시간 호수로 둘러싸여 있는 캠퍼스가 매우 아름답다. 덕분에 종종 살기 좋은 도시로 선정되고 있다. 학비는 전공마다 조금씩 다르지만 미시간 주민인 경우 1년에 2만 달러 정도, 미시간 주민이 아닐 경우 대략 5만 달러 내외다.

노스캐롤라이나 주립대학 채플힐 캠퍼스 University of North Carolina Chapel Hill

www.unc.edu

노스캐롤라이나 주 채플힐에 위치한 주립대학으로, 앞서 소개한 다른 대학들과 마찬가지로 공립 아이비 대학 Public IVY이라고 불리는 대학 중 하나다. 보통 줄여서 UNC라고 하며 미국에서 가장 오래된 주립대학이기도 하다. 의대, 언론대, 경영대, 특히 MBA 프로그램이 뛰어나며 공대가 없는 것이 특징이다. 주립대학 치고는 학생 수가 많은 편이 아니어서 학생 관리가 잘되는 편이다. 미국 대학 농구팀 중 뛰어난 팀에 속하며, 농구 스타 마이클 조던이 졸업한 학교이기도 하다. 노스캐롤라이나 주민일 경우 1년 학비는 학부 기준으로 1만 8천 달러이며, 주민이 아닐 경우 3만 6천 달러 정도다.

텍사스 주립대학 오스틴 캠퍼스 University of Texas Austin

www.utexas.edu

보통 줄여서 UT라고도 하는 텍사스 주립대학은 텍사스 주 여러 도시에 캠퍼스가 있지만 오스틴에 있는 학교가 가장 유명하다. 텍사스 주민들은 하버드 대학에 견줄 만큼 이 대학에 대한 자부심이 대단하다. 실제로 텍사스에 있는 기업들은 다른 명문대학들보다 UT 출신들을 더 선호하는 경향이 있다. 공립 아이비 대학 중 하나이며, 텍사스 주 정부의 막강한 지원 덕분에 하버드 대학 다음으로 재정이 탄탄한 것으로 알려져 있다. UT 오스틴의 학생 수는 5만 명에

육박해 미국에서도 규모가 큰 학교 중 하나로 꼽힌다. 그래서인지 학생 관리 부분에서 미흡한 점도 있지만 광범위한 분야의 교육, 미국의 6대 도서관 중의 하나인 학교 도서관, 유명한 대학 스포츠 팀 등 교육 서비스와 캠퍼스 생활 면에서 두루 인정받는 명문대학이다. 특히 회계, 건축, 생물, 경영, 외국어, 역사 전공이 유명하며 MBA 과정도 상위에 랭크되어 있다. 학비는 전공마다 다르게 책정하고 있는데 대략 1년에 3만 달러 정도다.

일리노이 주립대학 어바나 샴페인 캠퍼스 University of Illinois Urbana Champaign

www.illinois.edu

일리노이 주에 있는 주립대학 중 가장 큰 학교인 어바나와 샴페인 시에 걸쳐 있는 일리노이 주립대학을 줄여서 UIUC라고 하며 최상위권 주립대학 중 하나이다. 미국 대학에서 하버드와 예일 다음으로 큰 도서관을 보유하고 있으며 공립대학 도서관으로는 그 규모가 세계에서 가장 크다. 건축 분야는 세계적으로 명성이 높고 경영학, 심리학, 우주공학, 전기공학, 컴퓨터공학 등도 상위에 랭크되어 있다. 어바나와 샴페인 두 도시에 걸쳐 있는 이 대학 캠퍼스에는 약 4만 명의 학생이 재학 중이며 한국인 유학생들도 다수 있다. 학비는 1년에 2만 5천 달러 정도이고, 일리노이 주민인 경우에는 1만 달러 정도다.

위스콘신 주립대학 매디슨 캠퍼스 University of Wisconsin Madison

www.wisc.edu

진보적인 성격을 띤 학교 중의 하나인 위스콘신 주립대

학은 위스콘신 주립대학 시스템 산하 30개 대학 중에서도 본부 역할을 하는 가장 큰 대학이다. 날씨가 매우 추운 위스콘신 주에 위치해 있는데도 타 지역 학생 비율이 40%에 달하는 이유는 학문의 수준이 매우 높기 때문이다. 사회학, 교육, 농업, 생물공학, 커뮤니케이션 등이 특히 유명한 분야이며 이 학교에 재직 중일 때 노벨상을 받은 교수도 세 명이나 된다. 각 단과대학에 특수 어드바이저 advisor 제도를 채택해 학생들의 전공 선택과 학습방법에 대해 조언하고 있으며, 국제관계 교류와 연구를 활발하게 지원하고 있다. 학비는 위스콘신이나 미네소타 주민이 아닐 경우 1년에 2만 3천 달러 정도다.

워싱턴 주립대학 University of Washington

www.washington.edu

워싱턴 주 시애틀 Seattle에 위치한 워싱턴 주립대학은 University of Washington 시스템 산하의 대표적인 대학이다. 유답 U-Dub이라고도 부르며 다른 주와 마찬가지로 학부 중심인 State University 계열과는 구별되는 연구 중심 종합대학이다. 유니온 베이 Union Bay와 포티지 베이 Portage Bay 해안가에 위치한 이 대학은 건물과 풍경이 아름답다고 알려져 있으며, 특히 의과 계열과 공과 계열이 유명하다. 학비는 워싱턴 주민이 아닐 경우 2만 4천 달러 정도다.

6. 아르바이트 (part-time job) 구하기

학생비자로 미국에 간 경우 학교에서 20시간 이내로 일하는 것은 허용되지만 학교 밖에서 일하는 것은 불법이다. 그런데도 일부 한인 마켓이나 식당에서 학생들을 불법으로 고용하는 경우가 있는데, 이럴 경우 부당한 대우를 받아도 신고할 수 없으므로 불법으로 일하는 것은 되도록 삼가자.

흔히 우리가 아르바이트라고 부르는 비정규직은 파트타임part-time이라고 하며, 보통 시간당 정해진 급료현재 미국 정부의 최저임금은 시간당 7.25달러를 주급으로 지불받게 되어 있다. 많은 미국 학생들은 공부와 함께 일도 많이 하고 있어 학생비자로 학교 내의 아르바이트를 구할 때는 좀 더 부지런히 알아보는 것이 좋다.

학생비자로 학교 안에서 할 수 있는 일은 도서관에서 책을 정리하는 일이나 학교 사무실 사환, 학교 아파트 관리 사무보조, 안내직, 기숙사 조교RA, 점원 등이다. 학교 안에서 하는 일이라고 해서 모든 일자리의 고용주가 학교인 것은 아니기 때문에 일을 구할 때 학생비자로 할 수 있는 일인지 미리 확인하자.

학교 안에서의 일자리는 수업 시간 틈틈이 짬을 내어 일할 수 있고, 친구들도 더 많이 사귈 수 있다는 장점이 있다.

대부분의 미국 생활이 그렇듯이 해보기도 전에 잘할 수 있을까 하는 걱정으로 너무 위축되지 말고 자신감을 갖고 일자리를 알아보자. 파트

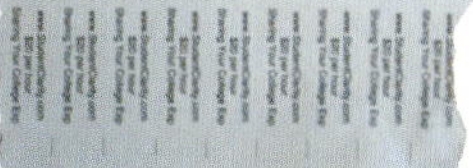

타임 일자리의 경우 학교 입장에서도 숙련된 전문가를 요구하는 것이 아니기 때문에 미리 겁먹을 필요는 없다.

마음에 드는 일자리를 발견하면 전화통화를 하거나 직접 찾아가 간단한 신청서job application를 작성한다. 경력란에는 전에 했던 일이 있으면 사소한 것이라도 적는 것이 유리하다. 연락할 수 있는 전화번호를 적어두면 연락이 와서 인터뷰interview를 하게 된다. 사무직인 경우는 이력서resume를 요구하는 경우도 있다. 인터뷰를 할 때는 정장까지는 아니더라도 되도록 깔끔한 옷차림을 하고, 절대로 약속 시간에 늦지 않도록 한다. 영어 때문에 자신이 없더라도 얼버무리지 말고 다시 물어서라도 대답하도록 하자. 궁금한 점이 있다면 취직한 후에 물어보는 것보다 인터뷰할 때 묻는 것이 좋다. 취직이 바로 결정될 경우를 대비해서 학교 스케줄을 미리미리 체크하자.

아르바이트를 할 때 가장 중요한 것은 시간을 지키는 것이다. 보통 파트타임의 경우는 시간제이다 보니 자신이 출근해야 다른 사람이 퇴근할 수 있다. 따라서 늦으면 매우 난처해진다. 시간을 지키고 열심히 일하다 보면 일이 손에 익어 쉬워지고 일하는 보람도 느낄 수 있다. 손님을 대하는 서비스 직종이면 친절하고 상냥한 태도를 지니도록 하자. 미국에서는 무엇보다도 규정대로 정확히 일하는 것을 중요하게 생각하므로 고용주의 신임을 얻을 수 있도록 노력해야 한다. 나중에 졸업한 후 취직자리를 구할 때 지원하고자 하는 직장과 관련이 있는 아르바이트를 했다면 아르바이트 고용주의 추천서도 도움이 될 수 있다.

급료wage는 보통 주급으로 지불되며 비자 등의 조건에 따라 세금이 공제되어 수표로 발급된다. 뉴욕, 캘리포니아, 일리노이 등 몇몇 주는 시간당 최저임금이 연방정부 기준보다 더 높다. 학생들이

최저임금

많이 하는 아르바이트 임금은 최저임금보다 별로 높지 않지만, 레슨이나
튜터tutor 같은 직종은 좀 더 많이 받기도 한다.

7. 인턴십과 정규직 구하기

학기 중 인턴십internship이나 훈련원trainee으로 일하고자 할 때는 학교와 직장의 규정에 따라 학업비자를 취업비자H-1B나 문화교류비자J1로 바꾸어야 한다. 이 비자들로 바꾸어서 학교를 계속 다니려면 몇 시간이나 몇 학점 이상 들을 수 없는 규정이 있거나 아예 학교를 다닐 수 없기도 하니 자신이 계획한 목적에 따라 잘 판단하고 결정해야 한다. 학교의 마지막 학기를 마치고 정규직 직장이나 인턴십을 찾는다면 일할 수 있는 비자를 스폰서해주는 직장이나 학교를 찾아야 한다. 일자리를 구할 때 이런 비자를 스폰서해주는 직장 위주로 집중 공략하는 것이 효과적이다.

회사에서 비자를 스폰서해주는지는 그 회사의 인사과HR에 문의하면 된다. 취직 제의가 들어오면 상황에 따라 비자를 바꾸기 위해 한국에 다녀와야 할 경우

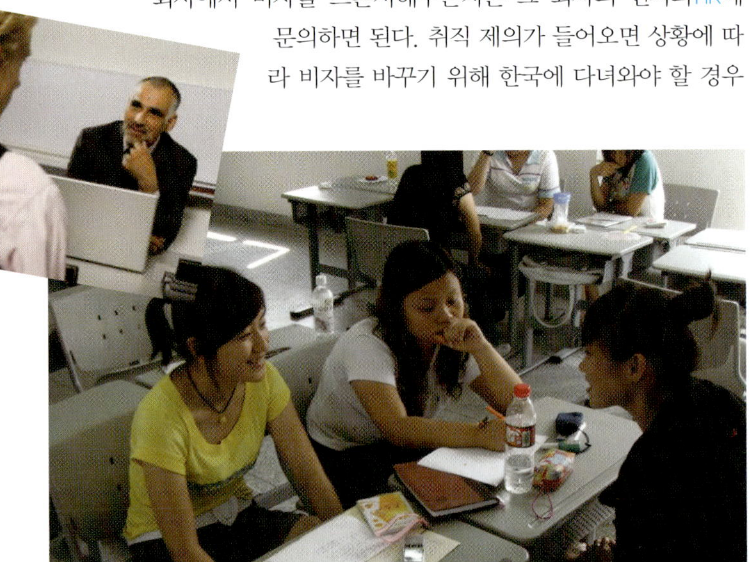

도 있으니 이를 염두에 두고 일을 시작하는 날을 선택하도록 하자.

미국에서는 job과 career를 다음과 같이 구분한다. job은 발전성이 별로 없는 일자리, career는 경력을 중요시하며 지속적으로 하게 되는 직업을 말한다. 그만큼 첫 직장을 알아볼 때는 월급보다는 해당 직업의 비전을 생각해야 한다. 학교 졸업 후 첫 직장을 알아볼 때는 배운 것을 실제로 사용할 수 있다는 흥분과 잘할 수 있을까 하는 걱정이 따르게 마련이다. 첫 단추를 잘 끼우는 것이 중요한 만큼 첫 직장은 자신이 어떤 점에 강하고 약하며, 그 직업이 적성에 맞는지를 파악하는 데 큰 역할을 한다.

미국도 이제는 대학을 나온 사람의 숫자가 늘어나면서 졸업 후 취직이 쉽지 않다. 많은 사람들의 이력서 가운데 자신의 이력서가 눈에 띄려면 경험이 중요한데, 학교를 다니면서 자신이 공부하는 분야field/industry에 맞는 경험을 얻기 위해서는 인턴십이 적절하다. 인턴십을 통해 경험을 쌓는 것도 중요하지만 인턴십의 가장 중요한 역할은 그 분야에 발을 들여놓는 것이다getting your foot in the door. 인턴십에서 열심히 일해서 좋은 인상을 남기면 졸업 후 그곳에서 고용제의job offer가 들어올 수도 있고, 만약 그곳에 자리가 없더라도 인턴십 매니저의 추천referral은 큰 도움이 된다. 인턴십 중에 사귀는 친구들이 훗날 같은 분야에서 일하게 될 동료가 될 수도 있다고 생각해보면 만나는 모든 이가 중요한 인맥이 될 수 있다.

인턴십이나 정규직full-time job을 구할 때는 학교 안에 있는 취업과/취업 어드바이저career center/advisor를 활용하면 많은 정보를 얻을 수 있다.

많은 회사들이 학교를 통해 인턴이나 정규직을 구하기 때문이기도 하고, 이곳에서 하는 취업의 날 career day 행사나 취업 워크숍 career workshop 등이 큰 도움이 되기 때문이다. 취업박람회 expo 에는 많은 회사가 참가하기 때문에 각 부스 booth 를 방문해 이력서를 제출하고 그 회사의 채용담당자 recruiter 와 이야기를 나눌 수 있는 기회다. 회사에 따라서는 그 자리에서 인터뷰를 하기도 하므로 복장에도 신경을 쓰는 것이 좋다. 취업 워크숍에서는 인터뷰하는 요령과 이력서 작성법을 가르쳐주기 때문에 아주 유용하다.

학교를 통하지 않고도 직장을 구할 수 있는 방법으로 지역 신문과 웹사이트를 활용할 수 있다.

하지만 무엇보다 좋은 방법은 아는 사람을 통해 추천을 받는 것이다. 선배나 친구를 통해 자신이 일자리를 구하고 있음을 알리고 도움을 청하자. 관련 분야에 종사하는 지인을 통해 제출하는 이력서가 그 회사 매니저의 책상 위에 올라갈 가능성이 가장 높다.

직장을 구할 때는 직무 기술서 job description 를 자세히 읽어보자. 특히 자신이 맡게 될 일 responsibilities 과 자격조건 qualifications 을 읽어보면 자신에게 맞는 자리인지 판단하기가 쉬워진다. 대학을 갓 졸업한 경우는 신입 entry level 자리를 주의 깊게 보자. 인턴십으로 근무한 경험도 일한 경험으로 인정해주기 때문에 '경험 필요 experience required'라는 문구에 해당된다.

이력서는 간결하고 읽기 쉽게 쓴다. 가능하면 한 장을 넘기지 않도록 하며 자신이 학교에서 중요하게 생각했던 것보다 고용주의 입장에서 무엇이 중요한지를 판단하

 내 인생을 바꾸는 미국에서 홀로서기

는 것이 더 중요하다. 무슨 수업을 받았다는 것보다 자신이 그 수업을 통해 무엇을 배웠는지가 고용주 입장에서는 더 관심이 있다. 이력서는 크게 지원 분야objective, 학력education, 경력work experience으로 나뉜다. 이력서를 간결한 문장으로 쓰는 대신 자기소개서cover letter는 좀 더 서술적으로 쓸 수 있다. 자기소개서는 공손하면서도 의욕이 넘치는 enthusiastic 느낌이 좋다.

인터뷰를 하러 갈 때는 정장을 착용하는 것이 좋으며 너무 화려한 옷은 오히려 마이너스가 된다. 처음 만나 인사를 할 때는 상대방의 눈을 보고 대화하며, 인터뷰를 하는 사람들의 이름과 연락처 등을 받아두도록 한다. 모르는 것은 모른다고 솔직히 말하는 것이 좋으며 몇 가지 질문을 미리 준비해가도록 하자. 인터뷰는 대답만 하는 형식이 아니라 서로 대화하는 분위기이기 때문에 자신이 말할 화제를 마련해 가는 것이 좋다. 인터뷰에 나올 만한 질문은 미리 생각해두어 연습하면 좋지만 대답을 달달 외워 가지는 말자. 또 지나치게 회사에 충성하거나 아부하는 느낌의 대답은 피하는 것이 좋다.

Where do you see yourself in five years?

5년 후 당신은 어떤 모습인가요?

So, tell me about yourself.

자신에 대해 말해보세요.

Why do you want to work for this company?

왜 우리 회사에서 일하길 원하시나요?

What makes you a better candidate than others?

다른 지원자들보다 당신이 이 자리에 적합한 이유는 무엇인가요?

Tell me your strengths and weaknesses.

자신의 장점과 약점을 말해보세요.

What motivates you to do a good job?

무엇이 당신으로 하여금 일을 잘하고 싶게 만드나요?

How do you work under pressure?

과중한 업무로 압박을 받을 때 당신은 어떻게 하나요?

인터뷰 후에 받는 고용제의는 주로 인사과human resource, HR를 통하게 된다. 몇 가지 고용제의를 놓고 고려할 때는 직장에서의 위치, 연봉, 복지혜택benefit 등을 종합적으로 고려해서 판단하자. 또한 그 회사의 미래와 그곳에서 자신이 발전할 가능성을 생각해보는 것도 중요하다. 꼭 큰 회사가 좋은 회사는 아니므로 회사 분위기와 자신이 앞으로 하고 싶은 일을 고려해보도록 하자. 연봉은 어느 정도 협상이 가능하지만 자신의 경력이나 업계의 일반적인 수준을 뛰어넘는 무리한 요구는 하지 않도록 한다. 복지혜택은 크게 노후연금 제도, 의료보험, 회사에서 지원해주는 교육 프로그램 등이 있다. 젊은 신입사원인 경우 의료보험이나 노후연금 제도를 별로 중요하게 생각하지 않지만 결혼을 하거나 아이가 생기면 큰 역할을 한다는 것도 기억해두자. 몇몇 회사들은 직원들의 석사 과정 학비를 어느 정도 지원해주기도 하니 관심이 있다면 알아보도록 하자.

이력서

Kil Dong Hong (이름)

1000 Julius St. Steven Harbor, MI 49127 Cell: 203-234-0000 / email@hotmail.com

(주소, 전화번호, 이메일)

Professional Experience (경력사항)

Great Corporation, Steven Harbor, MI

Lead Industrial Designer <Aug. 2008 ~ Present>

- Leading assistant and senior designers to collaborate on major projects
- Managing manufacture of mock-up and prototypes and design consultancies
- Designing multiple mega projects

Senior Industrial Designer <Oct. 2007 ~ Aug.2008>

- Designed User Interface and exterior for fabric care products targeted for North American market
- Collaborated with the US and Mexico marketing divisions and engineering divisions
- Coordinated manufacture of mock-up and prototypes

Best Electronics Corporation, Seoul, Korea

Internship   <Dec. 1998 ~ Dec.2002>

- Led an initiative to design mobile and digital appliance products
- Received 'Best of the Best Designer' Award in 2002

Awards received (수상 경력)

- 2009: CES Eco-Design award
- 2008: IDEA design award
- 2008: Ergonomic design award in Korea
- 2007: Red Dot design award in Germany
-

Education (학력)

- B.F.A   Hong-Ik University, Seoul, Korea < Jan. 1995 ~ Jan. 2003 >   Major: Industrial Design

Skills and Language (소프트웨어 사용 능력과 외국어 능력)

- Solidworks, Rhino, Bunkspeed, Photoshop, Illustrator, Painter, MS office program, Premiere, After Effect
- Bilingual in English and Korean

8. 미국의 직장 문화

미국에서는 대부분 한 회사에서 평생 일하지 않는다. 그러므로 계속 자신의 이력을 업데이트update하고 실력을 키워놓아야 한다. 또 계속 사람들을 사귀면서 인맥을 넓혀놓는 것이 좋다.

공부를 잘하는 것과 직장생활을 잘하는 것은 별개의 일로, 일단 회사에 입사하고 나면 학교 성적은 중요하지 않다. 물론 실력이 있어야 하겠지만 그 외에도 다른 사람과의 소통이 원활한지, 리더십을 발휘하는지, 시키는 일 말고도 진취적으로 일을 할 수 있는지, 다른 사람의 도움 없이도 문제를 해결할 수 있는지 등등이 승진에 큰 영향을 끼친다. 조용히 자신이 할 일만 꾸준히 하면 알아주겠지 하는 소극적인 자세는 직장생활에 별로 도움이 되지 않는다. 만약 매니저 자리에 관심이 있다면 미리 그런 자리가 생기면 해보고 싶다고 의견을 표현하는 것이 좋으며, 그에 걸맞은 리더십을 보이는 것이 중요하다.

각자 정해진 휴가vacation 일수와 병가sick day를 낼 수 있는 날짜 수가
정해져 있다. 미리 회사에 통보하면 눈치 보지 않고 자신이 쓰고 싶은 날
을 골라 쓸 수 있다. 아픈데도 병가를 쓰지 않고 무리하게 출근하는 것은
미국인의 사고방식으로는 기특하게 보이는 것이 아니라 아둔해 보이며,
혹 그 사람으로 인해 회사의 다른 사람들까지 아프면 곤란한 일이니 너
무 잦은 것이 아니라면 병가는 마음 편하게 쓰도록 하자. 또 회사의 누군
가 결혼을 하거나 생일이어서 단체로 선물을 하는 것 이외에는 개인적인
선물은 아주 친한 사이가 아니면 하지 않는다. 크리스마스 선물도 같은
물건을 모두에게 돌리는 형식으로 하며, 특히 윗사람에게는 선물을 하지
않거나 다른 사람과 같은 것으로 하는 것이 좋다.

또 회사 안에는 다양한 연령과 인종의 사람이 있게 마련이다. 다른 사람에게 불쾌감을 주는 농담이나 행동은 피하는 것이 좋다. 여직원이 듣기에 불편하거나 기분 나쁜 행동은 조심하도록 하며, 동성연애자들이나 다른 인종에 대해 함부로 말하는 것도 아주 조심할 일이다. 종교나 정치 이야기는 회사에서는 어울리지 않는 화제다. 또 나이가 어리다고 함부로 대하거나 얕잡아서 말하는 것도 조심하자. 반대로 나보다 나이가 많은 사람을 대할 때도 지나치게 저자세일 필요는 없다.

한국에서처럼 늦게까지 함께 일하거나 같이 회식을 하는 분위기가 아니어서 미국 직장은 어찌 보면 심심하고 외롭다 싶을 정도로 개인적이다. 미국 문화 자체가 가정적이어서 퇴근 후면 각자 가정으로 돌아가기 때문이기도 하다. 회사에서 사람을 사귀는 가장 좋은 방법은 같이 일하기에 좋은 동료가 되는 것이다. 열심히 일하고 다른 사람의 의견을 존중하는 자세가 중요하다. 같이 점심을 먹거나 커피를 마시는 등 짧은 휴식시간이라도 친밀해지기 좋은 기회가 많다.

potential 가능성
problem solving
문제를 해결하는 능력
take initiative
자발적으로 일함
communication skill
의사소통 능력
work under pressure
과중한 업무
leadership
통솔력, 지도력
responsible
책임감이 강한
quit 그만두다
fired 해고되다
shift 근무시간
punctual
시간을 잘 지키는
flexible 신축성 있는
break 휴식시간

This is my first day here and I'm very excited.

오늘 첫 출근이라서 들떴네요.

He's a good communicator and seems to be a go getter.

그는 의사소통 능력이 뛰어나고 목표한 것을 꼭 이루는 사람인 것 같습니다.

I am not feeling well. I'd like to call in sick today.

오늘 몸이 안 좋아서 병가를 내고 싶습니다.

미국에서 홀로서기
SURVIVAL ENGLISH

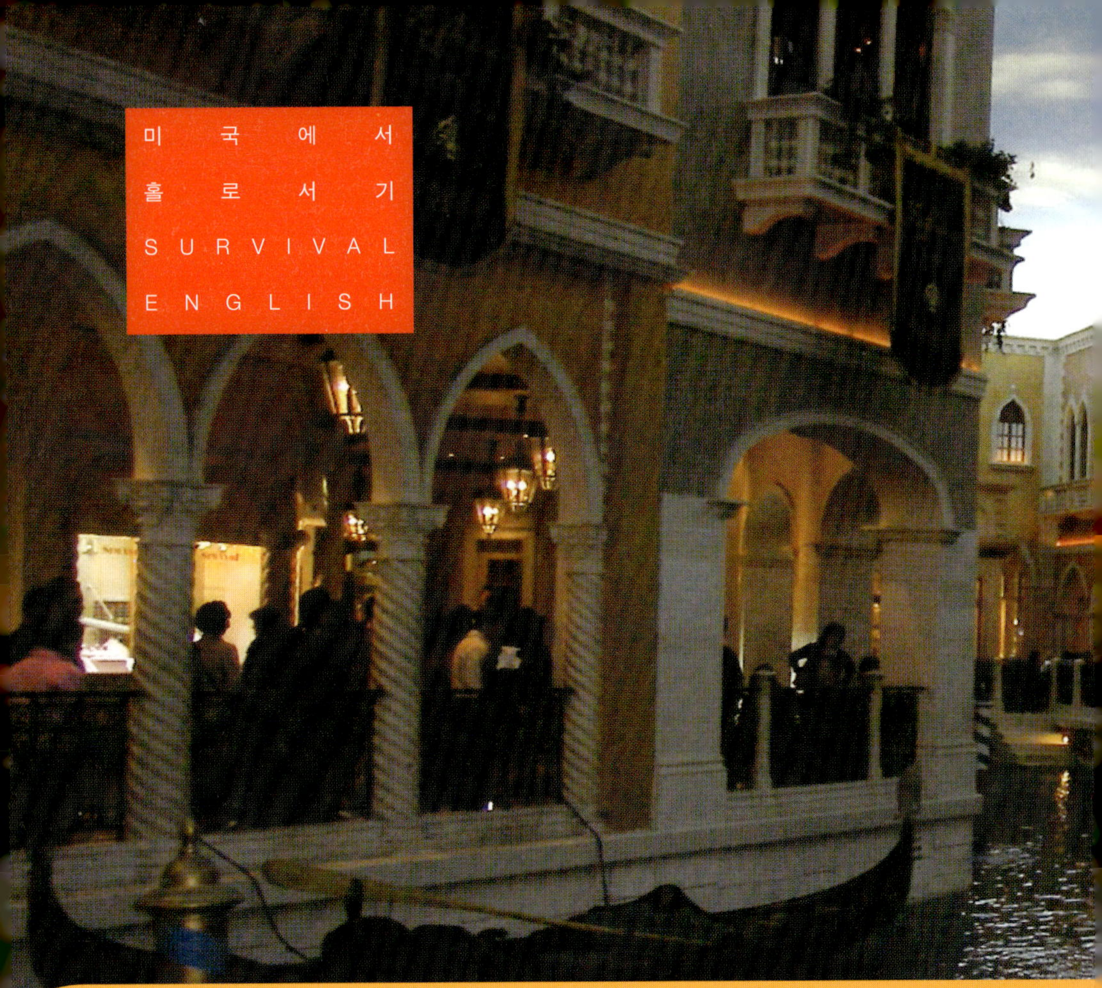

Part VII

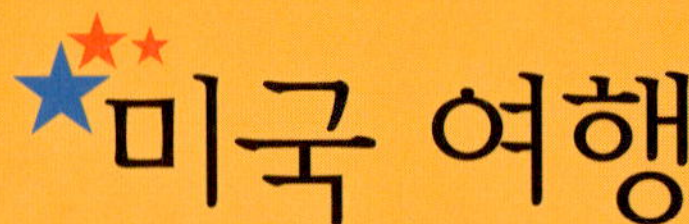

미국 여행

1. 여행 준비하기
2. 장거리 대중교통
3. 미국의 관광 명소

1. 여행 준비하기

여행은 마음에 여유를 주는 활력소가 되며 그 나라의 문화를 새로운 관점에서 보고 경험할 수 있는 기회가 된다. 여행을 준비할 때는 너무 많은 것을 한꺼번에 보려는 욕심보다는 천천히 즐기려는 생각을 가지고 준비하자. 여행을 하다 보면 계획과는 달리 예정된 시간을 넘기는 경우가 있게 마련이다. 따라서 여행 루트를 짤 때는 너무 빡빡하지 않게 하는 것이 좋다.

여럿이 함께하는 여행이라면 교대로 운전하면서 하는 자동차 여행road trip이 힘도 덜 들고 비용도 저렴하다. 대신 여러 사람이 함께하는 여행은 각자의 취향이 다르므로 미리 상의해서 계획을 짜야 나중에 서로 얼굴을 붉히는 경우가 없다. 혼자 하는 여행이나 여자들끼리만 하는 여행이면 교통이 편리한 도시를 여행하는 것이 좋다. 여행 중 사고를 방지하기 위해서는 아무리 안전한 곳이라도 지나치게 빡빡한 스케줄은 짜지 말고, 늦은 시간에 인적이 없는 곳은 피하는 것이 좋다. 떠나기 전에 어디로 가고 스케줄이 어떻게 되는지 친한 사람에게 알려주고, 만약의 경우를 대비해 머무는 곳의 숙소 전화번호 등을 남기는 것이 좋다.

날씨와 성수기 여부는 여행 날짜를 결정하는 데 중요한 역할을 한다. 너무 춥거나 더운 날씨를 피하는 것만큼 성수기를 피하는 것도 사람들로 인한 북적거림을 피하면서 여행 경비를 절약할 수 있는 방법이다. 미국은 여름방학이 길기 때문에 대부분의 관광지들은 아이들과 함께 휴가를 즐기는 가족 단위 여행객들로 붐빈다. 지역별로 하와이는 크리스마스 시즌, 올랜도 디즈니월드는 여름철, 요세미티는 봄철에 관광객들이 많이 몰린다. 시간적인 여유가 있다면 이 기간을 피해 주말이 아닌 주중에 숙소를 잡으면 훨씬 편안하고 여유롭게 여행할 수 있다.

여행을 준비할 때는 자신이 좋아하는 여행 스타일을 염두에 두고 계획하자. 복잡한 도시를 벗어나 자연 속에서 한가로이 즐기고 싶다면 캠핑을, 여행을 통해 새로운 친구를 사귀고 싶다면 혼자 떠나는 여행을, 여러 사

TiP

★ 여행 정보는 www.tripadvisor.com처럼 다른 여행자들의 평가를 바탕으로 운영되는 사이트에서 얻거나 『프로머스 Frommer's, www.frommers.com』, 『론리 플래닛 Lonely Planet, www.lonelyplanet.com』 같은 책자나 트래블 채널 Travel Channel, www.travelchannel.com 같은 여행 채널 등을 참고할 수 있다. 그 외에도 여행사 travel agent의 도움을 받아 여행을 계획할 수도 있다. 여행사는 여행에 필요한 조언을 해주고 호텔, 비행기 표, 투어를 대신 예약해주며, 보통 여행 경비의 10~15% 정도를 수수료로 받는다.

람과 함께하는 여행을 좋아한다면 자동차 여행을, 계획하고 준비할 시간이 없고 짧은 시간에 많은 것을 보고 싶다면 관광tour을 고려한다. 미국은 국토가 워낙 넓어서 어디부터 여행할지 쉽게 정하기 힘들다. 우선 자신이 거주하는 지역의 주변부터 둘러보자. 주말에 1박 2일 일정으로 가까운 곳을 여행하다 보면 장거리 여행에도 자신감이 생길 것이다.

가고 싶은 곳을 정했다면 본격적으로 숙소, 비행기, 기차표, 렌터카 등을 알아본다. 미리 예약할수록 저렴하게 이용할 수 있으니 스케줄이 정해지는 대로 알아보자. 호텔 예약은 보통 성인 2인당 방 하나를 기준으로 하며, 인원이 초과되면 추가요금을 받거나 아예 숙박을 허용하지 않는 곳도 있다. 단체로 머무는 통나무집cabin을 빌리는 경우도 정원을 초과하면 벌금이 있다. 호텔을 예약할 때는 호텔비에 아침식사가 포함되었는지, 공항까지 셔틀을 운영하는지도 고려해서 예약하도록 하자. 보통 호텔 방은 흡연실smoking과 금연실non-smoking 중에서 선택할 수 있고 퀸사이즈 침대 두 개가 있는 방이나 킹사이즈 침대가 한 개 있는 방 중에서 골라서 예약할 수 있다.

국립공원 웹사이트

- www.nps.gov: 미국 국립공원의 공식 사이트로, 공원 소개와 안내 이외에도 숙박, 날씨, 교통 등의 정보를 얻을 수 있다.
- www.nps.gov/grca: 그랜드캐니언(Grand Canyon)
- www.nps.gov/yose: 요세미티 국립공원(Yosemite National Park)
- www.nps.gov/yell: 옐로스톤 국립공원(Yellowstone National Park)
- www.nps.gov/grsm: 그레이트스모키 산맥(Great Smoky Mountains)

미국에 있는 대부분의 국립공원은 며칠 동안 구경해도 다 볼 수 없을 정도로 규모가 크다. 미국에서 누릴 수 있는 큰 혜택 중의 하나가 저렴한 비용으로 광대한 자연을 즐길 수 있다는 점이다. 국립공원 중심부에서 캠핑을 하면 등산할 때 시간을 절약할 수 있다. 캠핑을 하기 위에서는 허가증permit이 필요한데, 인기 있는 국립공원의 캠핑장camping site은 몇 달 전부터 예약이 차기 때문에 가능한 한 빨리 예약하는 것이 좋다. 국립공원에서 숙박하는 경우는 주로 통나무집이나 캠핑장을 이용해야 하는데, 국립공원 웹사이트에 가면 숙박lodging 섹션에 예약하는 방법이 나와 있다. 대부분의 국립공원 캠핑장은 인터넷으로 예약할 수 있다.

캠핑장은 하룻밤에 50달러 정도로 비교적 저렴하지만, 텐트나 각종 장비가 필요하다는 점을 고려해야 한다. 대부분의 캠핑장은 전기시설이 되어 있고 샤워장도 있다. 캠핑 장비가 없거나 좀 더 편안한 숙식을 원한다면 통나무집도 좋은 선택이다. 통나무집은 적게는 두 명부터 많게는 열두 명까지 이용할 수 있다.

자동차 여행은 비교적 적은 비용으로 관광할 수 있는 방법이다. 다만 시간적·육체적으로 한계가 있기 때문에 너무 멀지 않은 곳으로 루트를 짜는 것이 좋다. 또한 혼자서 며칠 동안 계속 운전하다 보면 피로가 쌓이게 마련이고 결국 즐거운 여행을 망칠 수도 있으므로 번갈아 운전할 수 있는 친구들과 함께하도록 하자. 루트를 짤 때는 중간에 쉬는 시간을 많이 넣어 적어도 네 시간에 한 번은 쉴 수 있도록 한다. 한국에서처럼 따로 휴게소가 없기 때문에 적당한 도시나 마을을 찾게 되면 쉴 곳을 정해 주유도 하고 화장실도

이용하자. 자동차 보험사인 AAAautomotive.aaa.com와 같이 긴급구난 roadside assistance 서비스를 제공하는 곳의 회원이 되거나 차를 빌릴 때 긴급구난 서비스를 포함해서 빌리는 것이 비상시를 대비한 안전한 방법이다.

날씨가 추운 지역은 겨울철에 도로 사정이 좋지 않을 수도 있음을 감안하여 스노체인snow chain을 항상 구비하고 다니는 편이 좋다. 내비게이션GPS이 있는 차를 가지고 여행을 하면 여러모로 편하지만 GPS에만 의존하기보다는 지도를 미리 보고 어느 정도 지리를 익힌 후에 출발하는 것이 좋다.

새로운 도시에 도착하면 그곳의 관광 안내소tourist office를 찾아가서 지도, 시내 교통, 식당과 메뉴, 지역 행사 등과 같은 다양한 정보를 알아본다. 그 외에도 머무는 호텔의 안내 데스크concierge desk를 찾아가면 지도나 다양한 여행 정보를 얻을 수 있으며 식당, 콘서트 표, 콜택시 등의 예약 서비스도 대신해준다.

Jamie	Hi, can I ask you a few questions?
제이미	안녕하세요. 몇 가지 물어봐도 될까요?
clerk	Sure, how can I help you?
직원	그럼요. 무엇을 도와드릴까요?
Jamie	I'm trying to figure out the best way to get to the beach.
제이미	해변으로 가는 가장 쉬운 방법이 뭐가 있을까요?
clerk	You can take a shuttle across the street at the sign. It's a green shuttle and it will take you about 5 minutes to get there.

호텔

직원	길 건너편 정거장에서 셔틀을 타시면 돼요. 녹색 셔틀을 타시면 해변까지 5분 거리예요.
Jamie	How much is it, and how often does it come?
제이미	요금은 얼마이고 차는 얼마나 자주 오나요?
clerk	It's free and it comes every 30 minutes. The last shuttle leaves the beach at 6pm.
직원	무료이고 30분마다 와요. 해변에서 마지막 출발하는 버스는 저녁 6시입니다.
Jamie	Sounds perfect. Thanks. Can you recommend any restaurant by the beach? Something with a view?
제이미	아주 좋네요. 고맙습니다. 바닷가 근처의 식당을 추천해주시겠어요? 이왕이면 경치가 좋은 곳으로요.
clerk	If you like seafood, I recommend 'Blue Moon'. It's right on the water front and has a great view.
직원	해물을 좋아하시면 '블루문'을 추천하고 싶네요. 해안가 바로 옆에 있고 경치가 아주 좋아요.
Jamie	Can I get the number and address of the place?
제이미	연락처랑 주소를 얻을 수 있을까요?
clerk	Here is the pamphlet. It also has a menu in the back.
직원	여기 팸플릿이 있어요. 뒤에 메뉴도 있고요.
Jamie	Thanks a lot.
제이미	감사합니다.
clerk	You're welcome. Have fun.
직원	천만에요. 즐거운 시간 보내세요.

2. 장거리 대중교통

철도

미국의 대표적인 장거리 철도회사로는 앰트랙Amtrak이 있다. 비행기로 여행하면 좀 더 빠르게 움직일 수 있지만, 각 도시들의 풍광을 함께 즐기기 원한다면 철도를 이용해보는 것도 좋은 방법이다. 요금은 비행기 운임과 비슷하거나 오히려 더 비싼 경우도 있으므로 비용 때문에 철도를 선택하는 경우라면 잘못 생각한 것이다. 시카고에서 캘리포니아로 가는

경우 편도 200~300달러 정도이고, 침대칸을 원한다면 추가운임을 지불해야 한다.

여행자들을 위한 USA Rail Pass를 이용하면 정해진 기간 동안 앰트랙 철도를 무제한으로 이용할 수 있다. 15일 패스의 경우 389달러, 30일 패스의 경우 579달러, 45일 패스의 경우 749달러이며 앰트랙 홈페이지 Amtrak.com나 여행사를 통해 구매할 수 있다.

▍고속버스

미국의 대표적인 장거리 버스회사로는 그레이하운드 Greyhound 버스가 있는데 철도보다 저렴한 가격으로 장거리 여행을 할 수 있다. 잠 잘 공간이 따로 없어 불편하지만 비행기를 이용하기 곤란한 경우 선택할 수 있다. 시카고에서 캘리포니아로 가는 경우 편도 150달러 정도로 이용할 수 있고, 학생 할인도 받을 수 있다. 미리 티켓을 구입하는 경우에는 운임이 더 저렴하다.

대표적인 사이트
엑스피디아 expedia.com
올비츠 orbitz.com
프라이스라인 priceline.com

▍비행기

미국은 국토가 워낙 넓기 때문에 국내 여행에서도 비행기를 빈번하게 이용하게 된다. 가격도 그레이하운드 버스나 앰트랙 기차를 이용하는 것보다 저렴한 경우가 많으며, 크고 작은 공항이 많아 비교적 편리하게 이용할 수 있다. 비행기로 장거리 여행을 하는 경우 티켓을 일찍 사는 편이 경제적이므로 최소한 2주 전에는 발권을 하도록 한다. 인터넷으로 비행기 티켓을 사는 것도 저렴하며, 각 항공사 사이트 www.united.com, www.aa.com 등에서도 판매한다. 마일리지 Frequent Flyer Mile를 적립하려면 각 항공사 사이트에서 표를 예약하도록 한다. 저렴하게 파는 표들은 제약사항이 많아 취소하거나 날짜를 바꾸기 어려우니 신중하게 구입하자. 전자티켓e-ticket으로 발권할 경우에는 운전면허증만 있으면 된다. 출발 24시간 전부터 전자 보딩 패스boarding pass 발권을 각 항공사 홈페이지에서 할 수 있으므로 집에서 미리 출력해 가면 더 좋은 자리를 선택할 수 있으며 공항에서 줄을 서지 않아도 된다. 최근에 많은 항공사들이 비행기 편으로 부치는 짐에 대해 개당 20~60달러까지 수수료를 청구하고 있기 때문에 되도록이면 기내에 반입할 수 있는 정도만 가지고 가는 것이 좋다. 대신 액체나 날카로운 물품은 기내 반입이 되지 않으므로 유의한다.

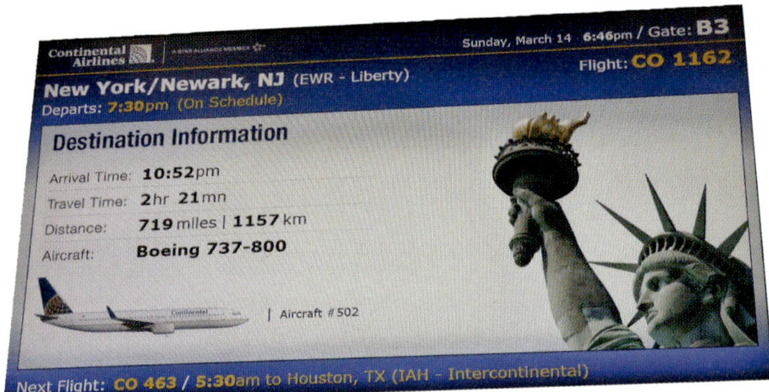

렌터카

차를 빌릴 때는 GPS가 있는 차인지, 트렁크에 여유 공간이 있는지 등을 고려하자. 렌터카 요금에는 기간에 따른 요금과 주행거리에 따른 요금이 있으므로 비교해보고 자신에게 유리한 쪽으로 결정하자. 보험료도 고려해야 하는데 이미 차가 있고 보험에 가입되어 있는 상태라면 렌터카 사고 때에도 그 보험이 적용되기 때문에 별도로 보험에 들 필요는 없다. 대부분의 렌터카 회사는 공항에서 렌터카 매장까지 무료 셔틀을 운영하고 있어 이용하기 편리하며, 회사에 따라서는 집까지 데리러오는 곳도 있으니 꼼꼼히 알아보자.

3. 미국의 관광 명소

캘리포니아 해변 드라이브 코스
(2박 3일)

루트: 샌프란시스코 ➜ 몬터레이Monterey ➜ 빅서 Big Sur ➜ 산시메온San Simeon ➜ 모로 베이 Morro Bay ➜ 산루이스오비스포San Luis Obispo ➜ 솔뱅Solvang ➜ 산타바버라Santa Barbara ➜ LA

캘리포니아CA 바닷가를 따라 샌프란시스코에서 LA까지 내려가는 루트로, 시원하게 펼쳐진 바다 경치가 일품이다. 태평양 해안선을 달리는 PCHPacific Coast Highway를 타고 가는 코스로, 해안선을 따라 각 지역을 둘러보기 좋다. 겨울철에도 그다지 춥지 않아 연중 언제든지 할 수 있는 여행이지만 그래도 겨울에는 약간 쌀쌀하다. 샌프란시스코에서 LA까지는 내륙 고속도로를 이용하면 9시간이면 갈 수 있는 거리이므로 시간적인 여유가 없다면 빅서와 산시메온을 빼고 1박 2일도 가능하다.

첫째 날

샌프란시스코에서 출발하여 몬터레이에 도착해 17마일즈17 miles와 페블비치pebble beach, 카멜을 둘러보고 몬터레이 수족관을 방문한다. 숙박은 몬터레이에서.

둘째 날

아침 일찍 몬터레이에서 출발해 1번 도로를 따라 내려가면서 빅서를 지나 산시메온으로 간다. 산시메온에서 허스트캐슬을 구경한 다음 남쪽으로 이동하면서 모로 락Morro rock을 지나 교통이 편리하고 숙박료가 저렴한 산루이스오비스포에 도착해 숙박한다.

셋째 날

산루이스오비스포에서 출발해 솔뱅에서 잠시 쉬고 산타바버라에 도착한다. 산타바버라에서 낮 시간을 보낸 다음 남쪽으로 출발해 LA에 도착하면 모든 일정이 끝난다.

● **몬터레이 반도**Monterey Peninsula

http://www.monterey.org

몬터레이는 캘리포니아 중부에 위치한 항구 도시로, 경관이 수려해서 PCH를 타고 서해안을 여행하는 관광객들이 반드시 거쳐 가는 곳이다.

17마일즈 드라이브와 페블비치 골프장

http://www.pebblebeach.com/page.asp?pageName=_17_Mile_Home

캘리포니아 최고의 드라이브 코스라고 할 만큼 멋진 경관을 자랑한다. 입장료는 자동차 한 대당 9.25달러이며, 지도를 따라 정해진 관광 명소를 둘러보면 된다. 바다를 따라 자동차로 둘러볼 수 있는 코스로 세계적으로 유명한 골프 코스인 페블비치를 끼고 있다. 골프 코스를 돌려면 시간과 비용이 많이 들지만, 약간의 입장료만으로도 아름다운 경관을 구경할 수 있다. 멋진 경관을 담으려면 카메라는 필수이며 렌즈나 삼각대도 챙겨 가면 좋다.

카멜Carmel, Camel-by-the-Sea

http://www.carmelcalifornia.com

소나무 숲과 백사장 사이에 위치한 이 도시는 주민의 25% 이상이 예술가인 아름다운 곳으로, 동화 속의 마을처럼 아기자기하다. 갤러리가 많고 독특한 수공예 기념품을 쇼핑하기에도 좋은 곳이어서 항상 번잡한 편

이다. 명배우 클린트 이스트우드가 시장을 지내 더욱 유명해졌다.

● **빅서**

www.bigsurcalifornia.org

캠핑장으로 유명한 파이퍼 빅서 주립공원

Pfeiffer Big Sur State Park은 '큰 남쪽'sur는 스페인어로 '남쪽'이라는 의미이라는 뜻을 가지고 있다. 산과 바다가 멋진 조화를 이뤄 빼어난 절경을 자랑한다. 푸른 바다와 거친 절벽 그리고 산을 연결하는 다리가 인상적이다. 길이 꼬불꼬불하고 협소해 늦은 시간이나 안개가 끼었을 때는 운전에 조심해야 한다.

● **산시메온**

허스트캐슬Hearst Castle

http://www.hearstcastle.org

산시메온에서 조금 떨어진 언덕 위에 있는 하얀 성과 같은 거대한 건물로, 1990년대 초반에 언론재벌이었던 윌리엄 랜돌프 허스

트William Randolph Hearst가 2년에 걸쳐 지은 저택이다. 현재는 아무도 거주하지 않으며, 그가 죽은 후 주정부에 기증되어 일반에 공개되었다. 신문과 영화계에 큰 영향력을 행사했던 허스트의 저택은 유명한 배우들과 저명인사들로 붐비던 곳이었다. 그에 걸맞게 저택은 화려하게 지어졌고 그 안에는 각국의 귀한 골동품들이 소장되어 있다. 전 세계에서 수입해 온 귀한 대리석, 장식품, 조각품이 생전에 그가 누렸던 부귀영화를 짐작하게 해준다. 바다가 내려다보이는 멋진 언덕 위에 로마의 성전을 옮겨다놓은 듯한 로마식 건축 양식인 수영장Neptune pool은 영화 「스파르타쿠스Spartacus」의 촬영지가 되기도 했다. 허스트의 삶을 배경으로 만들어졌다 하여 화제가 되었던 영화 「시민 케인Citizen Kane」을 미리 보고 가면 색다른 감흥을 느낄 수 있다.

저택을 둘러보기 위해서는 미리 인터넷으로 예약을 하거나 캐슬 바로 밑에 있는 visitor center에서 투어 티켓을 구입해야 한다. 투어 티켓은 24달러이며 소요시간은 1시간 45분이다. 투어 도중에는 일행에서 벗어나 혼자 둘러볼 수 없으며 인솔자를 따라가면서 설명을 듣게 되어 있다. 여름이나 주말에는 빨리 매진되니 미리 예약해야 헛걸음을 하지 않는다.

● 모로 베이Morro Bay

http://www.morrobay.org

바다 위에 175미터 높이의 모로 락이 솟아 있는 작은 도시로, 고깃배가 많이 들어오는 곳이다. 안개가 자욱이 깔리면 다소 을씨년스럽고, 석양이 질 때면 신비한 장관을 연출한다. 낚시를 할 수 있으며 그 외에도 각종 수상 스포츠를 즐길 수 있다. 영화 「구니스The Goonies」의 촬영지이기도 하다.

● 산루이스오비스포

http://www.sanluisobispocounty.com

관광 도시가 아니어서 크게 볼거리가 있는 것은 아니지만, 비교적 큰 도시로 여행 루트의 중앙에 위치해 있어 숙박하기 편리하다. 유황온천인 시카모어 온천Sycamore Mineral Springs도 있어 여행하는 시기가 겨울철이라면 이용해 볼만하다.

● 솔뱅

http://www.solvangusa.com

덴마크계 미국인들이 모여 살면서 세운 마을로, '햇빛의 들판'이라는 뜻을 갖고 있다. 작은 덴마크의 모습을 한 마을로 선물가게, 유

럽식 빵집, 식당 등이 있고 덴마크식으로 지은 건물들을 볼 수 있다. 잠시 들러 식사를 하거나 운전 도중에 쉬어가기 좋은 곳이다.

●산타바버라

http://www.santabarbaraca.com

바닷가에 자리 잡은 깨끗하고 아름다운 관광 도시로, 고급 식당과 호텔 등이 많다. 아트 갤러리도 있어 연중 어느 때라도 방문하기 좋은 휴양 도시이다.

산타바버라 미션Old Mission Santa Barbara

http://www.santabarbaramission.org

18세기 말에 로마와 스페인 양식으로 지은 건물로, 건축 당시의 문화적인 유물과 유적들을 볼 수 있다. 일 년 내내 여러 행사가 있어 항상 축제 분위기다.

산타바버라 다운타운

시에서 운영하는 셔틀을 이용하면 쉽게 다운타운을 구경할 수 있다. 세이트가Sate Street를 중심으로 상가와 식당들이 모여 있으며 미술관도 관람할 수 있다. 또한 건축 양식이 아름다운 산타바버라 법원도 찾아볼 만한데, 이곳의 종탑에 올라가 보면 스페인식 지붕으로 뒤덮인 도시를 한눈에 내려다볼 수 있다.

스턴즈 워프Sterns Wharf

산타바버라 부두pier로, 바닷가를 둘러보기에 좋다. 부두 끝에 있는 식당에서 해산물을 주문해 먹을 수 있으며, 바다 위를 달리는 해상택시도 이 부두에서 출발한다.

동부 뉴욕과 보스턴 명문대학 견학 여행(2박 3일)

루트: 뉴욕 ➡ 뉴헤이븐New Haven ➡ 보스턴 ➡ 프로비던스Providence ➡ 뉴포트Newport ➡ 케이프코드Cape Cod ➡ 마샤스빈야드Martha's Vineyard ➡ 뉴욕

동부의 명문대학인 예일, 하버드, MIT, 브라운 대학을 견학하고 로드아일랜드의 해변을 여행하는 코스로, 날씨가 따뜻한 봄과 여름이 바다 정취를 한껏 즐기기 좋다. 학교의

분위기를 느끼고 싶다면 관광객이 적은 주중을 추천하고 싶다. 또한 주중에는 로드아일랜드의 숙박시설을 저렴하게 이용할 수 있어 좋다.

대중교통을 이용한다면 보스턴과 뉴욕에서 출발하는 뉴헤이븐, 뉴포트, 케이프코드로 가는 버스투어가 많으니 버스를 이용해 한 군데씩 여행하는 것도 괜찮은 방법이다. 특히 뉴욕과 보스턴은 주차료가 비쌀 뿐 아니라 초보운전자에게는 어려운 코스인 반면 대중교통이 잘 발달되어 있어 차 없이 여행하는 것이 더 편할 수도 있다.

첫째 날

뉴욕에서 출발해 뉴헤이븐에서 예일 대학을 둘러보고 보스턴으로 출발. 오후에 보스턴에 도착해서 숙박한다.

둘째 날(보스턴 관광)

겨울철이 아니면 덕투어Duck Tour를 하거나 프리덤트레일Freedom Trail을 걸어 다니며 관광을 하고, 케임브리지Cambridge에 가서 하버드와 MIT를 둘러본다. 보스턴을 출발하여 로드아일랜드에서 숙박한다.

셋째 날

프로비던스에 있는 브라운 대학을 방문한다. 뉴포트와 마샤스빈야드에서 낮 시간을 보내고 뉴욕으로 돌아온다.

● 뉴헤이븐

뉴욕에서 보스턴으로 가는 95번과 91번 하이웨이highway 주변에 있어 잠시 쉬어가기 좋다.

예일 대학Yale University
http://www.yale.edu/visitor/tours.html

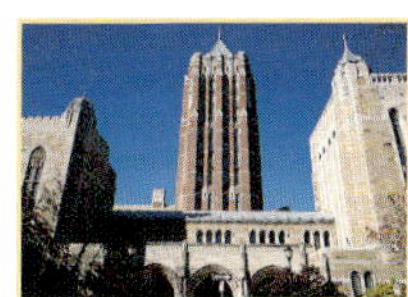

아이비리그Ivy League 대학 중에서도 최상위에 속하는 대학으로, 학교에서 운영하는 캠퍼스 투어를 신청하면 설명을 들으면서 학교를 구경할 수 있다. 투어는 주중에는 하루 두 번오전 10시 30분/오후 2시, 주말에는 하루 한 번오후 1시 30분이며 무료로 이용할 수 있다.

● 보스턴

50개 이상의 대학이 모여 있는 학술의 도시이자 미국 독립운동의 출발점이 된 도시다. 유서 깊은 명소가 현대적인 고층 빌딩과 함께 조화를 이루고 있으며, 인근의 케임브리지에는 하버드와 MIT가 있다.

대중교통이 발달되어 있으므로 자가용을 타고 갔다면 차는 호텔이나 공영주차장public parking lot에 주차해두고 전철이나 버스를 이용하자. 9달러에 1일 정액권Day Link Pass을 구입하면 지하철과 버스를 무제한으로 탈 수 있다. http://www.mbta.com/fares_and_passes/passes

프리덤트레일
http://www.thefreedomtrail.org

보스턴의 역사적인 명소를 걸어 다니면서 둘러보는 투어다. 투어 코스를 따라 바닥에 붉은 라인이 그어져 있는데, 그 라인을 따라

둘러보게 되어 있다. 16개의 역사적 명소를 잇는 약 4㎞ 구간의 거리로, 걷는 시간이 다소 걸리지만 미국 역사에 관심이 많다면 추천하고 싶다. 보스턴의 가장 오래된 공원인 보스턴 코먼Boston Common에서 무료 지도를 받는 것으로 투어를 시작한다. 보스턴의 진면목을 볼 수 있는 좋은 투어다. 어느 정도 미국의 역사에 대해 미리 공부하고 시작하면 유익한 투어가 될 것이다. 라인을 따라 혼자 걷는 것은 무료지만 전통복장을 한 가이드를 따라다니면서 설명을 듣는 것은 티켓을 사야 한다.

덕투어

http://www.bostonducktours.com

다소 현란한 색이 칠해진 오리 모양의 수륙양용차를 타고 시내의 유명한 곳을 돌다가 찰스 강에 들어가 보스턴을 구경하는 투어다. 입담 좋은 가이드가 설명을 해주며, 한 시간 반 정도 되는 짧은 시간에 보스턴을 둘러볼 수 있다는 것이 장점이다. 차가 개방형으로 되어 있어 난방이 되지 않기 때문에 겨울에는 운영하지 않는다. 프루덴셜 센터Prudential Center: www.prudentialcenter.com나 과학박물관Museum of Science: www.mos.org에서 출발하며 소요시간은 약 80분이다. 이용요금은 어른은 31달러, 학생은 27달러다.

표는 출발 지점에서 구입하거나 인터넷으로 예약할 수 있다. 인터넷으로 예약할 경우 표 한 장당 수수료3.50달러가 붙는다. 계절에 따라 다르지만 아침부터 해질녘까지 30분이나 1시간 간격으로 출발한다.

케임브리지

찰스 강 연안에 있는 도시로, 이곳에 MIT와 하버드가 있다. 하버드 대학 학생이 무료로 안내해주는 투어http:// news.harvard.edu/guide/to_do/index.html를 이용하면 비교적 짧은 시간에 하버드 야드yard라고 불리는 캠퍼스를 둘러볼 수 있다. 하버드 캠퍼스 안에 있는 미술관과 박물관도 둘러볼 만하다. MIT는 하루에 두 번 운영하는 투어http://web.mit.edu/visit/info.html를 이용해 학교를 둘러볼 수 있다. 대학로인 하버드 스퀘어는 아기자기한 분위기로 젊은이들이 많이 모인다.

퀸시 마켓Quincy Market

다양한 음식과 볼거리가 있는 곳으로, 거리 공연을 하는 사람들과 구경꾼들로 늘 붐비는 곳이다. 푸드 코트 형태의 식당이 많이 있어 각국의 음식을 맛볼 수 있다. 보스턴의 유명한 클램차우더clam chowder와 바닷가재lobster도 맛볼 수 있다.

●프로비던스

미국에서 가장 작은 로드아일랜드 주의 주도로, 명문대학인 브라운 대학 www.brown.edu이 이곳에 있다. 운치 있는 브라운 대학을 둘러보고 뉴포트로 향하자.

●뉴포트 저택 Newport Mansions

http://www.newportmansion.com

뉴포트는 아름다운 해변 도시로, 이곳에는 대부호들의 별장이 많다. 그중 역사적 가치가 있는 열 개의 별장이 기증되어 일반에 공개되었다. 별장이라기보다는 동화 속에 나오는 성에 가까울 정도로 화려하고 웅장하다. 건물 외부도 멋있지만 각 별장 안에 소장하고 있는 골동품들과 인테리어도 볼 만하다. 실내에서 사진 촬영이 금지된 곳도 있으니 주의하자. 또한 일부 별장은 일반에 공개하지 않는 날도 있으니 미리 알아보고 가자. 가장 유명한 별장인 The Breakers의 입장료는 18달러인데, 다섯 개의 별장을 둘러보는 31달러짜리 패키지 티켓 등 여러 종류가 있으니 여건에 따라 활용하면 된다. 오디오 투어와 가이드가 설명하는 투어가 있다.

●마샤스빈야드

http://www.mvy.com

케이프코드에서 가장 인기 있는 곳이다. 우즈홀 Woods Hole에서 페리 ferry를 타면 50분 정도 걸리며, 페리 요금은 왕복 15달러다. 케네디 대통령 일가의 별장과 상류 저명인사들의 별장이 많은 곳으로, 여섯 개의 마을이 모여 있다. 선물가게, 갤러리, 식당 등이 있고 일곱 개의 아름다운 비치가 있어 여름휴가나 주말여행을 즐기기 좋다. 섬에서 운영하는 셔틀 서비스를 이용하면 큰 불편 없이 이동할 수 있다. 섬에 도착해 자전거를 빌려 섬을 돌아보자. 조용한 해변을 즐기고 석양을 보고 돌아오기에 좋은 코스다.

섬으로 가는 배편: http://www.islandferry.com/ssa

중남부 사막 여행(2박 3일)

복잡한 도시에서 벗어나 사막을 달려보자. 사막 여행은 단조로워 보이지만 진정한 로드 트립 road trip의 맛을 느낄 수 있다. 아무리 가도 끝없이 펼쳐지는 사막을 달리다 보면 미국 땅이 얼마나 큰지 새삼 느낄 수 있다. 사막에서 느끼는 고요함 또한 한국에서는 경험하기 어려운 색다른 경험일 것이다.

루트: 댈러스Dallas ➡ 칼즈배드 동굴Carlsbad Caverns ➡ 샌안토니오San Antonio ➡ 댈러스Dallas

미국 여행의 특색은 갈 곳이 많은 대신 한 곳을 보기 위해서는 몇 시간씩 이동해야 한다는 점이다. 이 루트는 운전을 많이 해야 하므로 교대로 운전할 수 있는 친구와 같이 가면 피로도 덜하고 지루함도 덜 수 있다. 댈러스에서 칼즈배드까지 9시간, 칼즈배드에서 샌안토니오까지 8시간 정도 걸리므로 아침 일찍 출발해서 틈틈이 쉬어 가면서 안전 운전을 하자. 뜨거운 사막을 통과하는 장거리 자동차 여행이므로 출발하기 전에 차량 상태를 꼼꼼히 점검해야 한다. 더운 여름에 떠난다면 생수를 넉넉히 준비하고, 필요하다면 아이스박스도 가져가면 좋다.

첫째 날

새벽에 댈러스에서 출발해 칼즈배드에 도착하여 해질녘에 동굴 입구에서 박쥐 떼를 구경한 후 칼즈배드에서 숙박한다.

둘째 날

아침에 칼즈배드 동굴을 보고 샌안토니오로 출발한다. 저녁에 샌안토니오에 도착해 리버워크를 구경한 다음 샌안토니오에서 숙박한다.

셋째 날

낮에 샌안토니오를 관광한 후 댈러스로 출발한다. 중간에 시간 여유가 있다면 산마르코San Marcos 아울렛http://www.primeoutlets.com/locations/san-marcos.aspx에 들러 쇼핑을 하거나 오스틴Austin에서 식사를 하면서 잠시 쉬어도 좋다.

● 칼즈배드 동굴

www.nps.gov/cave

유네스코가 지정한 세계자연유산에 등록되어 있을 만큼 유명한 동굴로, 지하 생태계를 보존하고 있는 곳으로도 유명하다. 입장료는 성인 기준 6달러로 3일 동안 관람할 수 있다. 가이드 없이 혼자 자유롭게 구경할 수도 있으나 지정된 곳만 볼 수 있다는 단점이 있다. 가이드가 안내하는 투어 프로그램을 이용하면 좀 더 깊은 동굴까지 볼 수 있다. 가이드 투어의 경우 한 시간 반, 두 시간, 세 시간, 네 시간 코스 등으로 세분화되어 있으므로 여건에 맞게 선택하면 된다. 연휴나 성수기에 간다면 미리 예약하고 가는 것이 좋다.

깊이가 250미터 정도 되는 동굴 아래로 엘리베이터를 타고 내려가면 선인장밖에 없는 메마른 사막 세상과는 달리 화려하게 장식된 아름다운 동굴을 볼 수 있다. 다양한 모양의 석순과 종유석으로 이루어진 거대한 동굴은 규모 면에서 보는 사람을 압도한다. 칼즈배드를 찾은 사람이라면 누구나 보고 가는 빅 룸Big Room의 경우 한 바퀴 둘러보는 데 한 시간 반 정도가 소요된다. 해질녘이면 동굴에서 서식하는 40만 마리에 달하는 박쥐 떼가 동굴을 나가면서 하늘을 새까맣게 뒤덮는 장관을 볼 수 있다. 동굴 입구에서 이러한 장관을 볼 수 있는 무료 프로그램bat flight program이 있는데, 야외무대가 있어 앉아서 박쥐 떼를 기다리는 동안 공원 관리인이 설명을 하고 관객들이 궁금한 점을 질문하기도 한다. 박쥐가 나오는 시간은 일몰 시간에 따라 바뀌므로 미리 인터넷으로 확인하고 가자. 박쥐는 10월부터 이듬해 4월 정도까지는 멕시코로 이동하므로 겨울에는 볼 수 없고, 7~8월이 새로 태어난 박쥐가 날 수 있을 때여서 이때가 가장 멋진 장관을 연출하는 시기다. 이 프로그램에서는 박쥐 사진을 찍는 것을 금지하고 있으니 주의하자.

● 샌안토니오
www.visitsanantonio.com

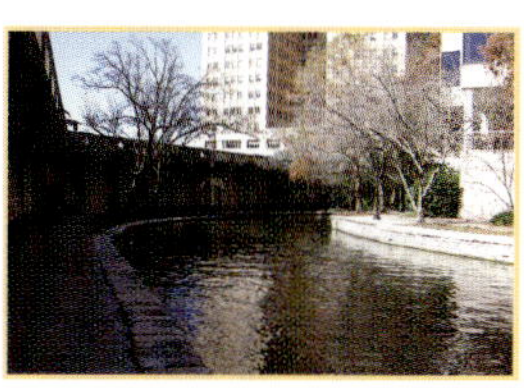

샌안토니오는 멕시코령이었다가 1836년에 멕시코에서 독립해 자치정부가 되었고, 1845년에 미국에 합병되었다. 텍사스 주에서는 휴스턴 다음으로 큰 도시로, 스페인과 멕시코풍 건물들이 샌안토니오만의 독특한 분위기를 연출한다. 차를 주차시키고 시에서 운영하는 트롤리trolley를 이용하는 것이 알라모 요새와 리버워크를 구경하기에 편하다.

알라모 요새Alamo
www.thealamo.org
1836년 텍사스 독립전쟁 중에 민병대 185명이 6,000여 명의 멕시코군을 상대로 마지

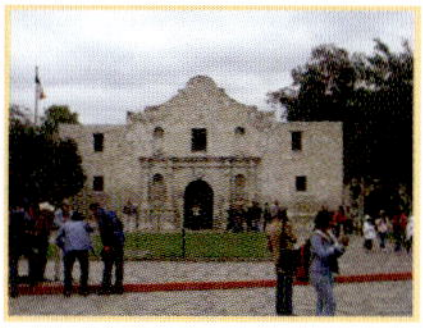

막 한 명이 전사할 때까지도 항복하지 않은, 유명한 알라모 전투가 벌어졌던 장소다. 훗날 텍사스가 멕시코로부터 독립하면서 텍사스인들에게는 자긍심을 주는 곳이 되었다. 원래는 교회였으나 지금은 유적지로 지정되어 해마다 많은 관광객이 찾아온다. 입장료는 무료이며 샌안토니오 관광 안내소visitor center 건너편에 있다.

샌안토니오 리버워크San Antonio River Walk
http://www.thesanantonioriverwalk.com

샌안토니오의 명소로 도시 중심가에 있는 샌안토니오 강변을 따라 스페인과 중남미의 음식점, 호텔, 상점 등이 늘어서 있는 산책로다. 물가에서 식사와 산책을 즐길 수 있는 곳으로 낮에는 운하를 따라 유람선이 다니고, 저녁이면 나이트클럽과 술집에 사람이 몰리면서 화려한 유흥가 분위기가 된다. 운하 보트투어www.riosanantonio.com 요금은 성인 8.25달러이며 투어에 걸리는 시간은 35~40분 정도이고, 저녁 9시까지 운행한다.

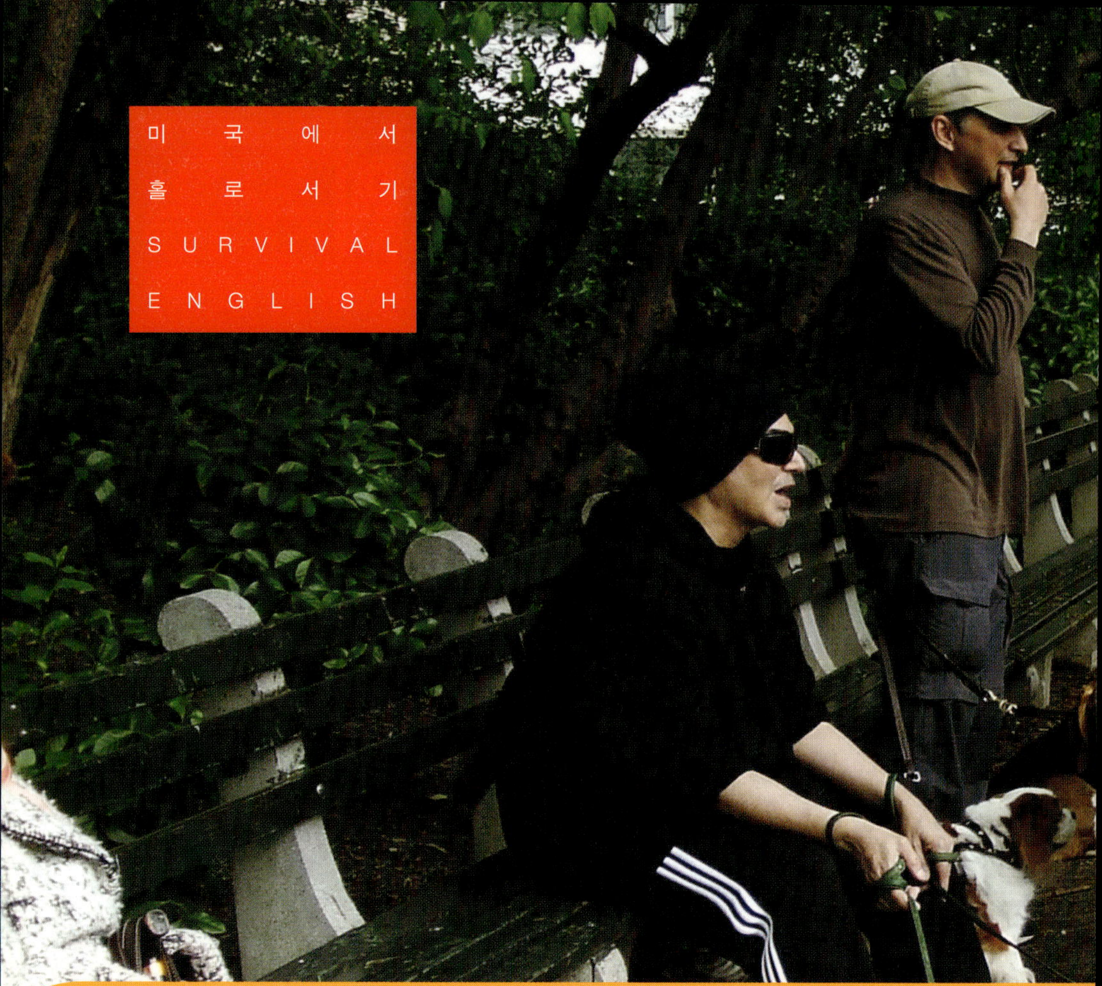

미 국 에 서
홀 로 서 기
SURVIVAL
ENGLISH

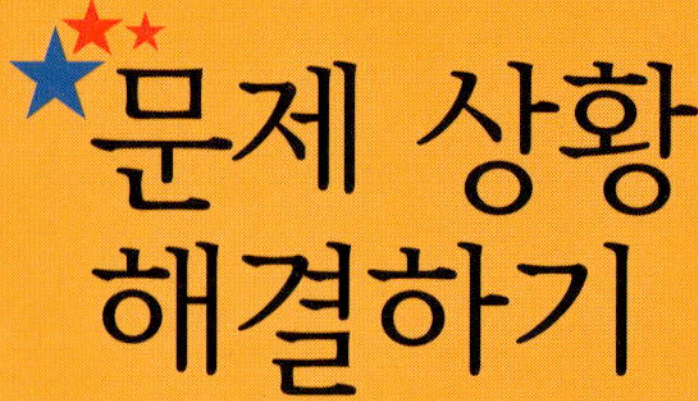

Part VIII

문제 상황 해결하기

1. 미국에서 주의할 사항들
2. 여권을 분실했을 때

1. 미국에서 주의할 사항들

프라이버시

텔레비전 드라마나 영화를 통해 미국 사람들이 사는 모습을 흔히 봤기 때문에 별로 낯설지 않을 것 같이 생각할지 모르지만 막상 미국에서 실제로 겪어보면 여러 가지 문화적 차이를 느끼게 된다. 로마에 가면 로마의 법에 따라야 하듯 미국에 왔으니 미국 문화를 미리 들여다보고 조심할 점들을 상기해보자.

미국은 개인 신상privacy과 개인 공간personal space을 존중하는 나라다. 그 사람과 친해질 때까지는 함부로 가족 관계, 결혼 여부, 학력, 나이 등을 묻지 않는 것이 예의다. 동성끼리라고 해도 함부로 팔짱을 낀다든지 팔을 잡아끄는 행동 등도 조심하는 것이 좋다. 좋은 의미로 상대방에게 충고해도 상대방은 자신의 개인적인 문제에 개입하는 것으로 판단할 수 있으므로 개인이 해결할 수 있는 문제는 충고하지 않는 것이 좋으며 만일 꼭 해야 한다면 조심스럽게 말을 꺼내자.

초대받아 갔을 때

다른 사람의 집에 초대되어 간다면 간단히 집주인에게 전해줄 선물로 꽃, 와인, 후식 등을 사가는 것이 좋다. 값비싼 선물은 서로에게 부담스

러우니 너무 비싸지 않은 것으로 하며, 음식을 가져가려면 미리 집주인에게 물어보는 것이 좋다. 미리 상의도 하지 않고 저녁 초대에 음식을 만들어가는 것은 오해의 소지가 있기 때문이다. 반대로 식사 초대를 받았을 때 못 먹는 음식이 있다면 미리 말해두는 것은 실례가 아니다. 집주인이 집을 보여주기 전에 미리 집 구경을 한다고 방문을 열어보거나 허락 없이 냉장고에서 직접 음료수를 꺼내먹는 것도 삼가야 하며, 집주인을 도와준답시고 물어보지 않고 스스로 주방 일을 하는 것도 그다지 바람직하지 않다.

결혼식처럼 RSVP가 있는 파티라면 꼭 갈 것인지 유무를 알리도록 하며, 가기로 했던 파티라면 펑크 내는 일이 없도록 한다. 여러 사람이 각자 한 가지씩 음식을 해 와서 나누어 먹는 포틀럭 potluck 파티에 음식을 해 갈 때는 자신이 만든 음식에 무슨 재료가 들어갔는지 설명하여 알레르기가 있거나 다른 이유로 피하는 음식이 있는 사람들이 선택해서 먹을 수 있도록 한다. 미국에서는 한 그릇에 여러 사람이 숟가락을 넣어 떠먹는 음식이 없다. 친구를 집으로 초대해 한국 음식을 대접할 때 찌개 같은 것은 각자 덜어먹을 수 있도록 배려해주자.

■ 상황별 에티켓

칭찬은 고래도 춤추게 하듯 다른 사람에게 호감을 나타내는 가장 쉬운 방법 중의 하나가 상대방을 칭찬하는 것이다. 반대로 상대방의 칭찬도 잘 받을 줄 알아야 한다. 상대방이 칭찬하는데도 계속 겸손해하면 오히려 칭찬하는 사람이 머쓱해질 수 있으니 적당히 고맙다고 표현하고 받아들이는 게 좋다. 한국 사람들은 한번은 거절하는 것이 예의라고 생각하는 반면 미국인들은 한번 거절한 것은 액면 그대로 받아들여 두 번 다시 권하지 않는다.

미국에서는 어린이가 왕이라고 느껴질 만큼 어린이를 우대한다. 퍼레이드 같은 것을 볼 때 자신의 뒤에 아이가 서 있으면 아이를 앞으로 나와서 볼 수 있게 해주며, 야구 경기장에서 관중석으로 넘어온 공을 주웠을 때도 옆에 있던 아이가 손을 뻗으면 그 아이에게 주는 것이 당연한 행동이

다. 아이가 버릇없는 행동을 하더라도 직접 아이에게 야단을 치지 않도록 하며, 예쁘다고 얼굴을 만지거나 사진을 찍는 행동 등도 삼가야 한다.

미국에서 애완동물은 가족의 일원으로 대접받는다. 만약 미국에서 애완동물을 기르게 된다면 항상 줄에 묶어서 데리고 나가야 하며 배설물은 반드시 치우도록 한다. 다른 사람의 애완동물을 허락 없이 만지거나 음식을 주는 행동도 해서는 안 된다.

한국과 달리 미국에서는 코를 푸는 것이 결례가 아니다. 자꾸 킁킁거리는 것보다는 차라리 코를 푸는 것이 낫다. 반대로 트림을 하는 것은 큰 실례로 여기니 꼭 "실례했습니다. Excuse me."라고 표현하자. 요즘은 한국도 금연 장소가 많아졌지만, 미국에서는 더더욱 흡연구역을 찾기 어렵다. 식당은 물론이고 주에 따라서는 술집도 금연인 곳이 많으며 공공장소는 모두 금연이라고 해도 과언이 아니다. 지정되어 있는 곳 외에는 금연구역이라 생각하고 담배는 지정된 흡연 장소designated smoking area에서만 피우도록 하자.

팁tip 문화에 익숙지 않은 한국 사람들이 가장 아까워하는 지출은 바로 팁이다. 식당의 경우 15~20%, 택시의 경우 10~15%, 짐 들어주는 사람의 경우 가방당 1달러, 호텔에서 방을 청소해주는 청소부maid의 경우 매일 침대당 1달러 정도가 적당하다. 서비스가 마음에 들면 더 주거나 마음에 들지 않으면 덜 줄 수도 있지만, 미국 문화상 당연히 주고받는 것으로 되어 있기 때문에 주지 않거나 적게 주는 것은 서비스가 정말 마음에 들지 않았다는 의미가 될 수도 있다. 그러므로 외식을 할 때는 그냥 음식 가격에 기본적으로 팁을 더해 계산하자.

▌ 조심해야 할 표현

미국인들이 가장 예민하게sensitive 대하는 주제가 바로 인종차별racism 문제가 아닌가 싶다. 쉽게 다른 사람을 인종차별주의자racist라고 부르기 전에 자신이 혹시 실수로 다른 사람을 기분 나쁘게offend 한 일은 없는지 주의하자. 누구나 어느 정도는 알게 모르게 타 인종에 대한 선입견이 있는 것이 사실이지만 그것을 밖으로 표출하는 것은 문제가 다르다. 상대방과 대화하면서 '너희들your people'이라고 하는 것도 무례한 표현이다. 또 한국말로라도 중국인들을 향해 '짱깨', 흑인들을 보고 '깜둥이'라고 부르는 것은 삼가도록 하자. 사람이 많은 곳에서 한국인들끼리 한국말로

크게 떠들면 듣는 사람은 무슨 말인지는 잘 몰라도 감이라는 것이 있게
마련이기 때문에 사람들이 알아듣지 못한다고 해서 함부로 말하는 일은
없도록 주의하자.

서비스

한국 사람들이 미국에서 답답하게 느끼는 것 중의 하나는 서비스가 느리
다는 것이다. 실제로 한국에 비해 미국인들은 셈이 느린 편이고 비효율
적으로 일하는 것처럼 느껴질 때가 많다. 한국 같으면 직원 한 명이 처리
할 수 있을 세 가지의 일을 각자 따로 직원을 두면서도 일이 더디게 느껴
질 때가 많은데, 가장 큰 이유는 정확성을 강조하기 때문이다. 예를 들어
편의점에 손님이 줄을 서 있다면 한국 같으면 점원이 머릿속으로 빠르게
계산해 가격을 받고 거스름돈을 주겠지만, 미국은 한 명씩 일일이 금전
등록기cash register에 찍고 거스름돈을 세어준다. 뒤에 줄이 아무리 길
어도 손님과 직원이 인사하며 농담도 해가면서 시간을 까먹는 것을 보고
있으면 답답하게 느껴지게 마련이다.

물건을 적게 사는 손님이든 많이 사는 손님이든 똑같은 서비스를
받는다. 특히 장애인을 위한 서비스를 보면 장애인이 버스를 탈
때 버스기사가 버스에서 내려 휠체어를 접어서 버스에 달도록
되어 있다. 혼잡한 출퇴근 시간이라 하더라도 장애인 한 사람
을 위한 서비스를 하게 되어 있으며 이를 불평하는 이는 아
무도 없다. 주차장의 장애인 전용 주차 공간이 비어 있다고
해도 일반인은 절대 주차할 수 없고 극장이나 화장실의 장
애인 전용 자리도 장애인이 있을 경우는 사용할 수 없다.

여러 가지 위험한 상황에서의 대처법

소매치기에게 가방을 빼앗기거나 치한을 만났을 경우 큰소리를 내어 다
른 사람의 관심을 끌면 누군가가 도와주겠지만 그 누구도 치한을 잡아주
거나 소매치기를 쫓아가지는 않을 것이다. 무턱대고 섣불리 나서서 더
큰 사고가 나지 않도록 하는 것이 좋다. 이는 경찰이 해야 할 일로 쉽게
남의 일에 나섰다가 일이 커질 수도 있기 때문이기도 하고 경찰의 일에
방해가 될 수도 있기 때문이다. 화재가 났다고 이웃들이 집에 들어가 사
람을 구하지 않고 소방차를 기다리는 것도 구하러 들어간 사람이 다치거

나 실종되면 소방관의 일이 더 많아질 뿐이기 때문이다. 또 경찰과 소방관이 빨리 대처하고 제대로 일을 해결할 것을 믿는 데서 나오는 부분도 있다. 이처럼 미국에서는 어떤 일이든 원칙과 순서대로 규칙을 따를 것을 강조한다.

교통 딱지를 떼든, 사고가 나든 경찰과 마주할 일이 있다면 시키는 대로 따라야 한다. 자칫 잘못하다가는 업무방해로 잡혀갈 수도 있으니 설득하려 하거나 언쟁하지 말고 시키는 대로 하고 자신이 말할 차례가 되었을 때 말하자. 그렇다고 해서 경찰을 무서워할 필요는 없다.

범죄를 예방하려면 되도록 현금을 적게 소지하고, 밤에 한적한 곳에 혼자 다니지 말며, 밤에는 창문을 열고 운전하지 말자. 흉기를 가진 강도나 치한을 만나더라도 섣불리 싸울 생각을 하기보다는 일단 가진 물건을 순순히 주고 인상착의를 기억했다가 신고하도록 하자.

Is there anything I can help you with for dinner?

저녁식사 준비하는 데 내가 도와줄 게 있니?

Is there any dairy product in this dish?

이 요리에 유제품이 들어 있니?

Thanks for the compliment.

칭찬 정말 고마워요.

Please pick up after your dog.

강아지 배설물을 치워주세요.

Dogs should always be leashed in public.

공공장소에서 강아지는 항상 끈에 묶여 있어야 합니다.

Do you mind if I smoke here?

여기서 담배를 피워도 될까요?

Can you change this to smaller bills?

잔돈으로 바꿔주시겠어요?

It's a sensitive subject.

예민한 주제네요.

Your joke is offensive to women.

여자들에게는 기분 나쁜 농담이네요.

I'm just following the store policy.

전 그저 상점의 방침을 따를 뿐이에요.

2. 여권을 분실했을 때

여권passport은 외국에 있는 동안 자신을 증명하는 가장 중요한 신분증이므로 평소에 관리를 잘해 난처한 상황에 빠지지 않도록 미리 대비하는 것이 가장 좋은 방법이다. 여권과 비자를 미리 복사해 여분의 여권 사진 한두 장과 함께 따로 보관하자. 미국에는 대사관을 비롯하여 아홉 개의 총영사관과 두 개의 출장소가 있다. 각 영사관마다 관할하는 지역이 있으므로 자신이 거주하는 지역을 관할하는 영사관의 전화번호와 홈페이지를 알아두면 여권을 잃어버렸을 때 당황하지 않고 신속하게 대처할 수 있다. 각 영사관의 연락처와 관할 지역은 홈페이지에서 확인할 수 있다. 방문 시에는 본인이 직접 가야 하므로 만약 영사관이 멀리 있다면 미리 가져가야 할 서류를 잘 챙겨서 두 번 걸음을 하지 않도록 하자. 인터넷으로 미리 제출해야 할 서류의 양식을 기입하거나 검토해서 필요한 정보를 잘 알아두고 가자. 영사관에 가서 서류를 제출할 때는 여권 사진을 함께 제출해야 하며, 한국에서 제작해서 발급받는 데 약 2~4주의 시간이 걸린다. 발급 수수료는 현금cash이나 송금수표money order로만 납부할 수 있으며, 여권을 분실했을 경우 잔여 유효기간 동안의 재발급 수수료는 25달러다.

★ 영사관의 연락처와 위치 ★

http://www.koreaembassyusa.org/services/consulate_map.asp

워싱턴 D. C., 뉴욕, 샌프란시스코, LA, 보스턴, 시카고, 시애틀, 애틀랜타, 휴스턴, 호놀룰루에 한국 영사관이 있고 하갓냐(괌)와 앵커리지에는 출장소가 있다.

〈주미 대한민국 대사관〉

홈페이지: http://www.koreaembassyusa.org

주소: 2320 Massachusetts Ave., N. W. Washington, D. C. 20008

전화번호: (202) 939-5654

팩스번호: (202) 342-1597

업무시간: 월~금 오전 9:00~12:00, 오후 1:30~5:30

● **뉴욕(Main Office)**
http://usa-newyork.mofat.go.kr

● **샌프란시스코**
http://usa-sanfrancisco.mofat.go.kr

● **LA**
http://usa-losangeles.mofat.go.kr

● **보스턴**
http://usa-boston.mofat.go.kr

● **시카고**
http://www.chicagoconsulate.org

● **시애틀**
http://usa-seattle.mofat.go.kr

● **애틀랜타**
http://usa-atlanta.mofat.go.kr

● **휴스턴**
http://usa-atlanta.mofat.go.kr

● **호놀룰루**
http://usa-honolulu.mofat.go.kr

● **하갓냐**
http://usa-hagatna.mofat.go.kr

● **앵커리지**
http://usa-anchorage.mofat.go.kr

---

photocopy 복사
embassy 대사관
consulate 영사관
passpor 여권
identity 신분

여권 분실 시 구비 서류

● 공공기관에서 발행한 것으로, 사진이 부착되어 있고 생년월일이 기재된 신분 증명서(주민등록증 또는 한국 운전면허증) 원본 및 사본

● 한글 이름이나 주민등록번호가 확인되지 않을 때는 추가로 가족관계증명서 또는 기본증명서

● 전자여권 발급 신청서(인터넷으로 미리 양식을 다운받아 작성할 수 있으며 컬러로 인쇄해야 하며 접지 않도록 한다.)

● 여권 분실 신고서(미리 작성해도 되고 영사관에서 작성해도 된다.)

● 잃어버린 여권의 사본(인적 사항면, 비자면, I-94 부분)

● 여권용 컬러 사진 1매(사진 크기: 가로 3.5cm×세로 4.5cm)

 _미국 사진관에서 사진을 찍을 경우 2cm×2cm로 찍으면 되고, 미리 여권 사진임을 말해두자.

 _최근 6개월 이내에 찍은 사진이어야 한다.

 _모자를 쓰거나 색안경을 착용하지 않아야 하며, 귀가 보이는 사진이어야 한다. 뒤 배경이 없는 사진이어야 하며 포토샵으로 처리한 사진은 사용할 수 없다.

● 유효한 비자, I-94, I-20 등의 원본 및 사본

여권 연장 시 구비 서류

- 전자여권 발급 신청서(인터넷으로 미리 양식을 다운받아 작성할 수 있으며, 컬러로 인쇄해야 하며 접지 않도록 한다.)
- 기존 여권의 사본(인적 사항면, 비자면, I-94 부분)
- 여권용 컬러 사진 1매(사진 크기: 가로 3.5cm×세로 4.5cm)
  _미국 사진관에서 사진을 찍을 경우 2cm×2cm로 찍으면 되고 미리 여권 사진임을 말해두자.
- _최근 6개월 이내에 찍은 사진이어야 한다.
- _모자를 쓰거나 색안경을 착용하지 않아야 하며, 귀가 보이는 사진이어야 한다. 뒤 배경이 없는 사진이어야 하며 포토샵으로 처리한 사진은 사용할 수 없다.
- 유효한 비자, I-94, I-20 등의 원본 및 사본
- 미성년자인 경우는 가족관계증명서 1부
- 병역미필자인 경우는 병역 관련 서류 추가(국가여행허가서, 병역면제 또는 연기처분 서류)

여권재발급신청서

여권분실 신고서

3. 물건을 잃어버렸을 때

물건을 어디서 잃어버렸는지 기억이 나지 않을 때는 마지막으로 물건을 본 곳을 떠올려보자. 짐작 가는 곳이나 잃어버린 곳을 안다면 잃어버린 곳의 분실물 취급소lost and found에 연락하여 혹시 물건이 있는지 확인하고, 없다 하더라도 수시로 전화해서 확인해보도록 한다. 만약의 경우를 대비해 중요한 물건이면 물건 안에 포스트잇으로 '제가 잃어버린 물건을 찾으시면 연락을 부탁합니다If you found this, please contact me at xxx-xxx-xxxxx. 전화번호 또는 xxx@yahoo.com'라는 메모를 남기는 방법도 있다. 마찬가지로 지갑 안에 있는 신용카드와 운전면허증도 복사를 해두면 유용하다. 지갑 안에 든 현금은 되찾을 수 있는 가능성이 적으니 너무 많은 현금을 들고 다니지 말자. 만약의 경우를 대비해 경찰에 신고해 경찰 조서police report를 받아놓으면 누가 자신의 카드를 썼을 경우 자신에게 유리하게 사건을 해결할 수 있다. 특히 여행자보험에 가입되어 있다면 보험금 신청을 위해 분실신고증이 필요하니 가까운 경찰서를 찾아가거나 911에 전화해서 신고서를 작성하도록 한다.

경찰서

신용카드 및 직불카드를 잃어버렸을 때

가장 먼저 해야 할 일은 신용카드와 직불카드에 대한 분실신고를 하는 일이다. 카드 뒤에 보면 'If lost or stolen call 800-xx-xxxx'라고 되어 있는데, 혹시 복사해둔 카드가 있다면 그 번호로 즉시 전화해 카드를 분실하였다고 신고하여 다른 사람이 카드를 주워도 사용할 수 없도록 한다. 분실신고를 한 카드는 새로 발급이 되며 빨리 전화할수록 해결이 쉽다.

운전면허증을 잃어버렸을 때

미국 운전면허증이 있다면 차량국DMV에 직접 찾아가 분실신고를 하고 면허증을 새로 발급받아야 한다. DMV에 따라 그 자리에서 바로 발급해주는 곳도 있고 새로운 면허증이 나올 때까지 임시 면허증을 주는 곳도 있다. DMV는 많이 붐비니 미리 예약을 하고 가면 기다리는 시간을 줄일 수 있다.

항공권을 분실했을 때

전자 티켓e-ticket을 가지고 있다면 항공권을 분실했다고 해도 별로 문제가 되지 않는다. 이메일로 보내준 확인증itinerary/receipt을 다시 인쇄하거나 공항에서 항공권을 결제한 신용카드와 신분증을 가져가면 된다. 종이 항공권을 분실했다면 구입한 항공사나 여행사에 분실신고를 하고 재발행을 요청해야 한다. 항공권 번호를 알고 있으면 일처리가 쉬우니 종이 항공권도 사본을 만들어놓으면 좋다. 필요한 정보는 항공권 번호, 구매처, 구매 일자, 여행 구간이다. 항공사마다 규정이 달라 수수료 service charge를 내거나 항공권을 재구입해야 하는 난처한 상황을 겪을 수도 있으니 전자 티켓을 사용할 것을 권장한다.

여행자수표를 분실했을 때

여행자수표의 고유번호, 종류, 가격, 구입 일자, 발행한 은행 등의 정보
를 알아야 하므로 영수증을 보관하거나 고유번호를 따로 기입해두도록
하자. 경찰서에 신고한 후 분실증명서를 받아두고, 여권과 여행자수표를
구입한 영수증을 가지고 수표를 발행한 은행의 지점을 찾아가서 분실신
고서를 작성하거나 전화로 신고해 재발행 받을 수 있다. 수표 번호를 모

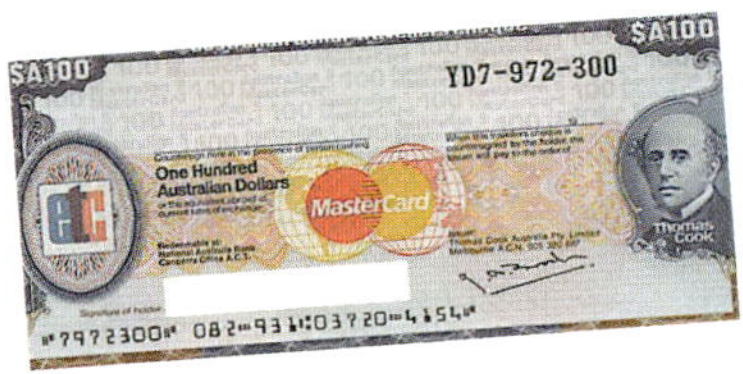

르거나 바로 신고하지 않은 경우, 혹은 이미 서명
을 한 수표는 재발급이 되지 않을 수도 있으니 되
도록 빨리 손을 쓰는 것이 좋다. 여행자수표는 쓸
때마다 서명하는 것이 좋으며 가능하면 직불카드
를 사용하는 것이 더 안전하다.

휴대전화를 잃어버렸을 때

휴대전화를 잃어버렸을 경우에는 우선 자신의 번호로 전화
를 걸어보자. 전화기를 어디에 놓고 나온 경우 주위의 다른 사
람이 전화소리를 듣고 받아서 전화를 찾아줄 수도 있기 때문이
다. 아무도 전화를 받지 않거나 전화기가 꺼져 있다면 이동통신사
에 분실신고를 해서 다른 사람이 자신의 전화를 사용할 수 없게 한다.

열쇠를 잃어버렸을 때

집 열쇠를 잃어버렸다면 아파트 관리인에게 사정을 말하고, 약간의 벌금
을 낸 후 열쇠를 새로 받아야 한다. 기숙사 열쇠를 잃어버렸을 때도 기숙
사 사무실이나 RA에게 알리도록 하며 룸메이트에게도 사실을 알린다.
자동차 열쇠는 잃어버릴 경우에 대비해 여분의 열쇠를 집에 따로 보관하
도록 한다. 만일 여분의 열쇠가 없다면 열쇠공lock smith을 부르거나 딜
러 숍dealershop에 찾아가 열쇠를 다시 만들어야 한다.
아무리 조심한다고 해도 물건을 잃어버리는 일은 흔히 있게 마련이다.
항상 이런 상황을 염두에 두고 여분의 열쇠를 따로 둔다든지 노트북에는
반드시 비밀번호를 걸어둔다든지 하는 대비책을 마련해두어야 한다. 중
요한 서류는 복사본을 만들어두고 만약의 사태를 대비해 가까운 지인의
연락처를 자신의 이메일로 보내놓으면 도움이 된다. 예를 들어 노트북,
집 열쇠, 자동차 열쇠, 지갑, 휴대전화가 들어 있는 가방을 학교에서 잃

어버리면 전화번호를 몰라 도움을 요청할 수도 없고 차를 타고 집에 갈 수도 없으며 카드 회사에도 전화를 할 수 없게 된다. 도움을 요청할 수 있는 친구나 지인의 전화번호를 이메일로 찾아서 도움을 요청하고 일을 하나씩 해결해 나가야 한다.

Jamie	Hi, I lost my backpack in the library today. Can you see if anyone found it?
제이미	안녕하세요? 오늘 도서관에서 책가방을 잃어버렸는데요. 혹시 누가 주워서 분실물 취급소에 돌려줬는지 알고 싶어요.
library clerk	Sure, what color is your backpack?
도서관 직원	그러죠. 가방이 무슨 색인가요?
Jamie	It's navy blue color and has our school logo on it.
제이미	남색이고요, 학교 로고가 그려져 있어요.
library clerk	Yes, we have a navy blue backpack. Can you tell us what's in it to verify?
도서관 직원	네, 저희가 남색 가방을 갖고 있습니다. 확인을 위해서 그러는데 가방 안에 무엇이 들었죠?
Jamie	It has my laptop and Economics book.
제이미	제 노트북이랑 경제학 책이 들어 있어요.
library clerk	No, I don't think we have yours. Maybe, you want to try calling us later?
도서관 직원	당신 가방은 여기 없는 것 같아요. 좀 이따가 다시 전화해보지 그래요?
Jamie	Ok. I will. Thanks anyway.
제이미	네, 그럴게요. 어쨌든 고마워요.

I lost my phone and I need to call my friend for help. Can I borrow your cell phone for a minute?

전화기를 잃어버려서 친구에게 도움을 요청하려고 하는데요. 휴대폰을 잠시 빌릴 수 있을까요?

I'd like to report a lost credit card/student ID/traveler's check.

신용카드/학생증/여행자수표 분실신고를 하고 싶습니다.

reward 보상금
cash 현금
lost and found 분실물 취급소
fraud 사기
police report 경찰 조서
spare key 여분의 열쇠
lock smith 열쇠공
traveler's check 여행자수표
customer service 고객 상담원
reissue 재발행
claim (보상금을) 신청하다
insurance 보험

4. 교통사고가 났을 때

교통사고가 났을 때는 당황하지 말고 우선 다친 사람이 있는지 확인한 후 차의 비상등emergency light을 켠다. 차를 움직일 수 있다면 길가pull over to the curb로 옮겨 더 큰 사고가 나지 않게 한다. 아주 작은 사고인 경우를 제외하고는 경찰을 불러야 일 해결을 쉽고 정확하게 할 수 있으므로 사고가 나면 망설이지 말고 경찰을 부르자. 911에 전화를 걸면 위급한 상황에 따라 앰뷸런스나 경찰을 보내준다. 경찰을 부르지 않았다면 상대방의 운전면허증, 보험증서의 정보를 기록하고 서로의 전화번호와 자동차 번호를 기록해두면 된다. 그 상황을 증언해줄 수 있는 증인이 있다면 증인을 확보한다. 보통 다른 차의 운전자나 보행자가 증인이 될 수 있으며 허락을 받고 증인이 될 사람의 이름과 연락처를 받아두고, 가능하면 사고 현장 사진을 찍어두는 것이 좋다.

자신에게 과실이 있다고 판단되더라도 사고 당시에는 상대방이나 경찰에게 그런 언급을 하지 않는 것이 좋다. 자신의 과실이 맞는지 사고 당시에는 판단하기가 쉽지 않고, 과실을 시인함으로써 혹시 있을지도 모를 상대방의 과실이 반영되지 않을 수도 있기 때문이다. 경찰이 사고경위서를 작성할 때는 객관적인 사실에 의거해서 말하되 목소리를 높이거나 경찰을 설득하려고 할 필요는 없다. 진술을 서류화한 뒤에 서명을 하고 나면 사고 조서 번호와 양쪽의 신상정보를 넘겨받게 된다. 차가 많이 망가져서 운전을 하고 갈 수 없을 때는 견인회사에서 와서 차를 끌어 가므로towing 차가 어디로 견인되는지 정보를 받아두도록 한다. 서로 정보를 모두 교환하지 않은 상태나 경찰을 기다리는 상태에서 잠시라도 그 자리를 뜨면 뺑소니로 오해받을 수 있으니 조심한다.

사고 후에는 바로 보험회사에 연락해서 사고 사실을 알리고 사후 처리를 맡긴다. 사고의 잘잘못과 배상 청구는 서로의 보험회사가 소송을 통해 결정하게 되므로 자신이 직접 상대방을 만나거나 연락할 일은 없다. 사고 당시의 정황에 대해서는 사실대로 자세히 설명하되 영어로 설명하기 어려우면 한국인 통역을 요청하도록 한다. 차를 운전할 수 없다면 보험에 따라서 렌터카를 며칠간 빌릴 수 있으니 이 또한 확인하도록 한다. 사고 후 며칠이 지나 아픈 곳이 나타날 수도 있는데 이때에도 보험회사에 전화해 그런 사실을 알리도록 한다.

damage 손상
estimate 견적
insurance policy 보험증권
investigation 조사
fault 잘못
totaled (차가) 완전히 파손됨
wrecked (차가) 일부 파손됨
repair 수리
hit-and-run 뺑소니
physical therapy 물리치료
translation 통역
towing 견인
injury 부상
emergency 응급상황
ER(emergency room) 응급실
life threatening 위급한

Did you call the police?

경찰에는 전화했나요?

Are you hurt?

다친 곳은 없나요?

Was anyone injured?

부상자가 있나요?

Can you move your car?

차를 옮길 수 있나요?

Here is my driver's license and insurance information.

여기 제 운전면허증과 보험증서예요.

I'd like to report an auto accident.

교통사고를 신고하고 싶습니다.

The accident is on 5 South Freeway near the Jamboree exit.

사고 장소는 잼버리 출구 근처 5번 남부고속도로예요.

Do you mind being a witness for this accident?

이 사고의 증인이 되어주시겠어요?

Can you explain what happened here?

사건 경위를 설명해주세요.

Can I get someone to translate in Korean?

한국어로 통역해주실 분 없으신가요?

Is car rental covered? If so, how many days?

렌터카가 보장되나요? 만약 그렇다면 며칠 동안 보장되는지요?

Part IX

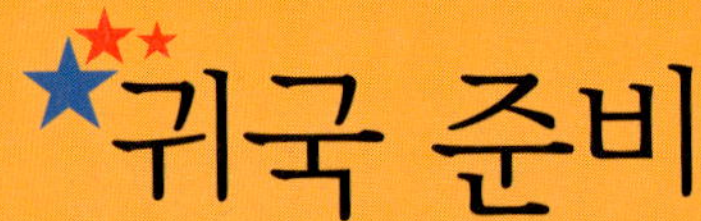

귀국 준비

1. 항공권 예약하기

2. 짐 정리하기

3. 공항에서

1. 항공권 예약하기

미국에서의 체류를 마무리하고 귀국을 준비할 때는 여러 가지를 꼼꼼히 준비해서 후회가 없도록 하자. 떠나기 직전에 갑자기 귀국 준비를 시작하려고 하면 준비가 잘되지 않거나 손해를 보는 일이 생길 수 있기 때문에 되도록이면 여유를 가지고 천천히 준비하는 것이 좋다. 보고 싶었던 가족과 친구들에게 나누어줄 선물을 구입하고 가지고 있던 짐들을 처분하고 정리하다 보면 어느새 많은 시간이 흐를 것이다. 선물 준비와 짐 정리뿐만 아니라 그동안 정들었고 도움을 받은 사람들에게 고마움을 전하고 작별을 고하는 것도 귀국 준비에 빠뜨리지 말아야 할 부분이다. 귀국 준비에 쫓기다 보면 정작 그동안 함께했던 사람들과의 마지막 시간에 소홀해질 수 있기 때문이다. 귀국을 준비할 때는 자신이 미국에 온 목적과 초심을 생각해보고 유종의 미를 거두도록 하자.

왕복항공권을 발권해두었다면 출국 날짜를 정해 예약을 하고, 이미 예약이 되어 있다면 예약을 다시 한 번 확인confirm한다. 항공권에 따라 3개월, 6개월, 1년 안에 사용할 수 있는 항공권과 기간에 특별한 제한이 없는 항공권이 있으니 항공사에 문의하여 자신이 구입한 항공권의 종류에 따라 가능한 출국 날짜를 예약한다. 미리 정해져 있는 귀국 날짜를 바꿔야 하는 경우 비행기 표의 종류에 따라 추가 금액을 지불해야 할 수도 있다. 한국으로 가는 항공권을 구입해야 하는 경우, 미리부터 알아보면 특가에 구입할 수 있는 기회를 잡을 수도 있다. 대한항공과 아시아나항공뿐만 아니라 싱가포르항공이나 일본항공, 유나이티드항공 등에서 가끔 세일 항공권이 나오지만, 세일은 금방 끝나기 때문에 미리부터 관심 있게 알아보지 않으면 놓치기 쉽다. 세일에 대한 정보는 항공사 홈페이지에 공지가 뜨기도 하고 거래하는 여행사가 있다면 미리 세일을 할 때 연락을 해달라고 할 수도 있다. 또 겨울방학 기간인 12월과 여름방학 기간인 5월 말부터 9월까지는 성수기 요금이 적용되고 원하는 날짜에 예약하기도 어려우므로 가능하면 피하는 것이 좋다.

항공권을 구입하거나 예약을 확인할 때, 시간을 정확히 확인하는 것이 좋다. 한국으로 가는 항공권은 낮에 출발하기도 하지만 자정이 넘은 시간에 출발하는 경우도 많으므로 오전AM과 오후PM를 제대로 보지 않으면 낭패를 볼 수도 있다. 실제로 주위에서 밤 12시 반에 출발하는 인천행 비행기를 낮 12시 반인 줄 착각해서 비행기를 놓치는 사례를 종종 보았다. 17시로 표기가 되어 있는 경우도 제대로 시간을 확인하지 않으면 오후 5시가 아닌 7시로 착각하는 경우도 있다.

귀국 날짜를 정할 때는 무엇보다도 비자 기한 안에 출국하는 것을 염두에 두어야 한다. 비자에 명시된 체류기간을 지키지 않고 하루라도 더 머물렀을 경우에는 불법체류로 간주되어 나중에 미국에 재입국할 때 입국이 거절되기도 하기 때문이다. 주위의 친구들 중에는 미국에서 체류할 때 비자 기한을 넘겨 조금 더 머무른 것에 대해 대수롭지 않게 여기고 한국에 갔다가 미국에 돌아올 때 공항에서 입국이 거절되어 다시 한국으로 돌아간 경우도 있다. 다른 나라에 비해 미국은 체류 신분과 체류기간, 불법체류에 매우 엄격하므로 당분간 미국에 다시 올 계획이 없다고 해도 비자 기한은 꼭 지켜야 한다.

Emmy	Hello, I would like to confirm my reservation please.
에미	안녕하세요? 예약을 확인하려고 하는데요.
representative	Yes. Can I have your name please?
직원	예. 성함을 말씀해주세요.
Emmy	Emmy. E⋯M⋯M⋯Y.
에미	에미입니다. E⋯M⋯M⋯Y요.
representative	Okay. What date is your departure?
직원	알겠습니다. 출발 날짜는 언제신가요?
Emmy	April third from Atlanta to Inchon, Korea. I also have a stopover in Tokyo.
에미	4월 3일 애틀랜타 출발 인천 도착입니다. 동경이 중간 기착지입니다.
representative	I found your reservation. Departing Atlanta on April third at 3pm and arriving Inchon the next day at 10am. Your reservation is confirmed.
직원	예약을 찾았습니다. 4월 3일 오후 3시에 애틀랜타 출발, 다음날 오전 10시 인천 도착입니다. 예약이 확인되었습니다.
Emmy	Thank you.
에미	감사합니다.

2. 짐 정리하기

미국에 올 때에는 트렁크 몇 개만 들고 간편하게 왔을지 몰라도, 귀국 준비를 하다 보면 짐이 상당히 늘었다는 것을 실감하게 된다. 이 중에 꼭 가져가야 할 것들만 추려서 짐을 싸고, 가져가지 않을 것들은 과감히 처분하도록 한다. 가전제품 같은 것은 볼트가 맞지 않아 한국에서 사용하기가 어려우므로 처분하는 것이 좋다.

주차장이 딸려 있는 단독주택에 산다면 차고를 비워 그곳에 처분할 물건의 가격을 매겨 전시해놓고 'garage sale'이라는 간판을 동네 입구에 세워놓으면 사람들이 필요한 물건을 사가기도 한다.

팔지 않고 기부를 하는 것도 한 방법이다. 동네마다 한국의 '아름다운 가게'처럼 쓰지 않는 물품을 기부받아 판매한 수익금으로 이웃을 돕는 굿윌스토어goodwill store: goodwill.org나 구세군salvation army: salvationarmyusa.org이 있는데, 그곳에 기부하면 자신에게 더 이상 필요치 않은 물건을 정리하면서 이웃을 도울 수도 있으므로 일거양득이다.

한국에 가져가지 않을 짐들을 처분하고 꼭 가져가야 할 것들을 골라 짐을 쌌다면 이삿짐의 부피와 무게에 따라 우체국을 통해 보낼 것인지 아니면 귀국 이삿짐 업체나 한국 택배회사를 통해 보낼 것인지 결정해야 한다. 우체국을 통해 항공편으로 보내면 빨리 도착하는 대신 비용이 비싸고, 한국 택배회사나 귀국 이삿짐 업체를 이용하면 비용은 좀 저렴한 대신 운송기간이 보통 한 달 정도 걸린다. 이삿짐의 부

 물건을 처분할 때는 개인 간의 온라인 매매사이트인 craigslist.com을 이용해도 되고, 학교의 사이트나 게시판을 통해 무빙 세일moving sale: 이사 갈 때 불필요한 물건을 처분하는 것을 한다는 광고를 해서 처분할 수도 있다.

피가 큰 경우 귀국 이삿짐 업체를 이용하는 경우가 많은데 여러 회사에서 견적을 받아보고 결정하되, 저렴한 비용만 보고 덜컥 맡기기보다는 가능하면 평판이 좋고 큰 업체 중에서 선택하는 것이 좋다. 운송 도중에 파손이 되는 경우도 있으므로 고가의 짐이 있는 경우 보험을 드는 것이 좋다. 미국에서 구입한 물건을 이삿짐으로 부치더라도 한국의 세관에서 세금을 징수하는 경우가 있으므로 미리 확인하는 것이 좋다.

이삿짐을 부치고 난 후에는 귀국 후 혹시 자신에게 올 수 있는 우편물에 대해 믿을 만한 사람에게 수신을 부탁하는 것이 좋다. 중요한 우편물이 없다 하더라도 만약을 대비해서 우체국 홈페이지 usps.com를 통해 주소지 전환 address forwarding 서비스를 신청해서 우편물이 자신이 부탁한 사람의 주소로 갈 수 있게 조치를 취해놓는다.

지불해야 할 공과금이 있다면 떠나기 전에 지불을 완료해야 한다. 그렇지 않으면 신용등급에 영향을 미치거나 기록이 남게 되어 나중에 재입국 시 문제가 될 수 있다.

3. 공항에서

귀국하는 날 공항으로 가는 길에 창밖으로 보이는 바깥 풍경을 보고 있노라면 이제 미국을 떠난다는 사실이 실감 날 것이다. 좋았던 추억과 힘들었던 기억들을 뒤로 하고 어느새 공항에 도착하면 이제 한국으로 가는 마지막 관문을 통과하게 된다.

한국으로 가는 비행기는 국제선이므로 공항에는 가급적이면 출발하기 3시간 전에 도착하는 것이 좋다. 미국 공항의 보안검색이 점점 강화되는 추세이므로 되도록이면 일찍 가서 여유 있게 출국 수속을 하도록 하자. 일찍 가서 보딩 패스를 받으면 더 좋은 좌석을 받을 수도 있다. 출국 신고서는 입국할 때 작성했던 출입국 신고서의 나머지 부분으로 I-94 form 이라고도 한다. 입국 심사를 받고 나서 여권 등과 함께 보관하고 있다가 항공사 직원에게 주면 되는데, 각 항공사가 모아서 제출해주므로 개인이 따로 내야 할 필요는 없고 출국심사대도 따로 없다. 미국은 대부분의 국제공항에 별도의 공항세도 없다.

귀국 선물을 따로 준비하지 못했다면 공항의 면세점을 이용할 수 있다. 공항의 면세점에서 구매하면 물품을 바로 받을 수도 있지만 경우에 따라 출국 탑승구 앞에서 수령해야 할 때도 있다. 이런 경우 면세품을 구매할 때 받은 수령증을 가지고 자신이 탈 비행기 탑승구 앞에서 물품을 수령해서 탑승하도록 한다.

비행기를 타고 고국으로 돌아가는 길은 또 다른 희망으로 가득 차오를 것이다. 그동안 미국에서의 경험으로 자신의 세계가 조금 더 넓어지고 풍요로워지도록 이제부터의 새로운 날들을 설계해보자.

attendant	Hello, where are you going today?
직원	안녕하세요, 오늘 어디로 떠나십니까?
Emmy	I'm going to Seoul.
에미	네, 서울로 갑니다.
attendant	Can I see your passport?
직원	여권을 볼 수 있을까요?
Emmy	Sure. Here you go. Would it be possible for me to get an aisle seat?
에미	물론입니다. 여기 있습니다. 통로 쪽 자리를 주실 수 있나요?
attendant	Unfortunately, I don't have an aisle seat available. Would you like a window seat instead?
직원	아쉽게도 통로 쪽 자리는 다 찼네요. 대신 창문 쪽 자리 괜찮으시겠습니까?
Emmy	Okay.
에미	네.
attendant	Do you have bags to check?
직원	부치실 가방이 있나요?
Emmy	Yes. I have two bags.
에미	네, 가방 두 개가 있습니다.
attendant	Okay. Can you put them on the scale please?
직원	알겠습니다. 가방을 저울 위에 올려주시겠습니까?
Emmy	Sure. I don't need to claim this luggage in Tokyo, do I?
에미	네, 이 짐을 동경에서 찾을 필요는 없지요?
attendant	No. you don't need to. Your bags will go to your final destination. Here is your boarding pass. Your boarding time is one o'clock.
직원	그러실 필요 없습니다. 수화물은 고객님의 최종 목적지로 가게 됩니다. 여기 탑승권이 있습니다. 탑승 시간은 한 시입니다.
Emmy	Thank you.
에미	감사합니다.

Century 21
Century 21
Century 21

부록
알아두면 유용한 웹사이트
채팅용 약어
그 외의 약어들
틀리기 쉬운 영어 표현
지도

⭐ 알아두면 유용한 웹사이트

사이트	특 징
maps.google.com	구글 지도 사이트로 이동 경로, 교통 상황, 인공위성 이미지 등을 볼 수 있다. 주소를 기입할 수도 있으며 공항 코드(예: JFK)를 입력할 수도 있다.
www.yellowpage.com	전화번호부 사이트로 우편번호(zip code)나 도시 이름으로 원하는 상가를 찾을 수 있다. 상점 이름(예: Ralphs)이나 상점 종류(예: taxi)를 입력할 수 있다.
www.yelp.com **www.citysearch.com**	지역 상점에 대한 정보와 고객의 평을 찾아볼 수 있다. 미용실, 음식점, 치과 등 다양한 업종의 정보를 얻을 수 있다.
www.zagat.com	식당 평가기관의 웹사이트로, 추천 식당의 정보를 얻을 수 있다.
www.pricegrabber.com	물건 가격을 비교해주는 사이트로, 원하는 물건을 인터넷에서 저렴하게 살 수 있는 곳을 찾을 수 있다.
www.amazon.com	미국 인터넷쇼핑 사이트 중 가장 크며, 여러 가지 다양한 종류의 물건을 살 수 있다. 특히 책과 전자제품은 가격도 매우 좋은 편으로, 꼭 이곳에서 사지 않더라도 물건에 대한 정보와 시세를 알아보기 좋다.
www.ebay.com	옥션 사이트로, 미국에서 가장 활발하게 운영되고 있는 곳이다. 이곳에서 물건을 사면 주로 페이팔(PayPal)로 계산하게 되어 있다.
www.paypal.com	이베이(ebay)와 같은 옥션 사이트에서 결제하는 용도로 많이 쓰이며 인터넷 쇼핑 결제로도 쓰인다. 페이팔 계좌를 만들고 은행 계좌에서 페이팔 계좌로 돈을 입금해 쓰도록 되어 있다.
www.craiglist.com	큰 도시 위주로 운영되는 사이트로, 구인/구직/물건 팔기/사기 등을 찾을 수 있다. 아르바이트를 구하거나 중고차, 살림 등을 처리하거나 구입하는 데도 유용하다. 사이트는 중개만 할 뿐 대금 거래는 거래 당사자들끼리 알아서 해야 한다.
www.usps.com	우체국 사이트로 소포 비용 등을 알아볼 수 있으며, 지역 우체국 운영시간과 위치 등도 찾을 수 있다.
www.ups.com **www.fedex.com**	배송 회사로, 서류나 소포를 보내고 위치 추적을 할 수 있다.
movies.yahoo.com **www.imdb.com**	영화평, 시간표, 프리뷰 등을 찾아볼 수 있다.
www.ticketmaster.com	각종 공연이나 스포츠 경기 표를 예매할 수 있는 사이트로, 가장 보편화되어 있다.
www.espn.go.com **msn.foxsports.com** **sports.yahoo.com**	스포츠 뉴스 중계 사이트로, 경기 중계와 팀 기록 등의 정보를 얻을 수 있다.
www.kbb.com **autos.yahoo.com**	중고차 가격을 알아보기 좋은 사이트이다.
en.wikipedia.org/wiki/Department_of_Motor_Vehicles	각각의 주에 위치한 차량국 주소를 찾을 수 있다.
www.wikipedia.com	온라인 백과사전으로, 특정 기업에 의해 운영되는 것이 아니라 온라인 유저에 의해 정보가 모이는 곳으로 방대한 양의 최신 정보를 얻을 수 있다.

thesaurus.com	유의어와 반의어를 찾을 수 있는 사이트로, 리포트 작성을 하거나 영어를 배우는 과정에서 유용하게 사용할 수 있다.
www.facebook.com www.twitter.com	우리나라의 싸이월드와 비슷한 개념의 social networking 사이트로, 이메일 주소만 있으면 누구나 만들 수 있다.
www.youtube.com	음악, TV, 정보용 동영상이 가득한 사이트
www.cnn.com news.yahoo.com news.google.com www.npr.org	대표적인 뉴스 사이트들
www.publictransportation.org/ systems	대중교통 정보 사이트
www.amtrak.com	철도회사 앰트랙 홈페이지로, 열차 시간표를 확인하고 표 예매를 할 수 있다. 열차편을 누르면 간략한 지도와 함께 상세 정보가 나온다.
www.greyhound.com	장거리 버스 운송회사로 미국에서 가장 많이 사용된다. 노선 확인, 시간표, 표 예매를 할 수 있다.
www.expedia.com www.orbitz.com www.priceline.com www.hotel.com www.motelguide.com www.travelocity.com	국제선, 국내선 비행기 표, 호텔, 모텔, 렌터카, 여행 패키지 구입 사이트들
www.hosteltimes.com blog.studentyouthhostel.com www.hiusa.org www.hostels.com	호스텔 정보와 예약 사이트
www.hertz.com www.avis.com www.budget.com www.enterprise.com	대표적인 렌터카 업체 사이트
www.tripadvisor.com www.frommers.com www.lonelyplanet.com www.travelchannel.com	대표적인 여행 정보 사이트로, frommers와 lonelyplanet은 책으로도 구입할 수 있다. 「travelchannel」은 케이블방송 프로그램으로 관련 비디오가 많아 도움이 되며, tripadvisor는 여행자들과 현지인들의 정보가 많다.
www.recreation.gov	미국 국립공원의 정보와 숙소 예약을 할 수 있는 사이트
www.rent.com www.apartment.com www.apartmentratings.com	아파트 정보와 평을 알아볼 수 있는 사이트들
www.indeed.com, www.monster.com, hotjobs.yahoo.com	일자리를 알아보는 사이트로, 이력서 쓰는 요령이나 예상 인터뷰 질문 등 유용한 정보가 많다.
www.koreaembassyusa.org/ services/consulate_map.asp	영사관 사이트
www.usnews.com/sections/ rankings/index.html	미국에 있는 주립대, 사립대의 각 분야별 랭킹이 총망라되어 있다. 학교 선택 시 유용하게 쓸 수 있는 사이트

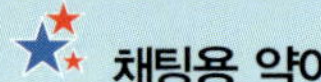

채팅용 약어

인터넷으로 채팅을 하거나 격식 없는 이메일을 주고받을 때 흔히 쓰이는 약자들로, 주로 각 단어의 첫 글자를 사용해서 줄임말을 만든다. 중요한 이메일을 교환할 때는 약어를 쓰지 않도록 조심하자. 자주 쓰이는 FYI 같은 것은 문자 형태가 아니더라도 대화체에서 그대로 쓰이기도 한다.

약 어	원 어	의 미
AFAIK	As far as I know	내가 알기론
AFK	Away from keyboard	컴퓨터 앞을 떠난 상태
ASAP	As soon as possible	가능한 한 빨리
BF / GF	Boyfriend / Girlfriend	남자친구/여자친구
BRB	Be right back	곧 돌아올게
BTW	By the way	그나저나
CU	See you	안녕/나중에 봐
ETA	Estimated time of arrival	예정 도착시간
FAQ	Frequently Asked Questions	자주 물어보는 질문들
FYI	For your information	참고해
IAW	I agree with	동의해
IC	I see	알았어
IMHO	In my humble opinion	내 소견으로는
IMO	In my opinion	내 생각에는
JK	Just kidding	농담이야
LMK	Let me know	알려줘
LOL	Laughs out loud	소리 내어 웃다
NA	Not applicable	해당되지 않음
NP	No problem	문제없어/천만에
OMG	Oh my god	맙소사
ROTFL	Roll on the floor laughing	바닥 위를 뒹굴며 웃다
TBD	To be determined	미정
TGIF	Thank goodness it's Friday	고마워라 금요일이다
THX	Thanks	고마워
TMI	Too much information	그런 세세한 것까지/별로 알고 싶지 않은 정보네요
TTYL	Talk to you later	나중에 얘기하자
WTH	What the hell	뭐야?/무슨 이런 일이?
YMMV	Your mileage may vary	당신 상황에 따라 달라질 수 있음

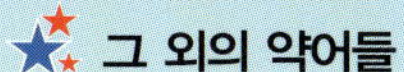 **그 외의 약어들**

직업과 존칭을 표현하는 약자들

약 어	원 어	의 미
Jr	Junior	신참
Sr	Senior	고참
Capt	Captain	대위
Lt	Lieutenant	중위
Anon	Anonymous	무명
Prof	Professor	교수
Doc	Doctor	의사
Admin	Administrator	관리자/행정인
Mr	Mister	군(xx씨, 남성)
Mrs	풀어 사용하지 않음	양(xx씨, 기혼 여성)
Ms	Miss	양(xx씨, 여성, 기혼과 미혼)

단체를 표현하는 약자들

약 어	원 어	의 미
assn	association	협회
corp	corporation	기업
dept	department	부서
div	division	부서

문법에 쓰이는 약자들

약 어	원 어	의 미
adj	adjective	형용사
adv	adverb	부사
conj	conjunction	접속사
n	noun	명사
pron	pronoun	대명사
obj	object	목적어
v	verb	동사
abbr	abbreviation	약자
etc	et cetera	기타
ref	reference	언급, 참조

이메일, 편지, 서류 등에 많이 쓰이는 약자들

약 어	원 어	의 미
ATT	Attachment	첨부
ATTN	Attention	xx 앞, 귀하
BCC	Blind carbon copy	수신인에게 알리지 않고 제3자에게 전달되는 이메일
CC	Carbon copy	복사
C/O	Care of	xx씨, 댁
ENC	Enclosure	동봉된, 첨부된
EXT	Extension (for phone)	(전화) 내선번호
Tel	Telephone	전화번호
FWD	Forward	보내다, 전달하다

PS	Postscript	(편지) 추신
RE	Regarding	xxx에 관하여
RSVP	Repondez s'il vous plait	(초대에 대한) 회답

대표적인 큰 공항 약자들

약 어	원 어	의 미
BOS	Boston	보스턴 국제공항
IAD	Washington DC	댈러스 국제공항
IAH	Houston	휴스턴 국제공항
JFK	New York	케네디 국제공항
LAX	Los Angeles	LA 국제공항
MIA	Miami	마이애미 국제공항
ORD	Chicago	오헤어 국제공항
SFO	San Francisco	샌프란시스코 국제공항

방향과 주소 약자

약 어	원 어	의 미
N	North	북
S	South	남
E	East	동
W	West	서
apt	Apartment	아파트
ave	Avenue	(길)애비뉴
blvd	Blvd	(길)블루버드
ct	Court	(길)코트
dr	Drive	(길)드라이브
ln	Lane	(길)레인
rd	Road	(길)로드
st	Street	(길)스트리트
fwy	freeway	프리웨이, 고속도로
Lat	Latitude	위도
Long	longitude	경도

미국에서 쓰이는 측정 단위

약 어	원 어	의 미	국내 단위로 환산
in	Inch	인치	2.54cm
ft	Feet	피트	30.48cm
yd	Yard	야드	91.44cm
mi	Mile	마일	1.6km
gal	Gallon	갤런	3.8liter
oz	Ounce	온스	28.35g
lb	Pound	파운드	453.6g
sq ft	Square Feet	스퀘어 피트	1/36평
sq yd	Square Yard	스퀘어 야드	1/4평

약 어	원 어	의 미	
TSP	Teaspoon	티스푼	
TBSP	Tablespoon	테이블스푼	
s	Second	초	
min	Minute	분	
hr	Hour	시간	
wk	Week	주	
m	Month	월	
yr	Year	년	
mph	Miles per hour	시속 ~마일	
HP	Horsepower	마력	

기타

약 어	원 어	의 미
Max	Maximum	최고
Min	minimum	최소
Approx	Approximate	근사치의
P	Page	쪽
Doc	Document	서류

★ 틀리기 쉬운 영어 표현

Sports and Leisure

잘못된 표현	바른 표현	비 고
Fighting!	Go(팀/선수 이름)!	
touch out	tag out	야구 용어에서
starting member	starting line up	
back number	number	back number는 잡지의 과월호
homeground advantage	home team advantage	
skin-scuba diving	scuba diving	scuba 장비를 활용한 skin diving

Fashion

잘못된 표현	바른 표현	비 고
training	sweat suit	흔히 우리가 추리닝이라고 부르는 옷
one piece	dress	dress는 상의와 치마가 한 벌로 붙은 옷
maker	brand, name brand	
Burberry	trench coat	Burberry는 상표 이름
Y-shirt	dress shirt	
mustang	Leather jacket	mustang은 미국 서부에 서식하는 작은 말
jumper	jacket	jumper는 sweater에 가까운 옷
free size	one-size-fits-all	
skin lotion	toner	
manicure	nail polish	manicure는 손톱을 가꾸는 행위

Health

잘못된 표현	바른 표현	비 고
gyps	cast	gyps(깁스)는 gypsum(석고)에서 유래한 단어지만 cast가 바른 표현
lenses	contact lenses	

Transportation

잘못된 표현	바른 표현	비 고
auto-bi	motorcycle	auto bicycle이라고 생각하기 쉽지만 아니다.
back mirror	rear view mirror	
handle	steering wheel	
gasoline	gas	주로 gas라고 표현한다.
accel	accelerator, gas pedal	
bonnet	hood	본네트는 미국에서는 잘 쓰지 않는 표현
Klaxon	horn	크락숀은 상표 이름
punk	flat tire	펑크는 불만 혹은 불만의 폭발

Entertainment

잘못된 표현	바른 표현	비 고
gagman	comedian	
news announcer	news anchor	
CF	TV commercial	TV 광고
sign	autograph	
talent	actor/actress	배우
mascom	mass media	매스미디어
back music	background music	배경음악

Food

잘못된 표현	바른 표현	비 고
cider	7 up, sprite	사이다는 미국에서는 7 up이나 sprite이라는 상표로 팔리며, cider라는 음료는 사과주스임
hop	pub, bar	한국에서 흔히 말하는 호프집
vinylhouse	greenhouse	비닐하우스는 잘못된 표현
Castella	sponge cake	카스테라는 영어식 표현이 아님
egg fry	fried egg	달걀 프라이라고 무심코 그대로 쓰면 틀림
hard	popsicle	
One shot!	Bottoms up!	원샷은 전형적인 한국식 표현
frim	creamer	프림은 상표명인 프리마(frima)에서 유래
curry rice	Rice and curry	카레라이스의 바른 표현
gas range	gas stove	
mixer	blender	믹서는 소리를 섞는 기계라는 뜻으로 더 널리 쓰임

School

잘못된 표현	바른 표현	비 고
Hotchkiss	stapler	호치키스는 상표 이름
sharp pencil	mechanical pencil	샤프펜슬 흔히 샤프라고 부르는 필기구
bond	glue	
magic pen	marker	
crepas	crayon	크레용
report	paper	과제물
cunning	cheating	부정행위
circle	club, group	동아리를 서클이라고 하지 않음
stand	desk lamp	

Technology

잘못된 표현	바른 표현	비 고
hand phone	cell phone, mobile phone	
after service(A/S)	warranty service	
remocon	remote controller	
aircon	air conditioner	
concent	power outlet	
Walkman	cassette player	워크맨은 상표 이름
flash	flashlight	손전등

Shopping

잘못된 표현	바른 표현	비 고
eye shoping	window shopping	
vinyl bag	plastic bag	

Others

잘못된 표현	바른 표현	비 고
morning call	wake up call	
rinse	conditioner	rinse는 머리 염색약
arbeit	part time job	arbeit는 '노동' 이라는 뜻의 독일어
overeat	vomit	overeat을 '토하다' 라는 뜻으로는 쓰지 않음

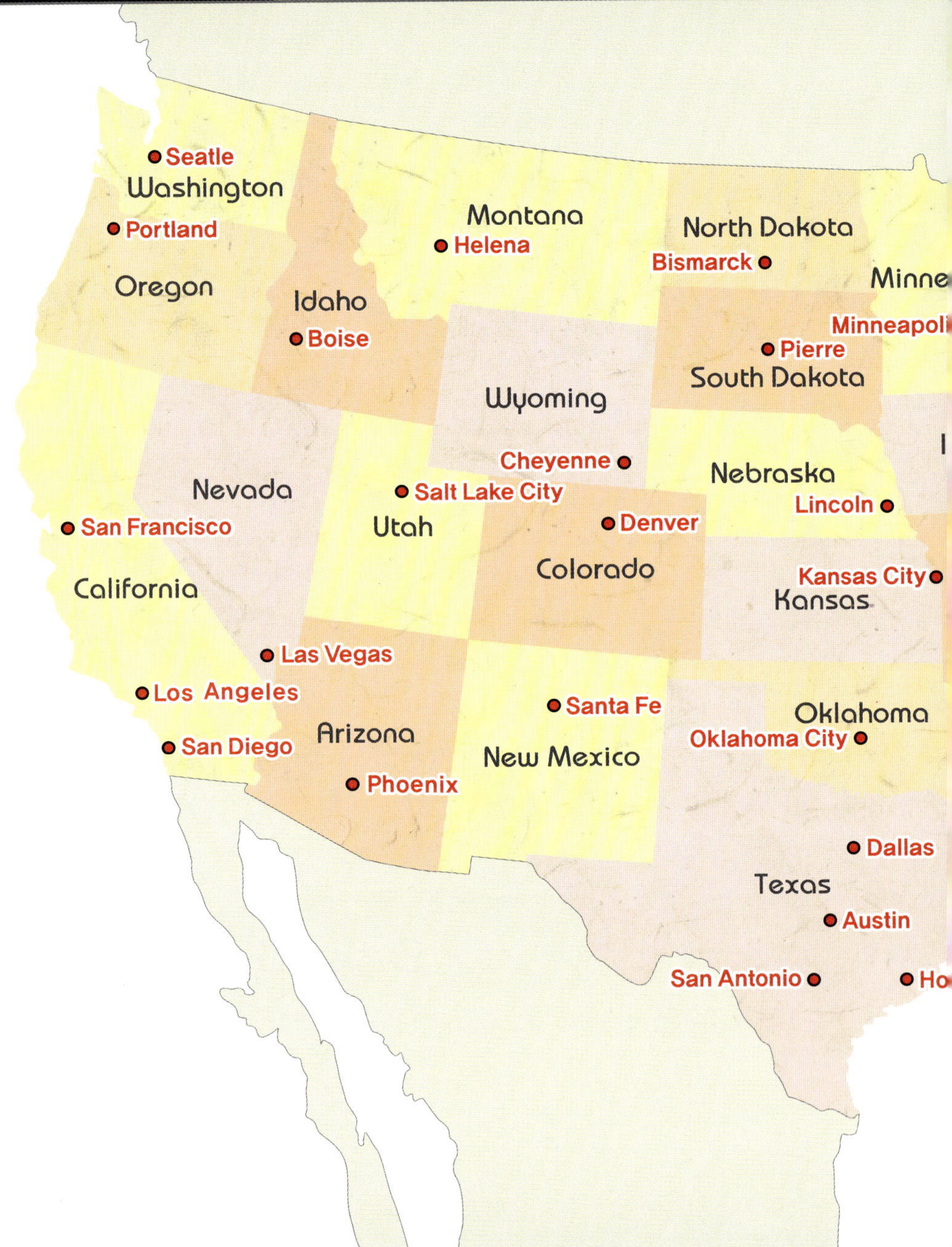
Seatle
Washington
Portland
Oregon
Idaho
Boise
Montana
Helena
North Dakota
Bismarck
Minne
Minneapoli
Pierre
South Dakota
Wyoming
Cheyenne
Nevada
Salt Lake City
Utah
Denver
Colorado
Nebraska
Lincoln
San Francisco
California
Kansas City
Kansas
Las Vegas
Los Angeles
San Diego
Arizona
Phoenix
Santa Fe
New Mexico
Oklahoma
Oklahoma City
Dallas
Texas
Austin
San Antonio
Ho

New Hampshire
Vermont
Massachusetts
Maine
Montpelier
Augusta
New York
Concord
Boston
Providence
Wisconsin
Michigan
New Haven
Madison
Detroit
Pennsylvania
New York
Ann Arbor
Chicago
Cleveland
Philadelphia
Atlantic City
Rhode Island
Des Moines
Pittsburgh
Baltimore
Dover
Connecticut
Illinois
Indiana
Ohio
Washington DC
New Jersey
Champaign
Indianapolis
Delaware
Louis
Evansville
Charleston
Richmond
Maryland
Lexington
Virginia
Missouri
Kentucky
North Carolina
Nashville
Durham
Tennessee
kansas
South
Carolina
West Virginia
Little Rock
Columbia
Alabama
Atlanta
Mississippi
Montgomery
Jackson
Georgia
uisiana
New Orleans
on
Orlando
Florida
Miami

★ 워싱턴 주립대학
Washington
Montana
North Dakota
Oregon
Minnesot
Idaho
South Dakota
Wyoming
위스콘신 주립대
Iow
시카고 대학, ㅅ
Nevada
Nebraska
★ 스탠퍼드, UC Berkeley
Utah
일리노이 주립대
인디애
California
Colorado
Kansas
M
★ 칼텍, 아트센터 디자인학교
UCLA, USC
Oklahoma
Ark
★ UCSD
Arizona
New Mexico
Texas
Lo
★ 텍사스 주립대
★ 라이스

New Hampshire
Vermont
Massachusetts
Maine
Wisconsin
Michigan
New York
★ 다트머스
★ 하버드, MIT
이스트만 ★   윌리엄즈 ★ 애머스트
★ 브라운, 로드아일랜드 디자인학교
코넬 ★
★ 매디슨 ★
예일 ★
★ 노스웨스턴   ★ 미시간 주립대학 앤아버
★ NYU, 컬럼비아, 줄리아드
가고 미술학교 ★   Pennsylvania
★ 프린스턴
Illinois   Ohio
★ 유펜   Rhode Island
★ 카네기멜론
Indiana
Connecticut
버바나샴페인 ★
New Jersey
주립대학 블루밍턴 ★   ★ 버지니아 주립대학 ★   ★ 조지타운
Delaware
souri   Kentucky   Virginia
Maryland
★ 듀크, 노스캐롤라이나 주립대학 채플힐
Tennessee   North Carolina
South
nsas   Carolina
West Virginia
Mississippi   Georgia
Alabama
iana
오스틴
Florida

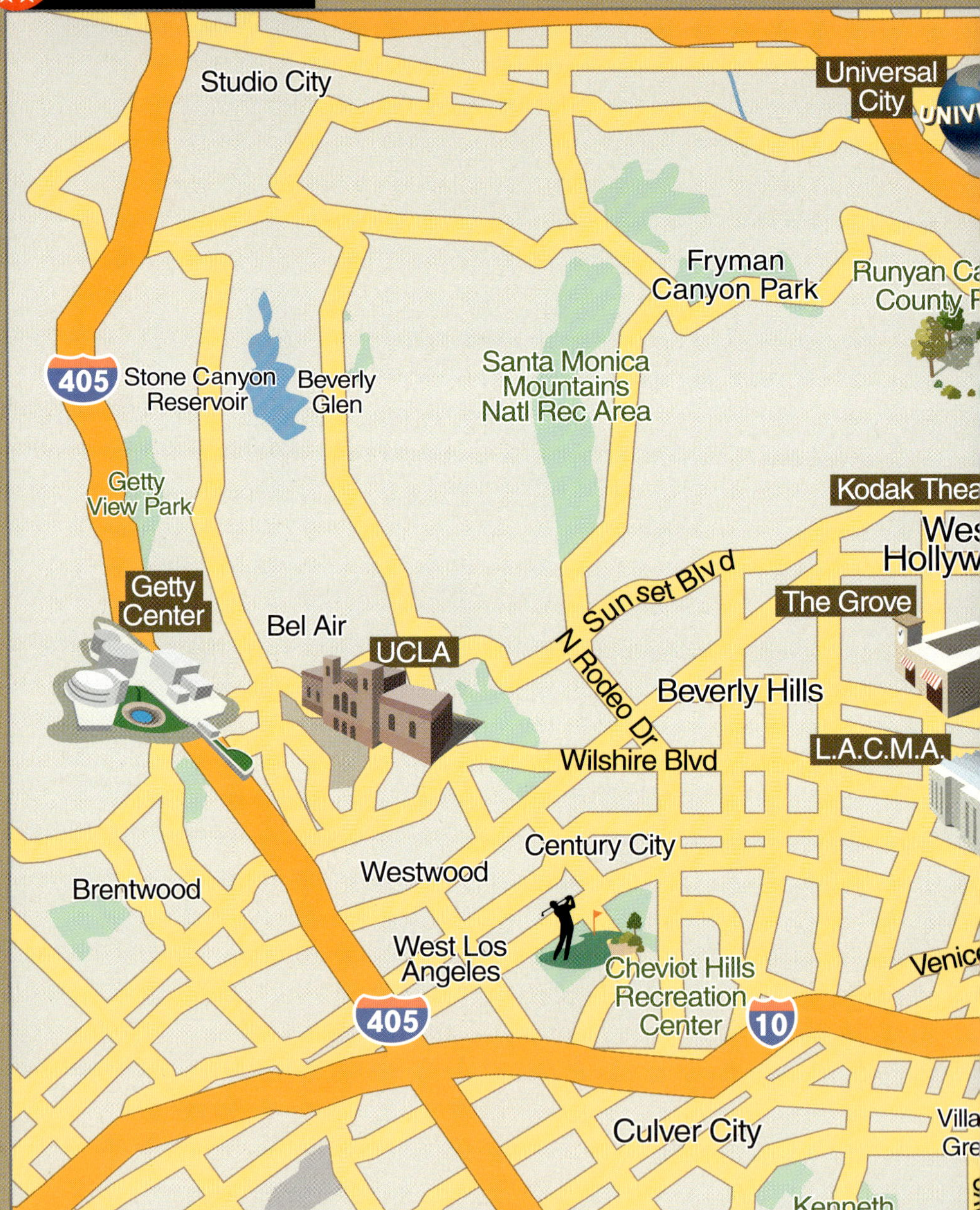
Studio City
Universal City
Fryman Canyon Park
Runyan Ca County P
405
Stone Canyon Reservoir
Beverly Glen
Santa Monica Mountains Natl Rec Area
Getty View Park
Kodak Thea
Wes Hollyw
Getty Center
The Grove
Bel Air
N Sunset Blvd
UCLA
Beverly Hills
N Rodeo Dr
Wilshire Blvd
L.A.C.M.A.
Century City
Westwood
Brentwood
West Los Angeles
Cheviot Hills Recreation Center
Venic
405
10
Culver City
Villa Gre
Kenneth Hahn State Recreation Area
Brea Av

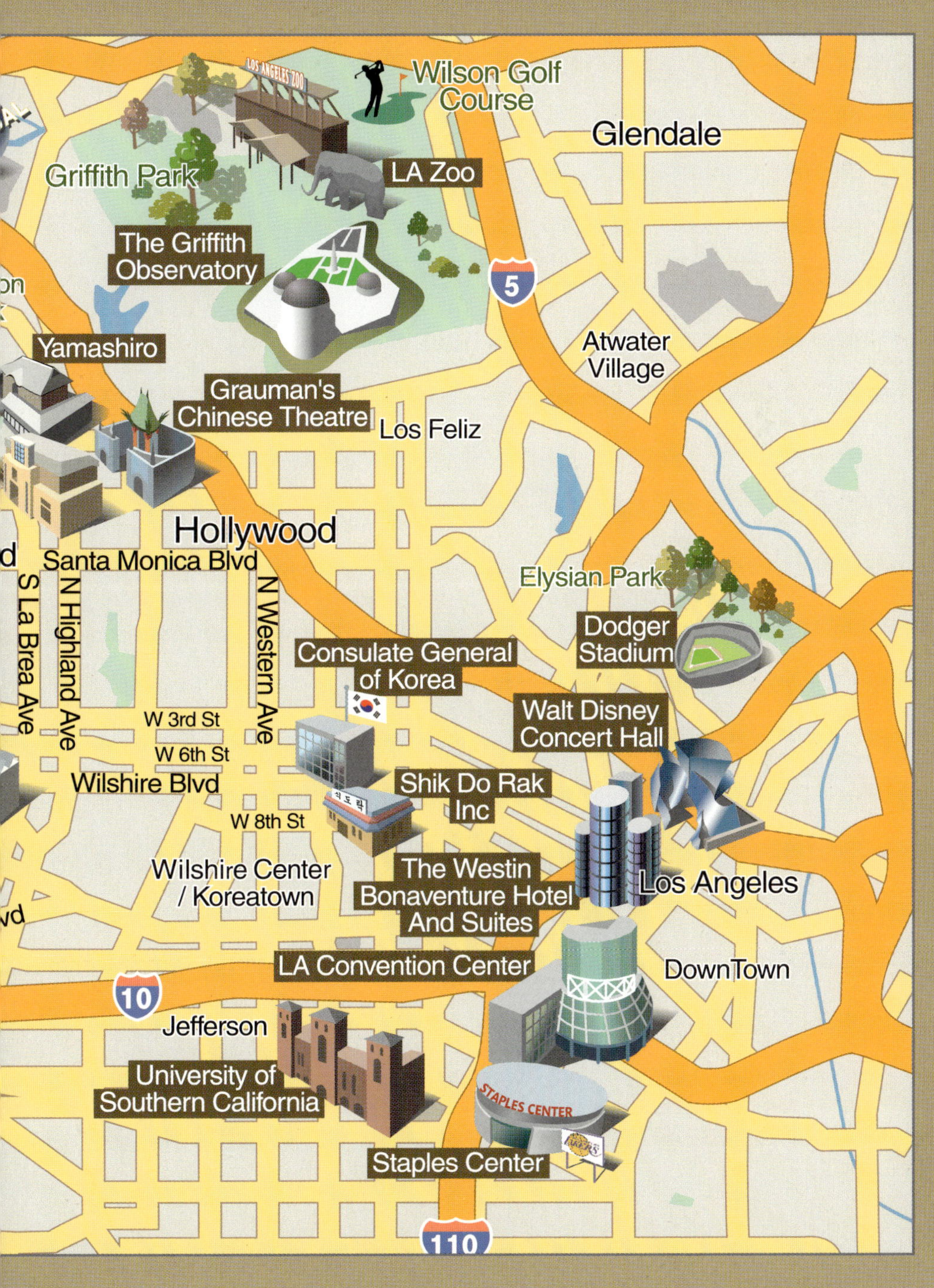

LOS ANGELES ZOO
Wilson Golf Course
Glendale
Griffith Park
LA Zoo
The Griffith Observatory
Atwater Village
Yamashiro
Grauman's Chinese Theatre
Los Feliz
5
Hollywood
Santa Monica Blvd
Elysian Park
S La Brea Ave
N Highland Ave
N Western Ave
Dodger Stadium
Consulate General of Korea
Walt Disney Concert Hall
W 3rd St
W 6th St
Wilshire Blvd
Shik Do Rak Inc
W 8th St
Wilshire Center / Koreatown
The Westin Bonaventure Hotel And Suites
Los Angeles
LA Convention Center
DownTown
10
Jefferson
University of Southern California
STAPLES CENTER
Staples Center
110

W Division St
N Wells St
Seward Park
Newberry Library
N Michigan Ave
John Hancock Center
Outer Harbor
W Oak St
N State St
N Lasalle Blvd
W Chicago Ave
E Chicago Ave
Pfc Milton Olive Park
River Place on the Park
W Ontario St
W Ohio St
River North Streeterville
E Ohio St
Lake Point Tower
y Expy
E Grand Ave
E Illinois St
Navy Pier
W Grand Ave
W Illinois St
Chicago Children's Museum
W Kinzie St
N State St
Tribune Tower
NBC Tower
N Columbus D
N Lakeshore Dr
W Wacker Dr
Lakeshore East Park
Lake Michigan
Chase Tower
Millennium Park
S Lakeshore
Art Institute of Chicago
Willis Tower
W Adams St
Grant Park
S Lakeshore
Chicago Harbor
Roosevelt University
W Harrison St
S Canal St
Roosevelt Park
S State St
S Michigan Ave
S Columbus Dr
S Lakeshore Dr
John G Shedd Aquarium
Adler Planetarium
W Roosevelt Rd
Field Museum
Soldier Field

Fairview
James L Braddok North Hudson Country Park
Columbia University
Riverbank State Park
BROADWAY
W 129th St
W 96th St
Malcolm X Blvd
East Harlem
North Bergen
Bergenline Ave
River Rd
Broadway
Solomon R. Guggenheim Museum
Randa Island P
Guttenberg
American Museum of Natural History
West New York
Park Ave
J F Kennedy Blvd E
Juilliard School
Metropolitan Museum of Art
Union City
Yorkville
Astoria Pa
Central Park
Astoria
Rockefeller Center
BROADWAY
Upper East Side
30th
Park Ave
1st Ave
Roosevelt Island
Vernon Blvd
36th Ave
Empire State Building
E 60th St
Museum of Modern Art (MoMA)
Queensboro Bridge
12th Ave
10th Ave
9th Ave
8th Ave
E 42nd St
E 40th St
E 39th St
E 34th St
2nd Ave
Koreatown
Jackson Ave
Skillman Ave
Parsons The New School for Design
W 14th St
E 23rd St
495
49th Ave
West Village
NYU
Washington Square Park Arch
NYU
E 14th St
Mc Guinness Blvd
Review Ave
Soho
East Village
78
Greenpoint
ground zero
E Houston St
Kent Ave
Bedford Ave
West St
Tribeca
Chinatown
New York
Cooperative Village
WALL ST
Wall Street
Metropolitan Ave
Grand St
478
Brooklyn Bridge
278
Vinegar Hill

내 인생을 바꾸는
미국에서 홀로서기

2010년 7월 20일 **초판 1쇄 발행**
2017년 9월 21일 **초판 4쇄 발행**

지은이 신승희, 민정원

펴낸이 김영철
펴낸곳 국민출판사
등록 제6-0515호
주소 서울특별시 마포구 동교로 12길 41-13(서교동)
전화 (02)322-2434 (대표)
팩스 (02)322-2083
블로그 www.blog.naver.com/kmpub6845

편집 양승순, 최용환, 김옥남, 정난진
디자인 서정희 **내지 디자인** 이미연, 김나정
영업 김종헌, 이민욱
경영 지원 한정숙

ⓒ 신승희, 민정원, 2010
ISBN 978-89-8165-216-6 13940